Joanna L. Stratton

Durch die Wildnis zu den Sternen

Joanna L. Stratton

Durch die Wildnis zu den Sternen

Pionierfrauen schreiben
die Geschichte der Besiedelung Amerikas

Aus dem Amerikanischen von
Sabine Reinhardt

Kiepenheuer & Witsch

Titel der Originalausgabe *Pioneer Women*

Published by Simon and Schuster, New York
Aus dem Amerikanischen von Sabine Reinhardt

Schutzumschlag Kalle Giese, Darmstadt
Satz Clausen & Bosse, Leck
Druck und Bindearbeiten Mohndruck, Gütersloh
ISBN 3 462 01619 9

Inhalt

Ad Astra per Aspera

Wahlspruch
des Staates Kansas

Einleitung

Geschichte wird in der Hauptsache von den Unbekannten und Vergessenen gelebt. Doch die Historiker konzentrieren sich notgedrungen auf die paar Menschen, die Aufzeichnungen hinterlassen, Reden halten, Bücher schreiben, Vermögen machen, Ämter innehaben, Schlachten und Throne gewinnen und verlieren. Die Geschichtswissenschaftler sind dieser Diskrepanz gegenüber nicht unempfänglich, und sie geben sich keineswegs damit zufrieden, daß das Gros der Menschheit zu einem immerwährenden Schattendasein verdammt wird. Die modernen Sozialhistoriker entwickeln beachtliche neue Methoden quantitativer und anderer Art, um das zu erreichen, was Emmanuel Le Roy Ladurie »die stille mathematische Auferstehung einer gesamten Vergangenheit« genannt hat.

Gelegentlich aber dringen Stimmen aus dem Dunkel – Stimmen, die Historiker nicht erwartet hatten oder deren Existenz von ihnen nahezu unbeachtet geblieben war. Dieses bemerkenswerte Buch hier ist das Produkt solcher über die Jahre entstandener Zeugnisse. Nicht nur der Geschichtswissenschaftler, sondern auch der gewöhnliche Leser, jeder, der an Menschenschicksalen interessiert ist, schuldet Lilla Day Monroe Dank für ihre Mühe, diese Erinnerungen von Pionierfrauen in Kansas zu sammeln, und auch Joanna Stratton, die mit Hingabe und Geschick das Werk ihrer Urgroßmutter vollendet hat, und natürlich besonders den achthundert Frauen, die so viele Jahre danach ihre schönen und auch traurigen Erinnerungen an das zurückliegende Leben im Grenzland (frontier) aufgeschrieben haben.

Es ist bemerkenswert, daß es sich hierbei um eine Chronik von Frauen handelt, denn Frauen sind in der traditionellen Geschichtsschreibung am auffälligsten vernachlässigt worden.

Sie sind zwar mehr als die Hälfte der Menschheit, doch wenn man sich die Bücher der Historiker ansieht, könnte man das geradezu vergessen. Der vergessene Mann ist nichts im Vergleich zur vergessenen Frau. Stellte doch mein Vater vor sechzig Jahren in *New Viewpoins in American History* nüchtern fest: »Alle unsere großen Historiker sind Männer gewesen und neigten deshalb zu einer geschlechtsgebundenen Interpretation der Geschichte, die sich, da sie unbewußt war, als besonders mächtig erwiesen hat.« In jüngster Zeit hat die Frauenbewegung begonnen, sogar das Gewissen der männlichen Historiker wachzurütteln. Das Ergebnis ist die verspätete Erkenntnis, daß auch Frauen zugegen gewesen sind und das Leben nicht ohne sie seinen Lauf hat nehmen können. Dieses Buch veranschaulicht, wie zutreffend solche Gemeinplätze in einem bestimmten Zusammenhang sind.

Über diesen Zusammenhang muß etwas gesagt werden. Es ist schwer, sich im ausgehenden 20. Jahrhundert, nachdem Kansas seine ursprüngliche Identität verloren hat und zu Bedeutungslosigkeit herabgesunken ist, vorzustellen, daß der Historiker Carl Becker es noch ein halbes Jahrhundert zuvor so beschreiben konnte: »... weniger ein geographischer Begriff als eine ›Geisteshaltung‹, eine Religion und Philosophie zugleich«. Alles dies hatte sich herausgebildet, weil die Erschaffung von Kansas unter so verzweifelten Umständen stattfand, daß nur Menschen mit festem Glauben und unbändigem Willen überleben konnten. Kansas war nicht nur, wie Becker auch betont, den üblichen Unbilden eines Siedlungslandes ausgesetzt gewesen, sondern darüber hinaus einer beispiellosen Abfolge besonderer Katastrophen – Grenzkriege in den fünfziger Jahren des 19. Jahrhunderts, Bandenüberfälle während des Bürgerkrieges, danach Indianerüberfälle, heiße Winde, Dürrekatastrophen, Buschfeuer, Wolkenbrüche, Blizzards, Wirbelstürme; dazu noch Heuschreckenplagen, Klapperschlangen, graue Wölfe. Und die naturbedingten Schrecken wurden immer noch von menschenbedingten begleitet, hervorgerufen von »outlaws«, Pferdedieben, »Wucherern« und Währungsschwund. »Bis 1895 war die gesamte Geschichte des Staates eine Serie von Desastern«, schrieb Becker, »und immer geschah etwas Neues, Extremes, Bizarres, bis der Name Kansas als Synonym für Unmögliches und

Lächerliches wurde.« »Auf Gott haben wir gebaut, in Kansas gingen wir knockout«, war der sarkastische Abschiedsspruch der Pioniere, die sich wieder aus Kansas zurückzogen. Nach der großen Dürrekatastrophe von 1860 verlor Kansas fast ein Drittel seiner weißen Bevölkerung. Noch im Jahr 1896 schrieb Allan White aus Emporia: »Kansas war offensichtlich ein höllischer Fleck, und obwohl es eigentlich im Garten der Welt liegt, verlor es Jahr für Jahr Zehntausende von Bewohnern.«

Jene, die es überstanden, wurden zu Kansanern, einer mystischen Gemeinschaft, die sich dadurch auszeichneten, daß sie schwere Prüfungen erlitten und überlebten. »Sie ertrugen alles, was Kansas jemandem antun konnte«, wie Becker formulierte. »... Nachdem er Kansas besiegt hat, weiß er [der Kansaner] genau, daß es keine schlimmeren Welten mehr zu besiegen gibt.« In den folgenden Jahren erhielt der männliche Kansaner seinen Teil an ehrender Anerkennung. Die Frauen wurden jedoch, wie üblich, vergessen. So sind die Berichte in diesem Buch bisher unbekannt und neu – Berichte von wunderbaren Frauen, die Bushwhackers (eine Art Guerillakämpfer auf der Seite der Südstaaten) und Rothäute (und die kansanischen Männer) sowie sengende Sonne und stürmischen Wind überlebt haben, und ihren täglichen Pflichten in stillem Heroismus, ohne Aufhebens und ohne Klage, nachgegangen sind. Sie fanden ihre Entschädigung, indem sie erlebten, wie ihre Familien und ihre Anwesen wuchsen, indem sie die majestätische Prärie eroberten und bändigten, sie fanden sie in der Pracht der Frühlingsblumen, in dem sterbenden Glanz der Herbstsonne, in der grenzenlosen Stille der winterlichen Schneeweiten und in der Verantwortung, die sie, die unbeugsamen Frauen, in der Einsamkeit und Wildnis stoisch auf sich nahmen. Und wie gut erinnerten sie sich für Lilla Day Monroe ein halbes Jahrhundert später an all das, und wie schön schrieben sie darüber, mit welcher Lebendigkeit, Genauigkeit und ungezwungenen Beredsamkeit.

Das Leben in Kansas bot solche Entschädigungen, aber es blieb über eine lange Zeit ein hartes Leben. Wie heißt es doch in dem Roman von Frank L. Baum *The Wizard of Oz*:

Als Dorothy in der Tür stand und umherschaute, konnte sie überall nur die große Prärie sehen. Kein Baum, kein Haus unterbrach die weite Fläche flachen Landes, das in alle Richtungen bis zum Rand des Himmels reichte. Die Sonne hatte das gepflügte Land zum großen Teil ausgedorrt, und es war von kleinen Rissen durchzogen. Sogar das Gras war nicht grün, denn die Sonne hatte die Spitzen der langen Halme versengt, bis sie von demselben grauen Ton waren, wie alles, was man hier sah. Das Haus war einst gestrichen worden, aber die Sonne hatte die Farbe Blasen ziehen lassen, und die Regengüsse hatten sie dann fortgewaschen, so daß das Haus jetzt stumpf und grau war, wie alles andere auch. Als Tante Em hergekommen war, um hier zu leben, war sie eine junge hübsche Ehefrau gewesen. Die Sonne und der Wind hatten auch sie verändert. Sie hatten den Glanz aus ihren Augen genommen und sie nüchtern grau zurückgelassen; sie hatten das Rot aus ihren Wangen und Lippen genommen, so daß sie ebenfalls grau waren. Sie war dürr und hager und lächelte überhaupt nicht mehr [...] Onkel Henry lachte nie. Er arbeitete schwer von morgens bis abends und wußte nicht, was Freude war. Auch er war grau, von seinem langen Bart bis zu seinen derben Stiefeln, und er sah ernst und ehrwürdig drein und sprach selten.

Der Zyklon wirbelte Dorothy fort und ließ sie die goldene Straße nach Emerald City einschlagen. Den Zeitgenossen von Tante Em und Onkel Henry fehlte jedoch ein so bezaubernder Ausweg, und sie verlegten sich auf verbissene Ausdauer und mutiges Handeln. Sie hatten das Schlimmste, was die Natur einem antun konnte, durchgestanden; daran war nichts zu ändern gewesen. Aber sie sahen keinen Grund, die von den Menschen und der Gesellschaft auferlegte Unbill hinzunehmen.

Der wachsende Groll gegen soziale Mißstände mündete in der großen Populisten-Revolte, die sich 1896 hinter Bryan formierte. »Was ist mit Kansas los?« fragte William Allen White aus Emporia im selben Jahr in einem berühmten Leitartikel. »Geht man nach Osten, hört man die Leute über Kansas lachen; geht man nach Westen, höhnen sie darüber; geht man nach Norden, so haben sie es vergessen ... Es hat

den Platz von Arkansas und auch den von Timbuktu eingenommen.«
Und er fährt fort:

> »Was ist mit Kansas los? Wir wissen es alle, und doch regen wir uns darüber auf. Wir haben einen alten hinterwäldlerischen Jacksonianer, der zetert und lamentiert, weil wir eine Badewanne im State House haben, und wir stellen diesen alten Schwachkopf zum Gouverneur auf. Wir haben einen weiteren armseligen, wild dreinschauenden, geschwätzigen Fanatiker, der in einem Dutzend Reden öffentlich verkündet hat, daß ›das Nutzungsrecht über dem Eigentumsrecht steht‹, und ihn stellen wir zum Obersten Richter auf – das Kapital wird sich nur so überschlagen, um in unser Land zu kommen. Wir haben in dem alten Aschenhaufen des Versagens in unserem Bundesstaat herumgestöbert und einen alten Reifrock in Menschengestalt gefunden, der als Geschäftsmann gescheitert ist, der als Redakteur gescheitert ist, der als Prediger gescheitert ist, und wir wollen ihn als Kongreßabgeordneten aufstellen, der einen ganzen Bundesstaat vertreten soll. Dann haben wir uns aus Angst, die zivilisierten Teile der Nation könnten auf den Gedanken kommen, Kansas sei ein achtbarer Staat geworden, dazu entschlossen, drei oder vier Geier zum Vortraghalten auszuschicken, die den Leuten erzählen, daß Kansas einen Mordslärm veranstaltet und den Mais vom Unkraut zugrunde richten läßt.«

Das zeigt den Geist des alten polternden Kansas – obwohl William White seine heftigen Worte bald bereute und am Ende der genialste und nahezu der letzte (zusammen mit seinem Freund Alf M. Landon) Verfechter des Progressivismus in Kansas war. Die Frauen von Kansas trugen entscheidend zu dieser herausfordernden Haltung bei, und sie haben sich, wie man in diesem Buch sehen kann, das Recht, so zu handeln, wahrlich verdient. Heute singen wir Lieder davon, so *corny* zu sein, wie Kansas im August (corny hat im Amerikanischen neben maisreich noch die Bedeutung ›sentimental‹), aber wir haben jetzt auch eine andere, poliertere Zeit. Joanna Strattons wunderbares Buch weckt die Erinnerung an das Kansas der Pioniere, der Rebellen und bringt uns vor allem den einmaligen Menschenschlag der unerschrokkenen und unabhängigen kansanischen Frauen nahe.

Arthur M. Schlesinger Jr.

Vorwort

Schon seit den frühesten Tagen meiner Kindheit war das geräumige viktorianische Haus meiner Großmutter eine Quelle endloser Faszination für mich. Das 1887 in einer ulmenbestandenen Straße mit Ziegelsteingebäuden in Potwin, Topekas historischem Bezirk, errichtete stattliche holzverkleidete Haus verband mit seinen hohen Decken, seinem fein ausgearbeiteten Holzwerk und den gekachelten Kaminen eine anheimelnde und anmutige Würde. Das Wohnzimmer unten war behaglich eingerichtet, mit einem viktorianischen zweisitzigen Sofa, alten Ohrensesseln und intarsienverzierten Tischen. Die schöne Bibliothek, mit ihren abgegriffenen Büchern und ihrem hübschen Ecksekretär, war ein wohltuender Ort für nachmittägliches Lesen oder zum Kartenspielen am Abend. An heißen Sommerabenden diente die verglaste Veranda mit ihren Sitzschaukeln als beliebter Platz für die familiäre Gesprächsrunde. Eine geschwungene Treppe aus Walnußholz führte nach oben zu den luftigen Schlafzimmern.

Aber mein Lieblingsort war das ausgedehnte Dachgeschoß im dritten Stock des Hauses. Diese mit einem Sammelsurium von Familienerbstücken und Erinnerungsgegenständen vollgestopften oberen Räume waren für mich schon immer eine Fundgrube voller Überraschungen gewesen. Als Kind verbrachte ich dort zahllose Stunden und erforschte die Schrankkoffer mit altmodischen Gewändern und Federhüten und alten Parteiabzeichen aus Wahlkämpfen. Als ich älter wurde, zogen mich die Regale mit alten Büchern und Magazinen und Schachteln mit Familienkorrespondenz und Bündel verblichener Daguerreotypien in den Bann.

Und es war meine anhaltende Neugier auf die verborgenen Schätze des Dachgeschosses, die mich Jahre später, während eines Besuches,

zu den Aktenschränken führte, die unter den Schrägen eingezwängt standen. Es war im Winter 1975, und ich besuchte meine Großmutter während der Semesterferien von Harvard. Diesmal beschloß ich bei meiner jährlichen Wallfahrt zu dem hochgelegenen stillen Heiligtum, die Eckschränke näher in Augenschein zu nehmen. Als ich in den Aktenordnern mit Privatbriefen und Geschäftskorrespondenz stöberte, stieß ich auf Schubladen mit alten, gelblich verblichenen Mappen. Sie waren sorgfältig beschriftet und alphabetisch geordnet und enthielten die persönlichen Erinnerungen von achthundert Frauen aus Kansas. Da hatte ich eine Sammlung von Pioniererinnerungen vor mir, die, wie ich erfuhr, seit den zwanziger Jahren, als Urgroßmutter Monroe sich darangemacht hatte, das Vermächtnis der Siedlerfrauen aufzuzeichnen, in dem Besitz unserer Familie gewesen war.
Diese Entdeckung brachte mich in Hochstimmung. Als ich dasaß und die sorgfältig abgefaßten Schriftstücke las, entstand vor meinem geistigen Auge ein ganzer Reigen menschlichen Lebens. Da gab es Geschichten von Pioniermüttern und Indianer-Squaws, von Lehrerinnen und berittenen Reisepredigern, von Cowboys und Pferdedieben. Da gab es auch Geschichten von Coyoten und Heuschrecken, von Blizzards und Wirbelstürmen, von Überraschungsparties und Kampagnen für das Frauenstimmrecht. Einige Berichte klagten über die Plackereien des Siedlerlebens und der Einsamkeit des Pionierdaseins. Andere erinnerten sich an die aufregende Atmosphäre in den Frontier-Städten und an die Freuden einer Kindheit in der Prärie. Als ich weiterlas, war ich von der Aufrichtigkeit dieser Frauen beeindruckt. Sie versuchten nicht, ihre Leistungen zu verklären oder ihren täglichen Kampf herunterzuspielen. Sie heischten nicht nach Lob oder ergingen sich in Selbstbeweihräucherung. Statt dessen waren ihre Berichte voll von den kleinen Details ihres Alltags. Sie beschrieben ihre Familien, ihr Heim und ihre Gemeinde; sie erzählten von ihren Ängsten, von ihren Hoffnungen und von ihren Träumen.
Ich hörte an jenem Morgen mit den Worten von Katherine Elspeth Oliver zu lesen auf:

»Ich habe, als ich schrieb, darüber nachgedacht, welche Bedenken Mutter wohl gegen solch ein autobiographisches Unterfangen hätte.

›Über mich schreiben? Oh, da gibt es von mir nichts weiter zu berichten, was für Kansas wichtig wäre – nichts Aufregendes oder Bedeutendes aus meinen Pioniertagen.‹ Und das würden sie alle sagen – diese bescheidenen Pionierfrauen.
Nein, sie taten nichts ›Herausragendes‹ – jedenfalls die meisten von ihnen. Es hat sehr wenige Heldinnen im üblichen Sinn in der Geschichte von Kansas gegeben. Ihre Tapferkeit lag in der Erfüllung ihrer täglichen Pflicht; es war die Tapferkeit, ›durchzuhalten‹ ... in Erdhütten, Bretterbuden, Zelten oder ›Raum-mit-Stall‹, mit dem selben Fleiß, mit der selben Hartnäckigkeit und Fröhlichkeit wie in den komfortablen Häusern ihrer alten Heimat im Osten. Es war die Tapferkeit, weiterzumachen und mit Heroismus starke Söhne und Töchter für das neue Commonwealth hervorzubringen.«

Von der Begeisterung und dem Mut dieser Frauen inspiriert, beschloß ich, die gesammelten Berichte aus ihrem Schlummer auf dem Dachboden ans Licht zu holen. Ich kehrte mit den Manuskripten nach Harvard zurück und setzte mich daran, die tapferen, aber in Vergessenheit geratenen Leben einer ganzen Generation von Frauen wiederzuentdecken, die fest entschlossen gewesen waren, die Einsamkeit zu überwinden, Entbehrungen zu ertragen und langanhaltende Pechsträhnen durchzustehen.

Meine Urgroßmutter, Lilla Day Monroe, hatte als erste den Plan zu diesem Buch gehabt. Im ländlichen Indiana geboren und aufgewachsen, kam sie erst 1884 nach Kansas, als die Frontier-Periode langsam ihrem Ende zuging. Sie hatte sich in Wakeeney, in den öden Prärien des Westens, niedergelassen und war so eine authentische Zeugin der Mühen und der Freuden des Pionierdaseins. Sie erlebte, wie sich Wakeeney von einem verschlafenen Vorposten zu einer lebendigen Gemeinde entwickelte, und war immer wieder beeindruckt von der Kraft und der Ausdauer der Pionierfrauen, denen sie dort begegnete. Die Erinnerung an jene Frauen brachte sie vierzig Jahre später dazu, deren Lebensgeschichten festzuhalten, damit das Vermächtnis dieser Frauen bewahrt würde.
Zu ihren Lebzeiten war Lilla Day Monroe weithin als eine der dyna-

mischsten und einflußreichsten Frauen von Kansas bekannt. Kurze Zeit nach ihrer Ankunft in Wakeeney traf sie den vielversprechenden jungen Rechtsanwalt Lee Monroe und heiratete ihn. Sie kümmerte sich nicht nur um ihre vier Kinder, sondern studierte nebenbei Jura und arbeitete als Angestellte in der Kanzlei ihres Mannes. Schließlich besaß sie die juristische Erfahrung, die für das Anwaltexamen erforderlich war, wurde im Mai 1895 am Kansas Supreme Court zugelassen und war somit die erste Frau überhaupt, der es gestattet wurde, diesen Beruf auszuüben.

Als ihre Familie 1902 nach Topeka zog, beteiligte sich Lilla Day Monroe aktiv an dem Kampf für das Frauenstimmrecht. Da sie für diese Sache eine wirkungsvolle Lobby schaffen wollte, gründete sie den *Good Government Club*, dessen Vorsitzende sie wurde. Zur gleichen Zeit gab sie ihre eigene Zeitschrift *The Club Member* heraus, um die Frauen besser über die Frauenstimmrecht-Kampagne, über Gesetzesentscheidungen und laufende Ereignisse zu informieren. Ebenso hatte sie eine führende Rolle in der *Kansas State Suffrage Association* und war eine Reihe von Jahren die Präsidentin dieses Verbandes. Als das Frauenstimmrecht schließlich als Zusatzartikel zur Verfassung 1912 den Wählern von Kansas zur Entscheidung vorgelegt wurde, leitete sie eine landesweite Aktion, die schließlich zur Annahme des Gesetzes führte.

Ihre lobbyistischen Bemühungen hörten jedoch nicht mit der Annahme des Zusatzartikels auf. Von Frauenvereinen quer durch den Staat unterstützt, kämpfte sie weiter für ein fortschrittlicheres Sozialsystem und Arbeits- und Eigentumsregelungen, die den Frauen und den Kindern zugute kommen sollten. Neben vielem anderen setzte sie sich besonders intensiv für gleiche Besitzrechte, Mindestlöhne, verbesserte Arbeitsbedingungen, Vorschriften für die Kinder-Hygiene und für staatliche Grundschulen ein.

Später erkannte Lilla Day Monroe die Notwendigkeit einer Publikation, die Frauen dabei helfen sollte, intelligente Wähler und informierte Bürger zu werden. Im Dezember 1921 brachte sie ihre zweite Zeitung, *The Kansas Women's Journal*, heraus. Dieses monatlich erscheinende Journal diente als landesweites Forum, wo die Frauen frei ihre Meinungen zu bevorstehenden Gesetzentscheidungen,

Frauenrecht, Wohlfahrtsangelegenheiten und zu aktuellen politischen Ereignissen äußern konnten.
In den zwanziger Jahren begann Lilla Day Monroe mit ihren Bemühungen, die Geschichte der Pionierfrauen von Kansas aufzuzeichnen, und sie fing an, nach noch Lebenden aus der Frontier-Zeit zu suchen. Ursprünglich hatte sie vorgehabt, nur eine begrenzte Zahl von Erinnerungen für einen längeren Zeitungsartikel zu sammeln. Doch als immer mehr Frauen von ihrem Unternehmen hörten, wuchs die Sammlung rasch an. 1925 war das Ganze zur Hauptbeschäftigung geworden. Mit der Unterstützung des *Woman's Kansas Day Club* schrieb sie zahllose Briefe an Frauen überall im Staat und bat sie, über ihren Alltag und ihre Erfahrungen als frühe Siedler zu berichten. Zusätzlich forderte sie zu weiteren Beiträgen über ihr *Kansas Women's Journal* auf, in dem dann auch eine Reihe von Erinnerungen veröffentlicht wurden.
Im Hinblick auf die Anthologie dieser Erinnerungen, die sie herauszugeben plante, bemerkte sie:

»Des Büchermachens ist kein Ende. Deshalb sollte wohl ein weiteres Buch einen guten und ausreichenden Grund für sein Dasein haben, nicht nur eine Entschuldigung, sondern wirklich einen Grund. Der Grund, der mir nicht nur gut erschien, sondern mich auch inspirierte, war, daß keine geschichtliche Darstellung, ja, nicht einmal die Archive unserer *State Historical Society*, mit der ich bald nach meiner Ankunft in Kansas im Jahre 1884 in Verbindung trat, ein angemessenes Porträt der Pionier-Hausfrau lieferte und über die Rolle berichtete, die die Frauen in dem anfänglichen Ringen um die Schaffung von Kansas spielten, einem in seinen kulturellen Ideen einzigartiger Staat, einem Reich von hartnäckigen Siedlern, die den Frieden so sehr liebten, daß sie dafür kämpften, und die ihre Kinder dazu erzogen, den Boden von Kansas mit patriotischer Leidenschaft zu lieben.
Ich stamme selbst aus einer Familie von Pionierfrauen, Frauen, die in Ohio und Indiana gesiedelt hatten, und so waren meine Sympathien mit den Pionierfrauen von Kansas. Ständig gab es für sie Schwierigkeiten, ihre Opfer trafen sie bis in den Lebensnerv, ihre Umwelt war so trostlos und entmutigend, daß man bei dem Gedanken an die alte Zeit

einen Kloß im Hals spürt. Aber die Frauen waren so tapfer. Sie waren solche heldenhaften Kämpferinnen, daß ich fand, sie sollten einen Platz in der Geschichte von Kansas erhalten. Die Regierung hatte den Indianer idealisiert, ja fast vergöttert; ihn gab es in Bronze und Gips. Der Cowboy war im Lied und in Geschichten verewigt, und sogar der Büffel durfte ein Geldstück zieren.
Diese Berichte sind eine Dokumentation der Frauenseite des Pionierlebens. Sie schildern die Entbehrungen, die grausamen Mühen, die Opfer und die Gefahren, wie es keine andere geschichtliche Darstellung je getan hat oder tun könnte. Geschichte befaßt sich mit der politischen, mit der offiziellen, also staatlichen Seite der Zivilisation. Geschichte zeichnet die großen und ruhmvollen Taten der Anführer, aber berichtet nur wenig von den Männern, auf deren Schultern sie zum Sieg getragen wurden, und berichtet gar nichts von all den mutigen Frauen, die die Dinge in Haus und Familie am Laufen hielten. Die Welt hat nie zuvor solche Tapferkeit, solche Zähigkeit oder solchen Einfallsreichtum, aus allem das Beste zu machen, gesehen, wie es die amerikanischen Pionierfrauen gezeigt haben. Ihresgleichen hat es bis heute nicht gegeben.«

Als weitere Anerkennung für die Pionierfrauen rief Lilla Day Monroe das Projekt ins Leben, eine Gedenkstatue auf dem Gelände des *State Capitol* in Topeka errichten zu lassen. Um die Geldmittel aufzubringen und Publizität dafür zu bekommen, gründete sie die *Kansas Pioneer Women's Memorial Association.* Diese Organisation veranstaltete landesweit über mehrere Jahre eine Geldsammelaktion und beauftragte schließlich einen einheimischen Bildhauer, Merrill Gage, die Skulptur zu entwerfen und auszuführen.
Sie erklärt in ihren Memoiren:

»Die Kansas Pioneer Women's Memorial Association ist allein zu dem Zweck gegründet und satzungsgemäß eingerichtet worden, um die Pionierfrauen zu ehren, die geholfen hatten, den Grundstein zu unserer Nation zu legen. Die Organisatoren hatten nicht die Absicht, die Väter herabzusetzen, sondern nur den Wunsch, die Pionierfrauen der Väter in der Anerkennung der ertragenen Mühen auf den selben Rang mit diesen zu bringen [...] Einige bei uns fragten, weshalb eine Skulptur? Warum nicht ein Gebäude, etwas Nützliches? Gebäude werden errichtet, wenn man sie braucht. Da Gebäude auch einer fortwährenden Pflege und Instandhaltung bedürfen, könnte sich unsere Organisation nie aus dem Geschäft zurückziehen, wie wir es zu tun beabsichtigen, wenn das Denkmal errichtet ist. Außerdem ist ein schönes Ding eine Freude für immer, und wir möchten den Platz unseres *State House* verschönern.«

Wegen ihrer nachlassenden Gesundheit stellte Lilla Day Monroe schließlich die Herausgabe des *Kansas Women's Journal* ein und widmete ihre ganze Zeit und Kraft der Verwirklichung ihrer Pionier-Projekte. Ihr Bemühen um die Gedenkstatue gipfelte in der feierlichen Einweihung der Stätte im Jahre 1928, aber die anstrengende Arbeit, die Erinnerungen anzufordern und herauszugeben, blieb weiterhin zu bewältigen. 1927 hatte sie bereits mehr als sechshundert Zuschriften aus allen Teilen des Staates zusammen. Damit war die schwierige Aufgabe des Sammelns jedoch keineswegs abgeschlossen. »Krankheit hat meine Arbeit schwerwiegend verzögert und behindert«, klagte sie. »Im Durchschnitt erfordert jeder Bericht zehn Briefe. Das heißt nicht, daß ich für jeden Bericht zehnmal schreibe, sondern daß für das Zusammenkommen dieser Erinnerungsskizzen mehr als sechstausend Briefe aus meinem Büro abgegangen sind.«

Obwohl die Arbeitslast groß war, stellte sie ihre schwindende Kraft weiterhin dem Projekt zur Verfügung. »Es ist der befriedigendste Teil meines Dienstes an der Allgemeinheit«, erklärte sie. »Ich habe einige der feinsten Geister der ganzen Welt entdeckt. Meine Post ist nie uninteressant, kein Tag ist hoffnungslos trüb, wenn ich an dieser geschichtlichen Darstellung sitze, die ausschließlich ein Liebesdienst und eine Würdigung der Frauen ist.«

Am Ende jedoch trat der Tod dazwischen, bevor Lilla Day Monroe das selbstgesetzte Ziel erreichen konnte. Nach ihrem Tod im Jahre 1929 übernahm Leonore Monroe Stratton, meine Großmutter, das Projekt. Bemüht, den Traum ihrer Mutter zu erfüllen, widmete sie über einige Jahre hinweg ebenfalls ihre Zeit und Kraft dem umfangreichen Werk, schrieb es sorgfältig mit der Maschine ab, erstellte ein

Register und versah jede der achthundert Pionier-Geschichten mit Anmerkungen. Doch letztlich hielten sie familiäre Verpflichtungen und Aktivitäten in der Gemeinde davon ab, ihre Arbeit an der Sammlung abzuschließen. Schließlich wurden die Berichte in den Aktenschränken auf dem Dachboden verstaut; die Worte der Frauen blieben unveröffentlicht, und ihr Leben fiel der Vergessenheit anheim.

Im Grunde genommen fing die Geschichte der Pionierfrauen von Kansas nicht mit dem Bau der Erdhütten oder dem Pflügen der widerspenstigen Prärie-Grasnarbe an. Sie hatte auch nicht ihren Ursprung in den überfüllten Eisenbahnwaggons oder den ochsengezogenen Planwagen, die über die Grenze von Kansas hereinströmten. Eigentlich reicht sie zurück bis zu dem unruhigen Geist, der sich in den kleinen Orten von Indiana, in den Schindelhäusern und auf den ausgedehnten Plantagen im Süden herausbildete. Sie begann mit einer Nation, die entschlossen war, sich ständig weiter nach Westen auszudehnen, mit Menschen, die nach neuen Gelegenheiten dürsteten. Es ist eine Geschichte, die vier Jahrzehnte umfaßt und die widerspiegelt, wie eine Nation mit den Schrecken des Bürgerkrieges und den Wirren der Industrialisierung fertigwerden mußte.

Die Frauen, die in dieser Sammlung von Erinnerungen vertreten sind, kamen im wesentlichen in drei Einwanderungswellen nach Kansas. Ungefähr ein Viertel von ihnen traf in den Gründerjahren der Geschichte von Kansas ein, die von 1854 bis 1861 dauerten. Für die gesamte Nation war das ein Zeitraum politischer Polarisierung und regionaler Animositäten. Die Auseinandersetzungen um die Sklaverei waren der Kernpunkt des Aufruhrs im Land, wobei sich die Abolitionisten und die Sklavenhalter feindlich gegenüberstanden und die nördlichen Staaten in erbittertem Streit mit denen des Südens lagen. In diesen Jahren, als das Land langsam auf einen Bürgerkrieg zusteuerte, wurde Kansas zum ersten Schlachtfeld der Sklaverei-Frage. Während Emigranten aus dem Norden darum kämpften, daß Kansas ein freier Staat wurde, drängten Partisanen aus dem Süden in der Hoffnung westwärts, dort doch noch einen Sklavenstaat errichten zu können.

Erst wieder 1865, nach vier langen Jahren des Krieges, setzte die zweite große Einwanderungswelle nach Kansas ein. Und es war im

Jahrzehnt darauf, als fast die Hälfte der Frauen, die zu der Sammlung von Berichten beigetragen haben, mit ihren Familien westwärts gezogen sind. Für die Vereinigten Staaten war das eine entscheidende Zeit. Die Nation versuchte nicht nur, nach den Verwüstungen des Krieges ihre Wirtschaft wieder aufzubauen und das Volk zu einen, sondern sie trat in den unaufhaltsamen und völlig neuen Prozeß der Industrialisierung ein. Es waren die berühmten »Goldenen Jahre«, eine Ära, die riesige Gesellschaften, reiche Industrielle, große Fabriken und lange Fließbänder hervorbrachte. Die Amerikaner feierten als neue Helden die legendären »vom-Schuhputzer-zum-Millionär«-Figuren und besannen sich wieder auf ihre harte Arbeitsmoral, die Leistung des einzelnen und den nationalen Fortschritt. Während der Osten durch seine Fabriken, Gesellschaften und Banken aufblühte, wurde der Westen von Siedlern bevölkert, die es danach drängte, sich ein Heim zu schaffen, Gemeinden zu entwickeln und ein neues Leben zu beginnen.

Das verbleibende Viertel der Frauen dieser Anthologie kam in den Jahren 1875 bis 1890 nach Kansas, der Schlußphase der Einwanderungen. Für viele Amerikaner waren das die Jahre zunehmender Unzufriedenheit und Unruhe. Wenn die Industrialisierung auch handfeste finanzielle Vorteile mit sich brachte, so war sie doch von Problemen begleitet, die sich nicht so leicht lösen ließen. In den wachsenden Städten des Nordostens sah sich die neue Klasse der Industriearbeiter oft mit unmenschlichen Arbeitsbedingungen, langen Schichten, Arbeitskämpfen und beengten Wohnverhältnissen konfrontiert. In den ländlichen Gebieten des Westens und Südens gerieten die um ihre Existenz ringenden Farmer häufig durch Arbeitskräftemangel, instabile Agrarpreise und steigende Eisenbahnkosten in Schwierigkeiten.

Wer waren diese Pionierfrauen? Wo kamen sie her, und aus welchem Milieu stammten sie? Warum verließen sie ihre Heimat, und was erhofften sie sich von Kansas?

Nimmt man die achthundert Frauen der Sammlung als repräsentativen Querschnitt, so kristallisieren sich einige generelle Merkmale heraus. In der Hauptsache sind die eingewanderten Frauen aus Durchschnittsfamilien und aus bescheidenen Verhältnissen. Sie machten sich auf den Weg nach Kansas, auf der Suche nach größeren wirtschaftlichen Möglichkeiten, als sie ihnen sonst offenstanden. Die meisten von ihnen waren gebildete Frauen, die die Grundlagen ihres Wissens in den ländlichen Schulen oder den höheren Mädchenlehranstalten ihrer Heimat erworben hatten. Ihre Religionszugehörigkeit war überwiegend protestantisch, und sie zeigten einen unerschütterlichen Glauben an Gott und in die Zukunft. Es waren meist Ehefrauen und Mütter, und ihr Leben kreiste ums Haus. Ihnen lag das Wohl ihrer Familien sehr am Herzen, und so zogen sie schließlich aus und zivilisierten das Grenzland.

Geografisch gesehen kam die Mehrheit dieser Frauen aus nahegelegenen Staaten des Mittelwestens. Von den Frauen, die ihr früheres Heim erwähnen, waren an die sechzig Prozent aus den Staaten Illinois, Ohio, Indiana, Iowa und Wisconsin. Bei einem Viertel von ihnen teilte sich die Herkunft gleichermaßen zwischen den Staaten des Nordostens und denen des Südens auf. Eine kleine Anzahl der Frauen waren Einwanderer aus Europa, und zwar aus Ländern wie Schweden, England, Rußland und Deutschland.

Für einige der Frauen war der Zug in das Kansas-Grenzland die letzte Etappe auf einer allmählichen Wanderung nach Westen. Sie stammten ursprünglich aus Orten und Städten in den Ostküstenstaaten und waren kontinuierlich westwärts gezogen immer dann, wenn neue Staaten und Gebiete für die Besiedlung durch Weiße geöffnet wurden. »Ich habe mein ganzes Leben lang pioniert, und das ist eine lange Zeit«, erklärt Elizabeth Hobart Woods, deren Familie den Weg von Boston durch New York nach Ohio, Illinois und schließlich nach Kansas zurückgelegt hatte. Obwohl das Pionierleben in den öden Weiten von Kansas viel zermürbender war als in den großzügiger bewaldeten Gebieten des Ostens, berichteten diese erfahrenen Siedler oft bereitwilliger über die Trennung von ihren früheren Häusern, ihren Freunden und Verwandten.

Die meisten Frauen waren jedoch mit den ständigen Strapazen des Pionierlebens, das vor ihnen lag, unvertraut und ließen sich unvorbereitet darauf ein. Trotz der Aufregung und Erwartung, die die meisten erfüllte, und der Vorfreude auf das große Abenteuer, das manche beflügelte, hatten sie doch alle erst einmal mit dem Sprung vom Vertrauten ins Unbekannte fertigzuwerden. Am Ende stand die Wahrscheinlichkeit, daß es keine Rückkehr gab. Diese Frauen mußten nicht nur zu Anfang den Schmerz der Trennung ertragen, sondern später die Qual des Alleinseins und der Isolation, die ihre stillen Stunden oft durchdrang.

Dieses Buch ist keine Chronik der politischen Ereignisse oder wirtschaftlichen Entwicklungen in der Grenzer-Zeit. Es gibt einen sehr persönlichen Einblick in die Erdhütten und die Grasnarbenbauten, in die Schulen und die Höfe, in die Läden und die Kirchen des frühen Kansas und schildert ganz unmittelbar Familien und Freundschaften, Gemeinden und Zusammenkünfte, Nähzirkel und Suffragetten-Treffen. Es ist eine Art Geschichtsbuch, geschrieben in Einsamkeit und unter Entbehrungen, aber mit Mut und Ausdauer.

Dies ist eine ungewöhnliche Geschichte des Grenzlands, denn sie ist mit den Augen und den Worten von Frauen geschrieben, die sie gelebt haben. Natürlich ist sie dadurch, daß sie sich auf die Erinnerungen von nur achthundert Frauen beschränkt, letztlich in ihrem Gesichtskreis, in ihrem Umfang begrenzt. Sie ist allein schon durch die Autoren auf einen bestimmten Ausschnitt festgelegt. Als Lilla Day Monroe um die Berichte bat, holte sie nur solche von weißen Siedlerfrauen ein. Obwohl die Sammlung sicher einen repräsentativen Querschnitt der Pionierfrauen darstellt, bleiben die Stimmen der Frauen aus den Randgruppen – der Frauen aus der Arbeiterklasse, der Barfrauen und Prostituierten, der schwarzen Frauen und der Indianerinnen – unberücksichtigt. Außerdem umfaßt die Gruppe der weißen Frauen nur die Überlebenden der Pionierzeit. Die Sammlung der Erinnerungen gibt keine Auskunft über Pioniere, die gescheitert sind; sie sagt nichts über die vielen tausend anderen Frauen, die aufgaben und nach Osten zurückzogen.

Thematisch ist dieses Stück Geschichte auf das beschränkt, was die Frauen für veröffentlichenswert hielten. Obwohl die Autorinnen freimütig von den Mühen und der Not des Siedelns berichten, vermeiden sie häufig, privatere und unangenehmere Aspekte ihres Alltags wiederzugeben. Erstaunlicherweise erzählen nur wenige Frauen in ihren Rückerinnerungen von dem Schmerz des Abschieds und den Strapazen der Fahrt nach Kansas. Intimere Themen wie Schwangerschaft,

Geburt und Tod werden in der damals üblichen euphemistischen Art behandelt, während Liebe und Sexualität gänzlich ausgeklammert sind. Wenn der Schulunterricht Probleme brachte, die über die primitiven Unterrichtsräume hinausgingen, erwähnen die Frauen sie nicht. Wenn die freundschaftlichen Bindungen zwischen Nachbarn manchmal in Feindschaft umschlugen, wird das übergangen. Wenn die Belastungen des Pionierlebens in den Familien Mißstimmungen hervorriefen oder die Ehen unglücklich werden ließen, ist das für die Frauen kein Thema, das für die Nachwelt festhaltenswert wäre.

Die Manuskripte dieser Sammlung sind jedoch nicht nur von der Thematik her, sondern auch in ihrer Art begrenzt. Die Berichte sind persönliche Erinnerungen, einige Jahrzehnte nach den erwähnten Ereignissen und Erfahrungen geschrieben. Es sind weder Tagebücher noch Briefe, es sind Memoiren. Viele der Autorinnen schrieben von ihrer Kindheit, einige verfaßten Huldigungen an ihre Pionier-Mütter, wieder andere lieferten Biografien von längst verstorbenen Freunden oder Verwandten. In manchen Fällen brachte diese Rückschau sicherlich Frauen dazu, die Berichte über ihre Erfahrungen, über ihr Leben zu romantisieren. Doch für die meisten Frauen hat die Zeit, die zwischen den Ereignissen und ihrer Dokumentation lag, die Erinnerungen an Einzelheiten nicht auswischen können. Eher scheinen die verstrichenen Jahre dazu beigetragen zu haben, den Schreiberinnen einen besseren Überblick und eine tiefere Einsicht zu verschaffen. So erklärt eine Autorin: »Ich merke, daß sich mit den dahineilenden Jahren der Blick für die Zukunft schließt und mein Geist sich, wie der von allen alten Leuten ... mehr von den Ereignissen der Vergangenheit nährt, denn er muß sich ja von etwas ernähren. Ich denke jetzt wirklich stärker an die früheren Ereignisse in meinem Leben als an die der letzten Jahre.«

Da die Alltagserfahrungen der Pionierfrauen sich meist deckten, muß es in einer Sammlung von diesem Umfang zwangsläufig zu Wiederholungen bestimmter Themen und Beschreibungen kommen. Deshalb wurden in dieses Buch nur ein Teil der achthundert Erinnerungen aufgenommen. Ich habe die Auswahl nach verschiedenen Gesichtspunkten getroffen: historische Bedeutung, thematische Vielfalt, Anschaulichkeit, persönliche Aufrichtigkeit und ein gewisser Humor. Die

Herausgabe war recht schwierig und natürlich von subjektiven Eindrücken geleitet, manche der Geschichten nahm ich nur mit großem Bedauern nicht auf. Diese übrigen, nicht veröffentlichten Schilderungen verdienen gewiß die gleiche Bedeutung, aber sie ließen sich nicht mit dem Umfang des Buches vereinbaren.

Im Verlauf der Jahre, in denen ich mich mit diesen bemerkenswerten Frauen befaßte, wurden sie Teil meines Lebens. Ich lernte sie in ihrer Individualität schätzen, und sie wuchsen mir ans Herz. Ihr Mut und ihre Entschlossenheit hatten sie hoffnungslose Situationen bewältigen lassen, und ihre Geduld und ihr Witz halfen ihnen, trostlose Stunden heller und wärmer zu gestalten. Ich lebte mit ihnen in ihren Häusern, und ich traf ihre Nachbarn. Ich sorgte mich mit ihnen in ihren finstersten Nächten und stimmte in ihre Begeisterung über die kleinen Erfolge ein. Ich verstand, wenn sie weinten, und freute mich, wenn sie lachten.

Diese Memoiren entführten mich aus meiner Welt, und ich reiste auf einmal mit Carrie Stearns Smith in einem rüttelnden offenen Kutschwagen durch Kansas. Ich zitterte mit Emma Brown vor Kälte in ihrem vom Regen durchnäßten Grasnarbenbau. Ich sah Hannah Hosington zu, wie sie die Hütte eines Nachbarn gegen ein Rudel Wölfe verteidigte, und staunte, wie Jenny Marcy mutig einem Ansturm von Texas-Longhorns begegnete. Ich feierte mit der kleinen Harriet Adams Weihnachten und reihte mich mit der fröhlichen Catherine Davender in eine Polka ein. Ich erlebte, wie Anna Morgan bei den Cheyenne als Geisel festgehalten wurde. Ich war zugegen, als Mrs. Lecleve allein in ihrer Hütte ein Kind zur Welt brachte. Ich sang mit Lydia Murphy Toothaker Hymnen und begleitete Reverend Olympia Brown auf ihrem Feldzug für das Frauenstimmrecht.

Wir sollten uns auf das stolze Erbe der Pionierfrauen von gestern in den ›Neuland‹-Situationen von heute besinnen.

Joanna L. Stratton

1. Teil

Durch die Wildnis
zu den Sternen
Die Reise

Bretterhäuser
und Grasnarbenkaten
Das Ansiedeln

Schürze und Pflug
Der Alltag
in der Prärie

Kapitel 1

Durch die Wildnis zu den Sternen
Die Reise

»Siedeln ist wahrlich eine Wüstenerfahrung. Wir alle brauchen die Weisheit der Wüste – Moses brauchte sie, Jesus brauchte sie und Paulus. Die Wüste ist der Ort, um Gott zu begegnen, und die Stadt ist der Ort, die Menschen zu studieren. Die Kenntnis von beidem schafft meisterhafte Erbauer des Staates und der Nation.«

Lulu Fuhr

Sie nannten es »die Große Amerikanische Wüste«. In den Augen der ersten Erforscher war Kansas kaum mehr als ein trockenes Ödland, ungeeignet, es urbar zu machen und zu bewohnen. Als Folge davon blieb das Prärieland von Kansas bis in die Mitte des neunzehnten Jahrhunderts relativ unbekannt. Ursprünglich Teil der Louisiana-Erwerbung (1803 von Frankreich gekauft, Anm. d. Übers.), war es von der Regierung strikt als Indianer-Territorium belassen worden und so offiziell für jegliche weiße Besiedlung gesperrt. Nur eine Handvoll Missionare, Soldaten und Beobachter durften in diesen unfruchtbaren und wenig einladenden Landstrich hinein.
Aber um 1850 konzentrierte sich wegen einer ständig wachsenden Bevölkerung und einer aufblühenden Wirtschaft die Aufmerksamkeit auf den Bedarf nach neuem Land. Die *Great Plains* mit ihrer vielversprechenden Weite schienen die Antwort auf den Ruf der Nation zu sein, und im Mai 1854 verabschiedete der Kongreß nach erheblichen Debatten den *Kansas-Nebraska-Act*. Mit dem Öffnen von Kansas und Nebraska für die Ansiedlung von Weißen brach überall ein Landerwerbsfieber aus. Allein in Kansas standen fast fünfzig Millionen Morgen Land zur Verfügung. Leute jeglicher Herkunft und Nationalität, reich oder arm, waren berechtigt, ihre Claims abzustecken und einen Teil dieser unerprobten Plains zu kaufen.
Innerhalb weniger Monate strömten Siedler aus dem Osten, Süden, Mittelwesten und sogar aus fremden Ländern in das Präriegebiet. Begeistert über den preiswerten Boden und die neuen Möglichkeiten, die sich ihnen dort boten, sagten sie den Freunden und der Familie mutig Lebewohl und ließen alle Routine und jeglichen Komfort ihres bisherigen Lebens hinter sich.

»Wie sich unsere Freunde bei unserem Aufbruch um uns scharten«, schrieb Lillie Marcks über die Abreise ihrer Familie aus Tiffin, Ohio, im Mai 1869. »Einige weinten und sprachen von Indianern und Bären. Ich war sieben Jahre alt und hatte drei Wochen bei Freunden in Tiffin gewohnt. Sie waren so niedergeschlagen, weil ich nach Westen ziehen sollte und hatten mich so hübsch angezogen, daß sogar mein Vater und meine Mutter mich fast nicht wiedererkannten ...
Ich erinnere mich, wie meine Mutter auf der Fahrt Kopfschmerzen hatte und wie viele Kinder schmutzig und quengelig waren und wie sehr wir uns nach dem Ende der Reise sehnten.«
Wie Tausende von anderen Frauen gab Melora Espy die sicheren Familienbande und alte Freundschaften für die Verheißung eines neuen Lebens in Kansas auf. »Im Jahre 1853«, schrieb ihre Biografin, »verband ein junges Mädchen von siebzehn Jahren, damals schon Direktorin einer Mädchenschule in Toledo, Ohio, ihr Geschick mit dem ihres Liebhabers, Henry Jefferson Espy, einem jungen Rechtsanwalt aus Sandusky, Ohio; sie gab ihren Beruf als Lehrerin auf und machte sich auf den *Long Trail*, um eine der Pionierfrauen von Kansas zu werden. Für immer Heimat und Freunde, Eltern, Brüder und Schwestern zu verlassen, Tausende von Meilen zurückzulegen, streckenweise in einem Ochsenwagen und streckenweise auf einem Dampfschiff der frühen Jahre, in ein fremdes Land zu ziehen, das von Wilden bewohnt ist, erfordert größten Mut. Kultur, Überfluß, Wohlstand und Frieden zurückzulassen für ein primitives Leben, für Armut, feindselige Umgebung und Krieg, erfordert eine Seelenhaltung, wie sie nur wenige besitzen.«
Trotz schmerzlichen Abschieds und der umständlichen weiten Reise nach Westen riß der Pionierzug nicht ab. Man wanderte im Planwagen, zu Pferd, in der Postkutsche, mit dem Dampfschiff, der Eisenbahn oder sogar zu Fuß aus. Für viele der Pioniere erwies sich der Wasserweg als besonders praktisch. Sie reisten zu den nächstgelegenen Anlaufplätzen entlang des Ohio oder Mississippi und gingen auf die Flußdampfer, die sich den Missouri hinauf ihren Weg nach Kansas bahnten. Die Schiffe waren überfüllt und kamen nur langsam voran, so daß die Fahrt mühselig war. Doch blieb das Dampfschiff noch das angenehmste Fortbewegungsmittel, denn man vermied so, in den

Überlandkutsche um 1860

rumpelnden Planwagen und Kutschen durcheinandergeschüttelt zu werden.

Als die Wanderwelle zunahm, wurde die Postkutsche beliebter. »Die alte Postkutsche«, erinnerte sich eine Benutzerin, »war entlang der Strecken eingerichtet worden, die man jetzt so oft auf Frontier-Bildern sehen kann – innen waren zwei breite Sitzbänke einander gegenüber angebracht, und dann gab es den Kutschersitz hoch oben draußen an der Vorderseite des Wagens. Das Gepäck wurde auf Gestellen hinten und auf dem Dach verstaut. Der untere Teil der Kutsche war rund geformt und hing auf Federn, die sich vor- und zurückschwingen ließen. Sie wurde von vier Pferden gezogen, die alle zwölf oder fünfzehn Meilen an den Stationen entlang des Weges gewechselt werden mußten.«

Die Postkutsche war besonders für auswandernde Frauen geeignet, die allein oder mit Kindern Freunden oder der Familie in den Westen folgten. Die Fahrt stellte sich jedoch häufig als strapaziöses Geholper über unwegsame Straßen heraus.

1867 reiste Carrie Stearns Smith mit der Postkutsche von Kansas City in Missouri zu ihrem neuen Zuhause südlich von Fort Scott. Es war eine ermüdende Fahrt, aber verbunden mit Abenteuer und Spaß.

»Die Postkutschen-Station«, schrieb sie, »lag bei einem Hotel, das ich als *The Pacific* in Erinnerung habe [...] Die Kutsche schwang mit einem großen eleganten Bogen ihrer acht weißen Pferde um die Ecke, die mit allem nur erdenklichen Zaumzeug und Verzierung herausgeputzt waren, die die Sonne und den Blick auf sich ziehen konnten. Ich bin oft wegen der Behauptung, daß es acht Pferde waren, geneckt worden, aber ich irre mich nicht; acht scheinen zwar eine Verschwendung zu sein, aber *es waren acht*. Vielleicht wurde ein Extra-Gespann zu einer Station weiter weg gebracht, weil man damit rechnete, daß dort noch mehr Pferde zum Wechseln gebraucht würden. Die Kutsche war eine *Vermont Sanderson*, die man als die Von-Küste-zu-Küste-Pionierkutsche bezeichnete.

Schließlich waren wir alle registriert und hineingestopft worden – festgekeilt beschreibt wohl besser dieses Arrangement. Der Kutscher knallte mit der Peitsche, und schon schossen die herrlichen Pferde dahin. Ich war von dem Stationsmeister in die Obhut eines Reisenden gegeben worden, den alle als Governor Crawford* ansprachen, ein schmächtiger, kränklich wirkender Mann, der einen Schal trug, der noch nicht gänzlich aus der Mode war. Es kam mir der Gedanke, es wäre passender gewesen, diesen zerbrechlichen Fahrgast meiner Obhut anzuvertrauen, denn von uns beiden machte viel eher er den Eindruck, er könnte den Anstrengungen einer Expreß-Kutschenfahrt erliegen.

Unsere Route führte südwärts über Westport Road zu unserer ersten Poststation in Westport House, wo wir mit großem Schwung und Hufgeklapper vorfuhren und ein Austausch von Postsäcken stattfand. Dann ging es ab nach Shawnee Mission, wo bei einem der riesigen noch ursprünglichen Gebäude die gleiche Zeremonie zu beobachten war. Das Vorfahren und Davonsausen bei diesen Stationen hätte einem königlichen Gefolge gut angestanden, und es war ein Ereignis,

* Anmerkung: Daß die Kansaner George A. Crawford (1827–91) als »Governor« bezeichneten, war eher ein Ausdruck von Frontier-Höflichkeit als ein Tatbestand. In der Sonderwahl vom November 1861 wurde Crawford zum Gouverneur von Kansas gewählt, aber der State Supreme Court (das oberste Gericht d. Bundesstaates) erklärte die Wahl für illegal. 1864 wurde George Crawford wieder von den Demokraten für den Gouverneursposten aufgestellt, aber er verlor gegen den republikanischen Kandidaten Samuel J. Crawford. 1868 wurde Crawford ein drittes Mal aufgestellt, und wieder unterlag er.

das kleinere Menschenmengen aus der unmittelbaren Umgebung anzog.
Unsere Route war keineswegs die kürzeste Distanz zwischen wichtigeren Ansiedlungen. Wir bogen hier und da nach Südosten und Südwesten ab, um Post zu übergeben oder Flüsse besser passieren zu können. Wann immer wir wegen des Pferdewechsels anhielten, wurde das Geschirr gelockert, und das befreite Gespann ging ohne Führung zu seinen langgestreckten niedrigen Ställen, das andere, das uns ziehen sollte, kam, jedes Tier an seinen gewohnten Platz, vor die Kutsche, ebenfalls ohne daß jemand etwas dazutat. Für einen solchen Wechsel brauchte es nicht mehr als zwei bis drei Minuten …
Wir erreichten Paola gerade bei Einbruch der Dunkelheit. Das Hotel war ein primitives, verschachteltes einstöckiges Ding, und kurz nach dem Abendessen, als ich gerade im Bett lag und einschlafen wollte, deuteten Fiedelklänge darauf hin, daß im Speisesaal ein Country Dance begann. Alle Schlafräume schienen auf diesen Speisesaal hinauszugehen. Ich teilte einen mit einer Frau, die auf dem Weg nach Osten, nach Pleasant Hill, war. Obwohl ich sehr müde war, hielten mich die Fiedeln, das Stampfen von schwer beschuhten Füßen auf dem Bretterboden und vielleicht auch die Aufregung der Erwartung neuer Erfahrungen bis 3 Uhr morgens wach, und ich hatte das Gefühl, nach Beendigung des Tanzes nur einen kurzen Augenblick geschlafen zu haben, als mich lautes Klopfen an unserer Tür und die Worte: ›Die Kutsche fährt ab‹ hochschrecken ließen.
Ich habe mich schon immer in Windeseile anziehen können, aber als ich zur Kutsche vor der Tür kam, sagte der Stationsmeister bedauernd: »Oh, alles ist besetzt.« Und niemand von den Männern im Innern bot eine Lösung des Problems an. Als mein Blick dann jedoch auf den Kutschersitz hoch droben fiel, wagte ich zu bitten: ›Kann ich bei dem Fahrer sitzen?‹ Der Meister leitete mein Anliegen zu dem Mann oben weiter. ›Ja, selbstverständlich‹, und schon wurde ich auf den Sitz gezogen und gehievt. Ich frohlockte insgeheim. Am vorigen Tag hatte die Anwesenheit eines kranken Kindes in der Kutsche, das von offensichtlich sehr armen Berglandbewohnern aus Tennessee nur schlecht versorgt wurde, die Reise wegen des Geruchs und der damit verbundenen Fliegen recht unangenehm gemacht.

Ankunft mit dem Zug

Wir schossen dahin, ich hielt ganz schön den Atem an und klammerte mich an die Stange bei meinem Sitz. Aber das Erlebnis der Geschwindigkeit und der Höhe, die scharfe Luft der oktoberlichen Morgendämmerung, das Ungewöhnliche und Unvorhergesehene dieses Abschnitts meiner Reise – das war berauschend! …
An einer Stelle hatten wir einen Fluß mit dickichtbewachsenen Ufern durchquert, und als wir einen Hügel auf der anderen Seite der Furt umfuhren, zeigte der Fahrer auf ein kleines frisches Grab. Wie traurig wurde ich da, als ich an den Aufenthalt im Lager dachte, an das Leiden des kleinen Wesens, an die Abwesenheit ärztlicher Hilfe, an den Tod, das Begräbnis und den Schmerz beim Zurücklassen des frisch aufgeschütteten Hügels. Aber Hunderte solcher Hügel haben das Vordringen der Pioniere markiert. Und an welche leidvollen Geschichten gemahnen sie die Reisenden, die an ihnen vorbeikommen!«
Später an jenem Tag, als die Sanderson-Postkutsche in Fort Scott ankam, kletterte Carrie Stearns Smith von ihrem Aussichtssitz, um in eine andere, nach Süden fahrende Kutsche umzusteigen. Doch es kam zu einem enttäuschenden Aufenthalt von eineinhalb Tagen, bevor eine »wachstuchbedeckte *Democrat*-Kutsche morgens um vier Uhr für sie vorfuhr.
Man half mir hinein, und in der Dunkelheit ratterten wir zum ›Fort‹

hinaus, und meine einzige Begleitung war eine Rolle frisch gegerbtes Leder, so groß wie ein Mensch, die schräg über die Sitze postiert worden war.

Wir rumpelten weiter, durchquerten schließlich einige Meilen Wald auf Drywood Creek und fuhren im Morgengrauen an dessen anderem Ende bei einem Blockhaus-Hotel vor. Hier gab es Frühstück. Ich war von der frühen Fahrt durchgefroren und fragte die holländische Besitzerin, ob ich mich in der Küche aufwärmen dürfte. Als ich an den Küchenherd heranrückte, flogen Schwärme von Fliegen mit einem S-s-s-s-s von der niedrigen Decke auf und wieder zurück. Die Hausfrau kam mit Messern und Gabeln von den Tischen zurück, an denen die Passagiere einer früheren Kutsche gegessen hatten, klappte den Deckel des Teekessels auf, tauchte die Bestecke in das kochende Wasser und trocknete sie rasch auf einem Tuch. ›Mein Gott!‹ rief ich innerlich. ›Und ich wette, sie macht auch noch den Kaffee aus diesem Kessel.‹ Sie tat es wirklich, und ich schwor mir, auf diesen Kaffee zu verzichten, aber mir war so eiskalt, daß ich diesen Schwur bestimmt auch gebrochen hätte, wenn dreimal schmutziges Besteck in den Kessel gehalten worden wäre.

Der Fahrer und ich frühstückten allein und wechselten ein paar

Ein Zug von Planwagen durchquert Topeka, 1879

knappe Sätze. Ausgezeichnetes Brot, keine Butter. Doch unter der letzten Scheibe kam ein großgeratenes Exemplar *cimex lectolarius* – allgemein als Wanze bezeichnet – zum Vorschein! …

Inzwischen stand die Sonne recht hoch. Ich hatte mit dem Kutscher, ein Mann zwischen 35 und 40 Jahren, ein wenig besser Bekanntschaft geschlossen und fragte ihn aufs Geratewohl: ›Ich finde das Leder unerträglich. Kann ich vorn sitzen?‹ Er war recht nett. Ich entdeckte jetzt eine andere Form von Prärie, und wir folgten, nachdem wir die wenigen Siedlerhütten bei Arcadia passiert und hinter uns gelassen hatten, der alten Militärstraße durch einen unfruchtbaren baumlosen Landstrich, der sich an die dreißig oder mehr Meilen hinzog. Viehherden zogen dort umher, und hier und da lag ein aufgedunsener Kadaver. Ich erkundigte mich. ›Fliegen‹, entgegnete Mr. Laconic, und weiteres In-ihn-Dringen meinerseits brachte die Einzelheiten darüber zu Tage, wie ein krankes Tier oft das Opfer massierter Fliegenschwärme wurde, bis das arme Vieh an ihnen einging und schließlich zum augenfälligsten Gegenstand der Landschaft wurde. Diese Gegend gefiel mir überhaupt nicht, obwohl sie sicher dazu ausersehen war, ein großes Viehgebiet zu werden.

Ein Großteil des uninteressanten Landstrichs, den wir an diesem Tag durchfuhren, wurde später als großes Bergbaugebiet erschlossen. In jener Zeit jedoch fand man die Kohle in sehr kleinen Mengen, wo sie entlang von Wasserläufen oder Taleinschnitten sichtbar wurde, und solche Stellen waren bei den Siedlern äußerst beliebt, weil sie da, wo es keinen Wald gab, Brennmaterial für die Lagerfeuer lieferten.

Die alte Militärstraße forderte mein ungeteiltes Interesse. Jahrelang sind über diese Straße Militärgüter von Fort Leavenworth, Westport und Stützpunkten in Missouri nach Fort Worth in Texas und zu anderen Orten im Südwesten transportiert worden. Große Viehherden und Ponies sind auf diesem Weg nordwärts getrieben worden. Die Fracht ist so schwer gewesen, daß sich über weite Strecken zwischen den Fahrrinnen große Risse aufgetan haben, die oft so tief waren, daß man einen Spazierstock hineinstecken konnte, ohne auf Grund zu kommen. Eine Spur wurde dann aufgegeben und eine nächste benutzt, bis auch sie unbrauchbar war, und dann eine dritte, bis an manchen Stellen zehn oder zwölf vorhanden waren, die alle gleich rampo-

Eine Pionierfamilie posiert vor dem Planwagen, der sie sicher nach Johnson County, Kansas, gebracht hat.

niert aussahen. Dieser Trail ist historisch, und wenigstens an einem Punkt in Crawford County, nämlich bei Mulberry, wo die Staatsgrenze und die Straße eine Strecke lang mit dem alten Trail zusammenfallen, haben die ›Töchter der Revolution‹ eine Tafel angebracht, die an die alte Militärstraße erinnert.

Mein Fahrer dachte nach einer längeren Periode des Schweigens lauthals: ›Ich nehme an, ich werde Sie nach ungefähr drei Wochen zurückschleppen.‹ Mein Gott! ›Schleppen‹. Ich hatte das Wort noch nicht anders gehört als im Zusammenhang mit Baumstämmen, die man mit Ketten zu einem Sägewerk schleppte. Ich fragte vorsichtig nach. ›Oh, ich habe zwei junge Damen letzten Sommer nach Baxter Springs hinuntergeschleppt. Sie behaupteten, sie wollten dort bleiben – als Siedler. Aber ich sage Ihnen, ich habe sie auf genau dieser Straße wieder zurückbefördert.‹ Mein Wortschatz begann sich zu erweitern.«

In den sechziger Jahren des 19. Jahrhunderts wurde in Kansas eine neue Art der Beförderung populär: die Kansas-Pacific-Eisenbahn. Sowohl der Bürgerkrieg wie auch die aufblühende Industrie und Landwirtschaft im Frontier-Gebiet hatten den Ruf nach einer transkontinentalen Eisenbahnlinie verstärkt. Der Kongreß willigte ein und begann 1862 mit dem gleichzeitigen Bau der *Central Pacific* von Sacramento aus nach Osten und der *Union Pacific* von Omaha aus nach Westen. Zum Zweig der *Union Pacific* erklärt, wurde die *Kansas Pacific Line* damit beauftragt, Kansas City mit Denver zu verbinden, und 1863 war der Bau in vollem Gang. Diese Eisenbahnlinie zog sich rasch durch den ganzen Bundesstaat, richtete bereits 1864 einen regelmäßigen Personentransport zwischen Kansas City und Lawrence ein und ist 1867 noch weiter westlich durch Manhattan, Abilene, Salina und Ellsworth fortgeführt worden. Die *Kansas Pacific* verlief durch Hays und dann durch Meilen von trockenem Indianergebiet und erreichte 1870 schließlich Denver.

Es war im ersten Jahr der Inbetriebnahme, als Mrs. Henry Inman entdeckte, daß dieses schnelle neue Transportmittel nicht ohne Gefahren war.

»Im Januar 1868 verließ ich mein Heim, um nach Fort Harker in Kansas zu gehen«, schrieb sie. »In jenen Tagen waren die Reisemöglichkeiten nicht so komfortabel wie in der heutigen Zeit, aber alles verlief recht gut, bis wir East St. Louis erreichten. Es gab damals keine Brücke über den Mississippi, und ich ging um Mitternacht über das Eis zu einem Schiff, das uns direkt nach St. Louis brachte. Von dort aus reisten wir weiter nach Salina, Kansas, wo unser Zug wartete, um uns nach Fort Harker zu bringen, das damals der Endpunkt der *Union Pacific Railroad* war.

Es schneite leicht, aber der Sturm nahm an Gewalt zu, und obwohl Minister Coburn* das Wort ›Blizzard‹ verurteilt, kann ich, er möge mir verzeihen, kein anderes dafür finden, um die Art des Sturms zu beschreiben, in den wir hineinfuhren. Ich hatte schon pittoreske Stürme in Neu-England gesehen, aber noch nie solche, wo der Schnee aus allen Richtungen zu kommen schien und von unten sowohl wie

* Foster Dwight Coburn war zweimal Landwirtschaftsminister von Kansas, und zwar 1880–82 und 1894–1914.

von oben, und siebzehn Meilen westlich von Salina blieben wir im Schnee stecken. Der Schneesturm erwies sich als zu heftig für unseren wackeren Lokführer und seine Maschine. So wurden wir auf offener Prärie den Elementen preisgegeben, eine Seite des Zuges war völlig im Schnee begraben, und wir hatten genügend Zeit zum Nachdenken.
Es gab nur einen einzigen Personenwagen, und ich rufe mir oft noch dessen Belegschaft ins Gedächtnis. Eisenbahnpersonal, Landsucher – besonders Squatters*, wie sie damals genannt wurden –, Soldaten auf Urlaub, die zu ihren verschiedenen Posten zurückkehrten, und dann ich, die einzige Frau unter ihnen, mit einem zweijährigen Kind.
Ich wünsche mir oft, ich hätte mir die Namen von all den Männern gemerkt, denn jeder von ihnen schien mir gewogen und tat alles, was in der Situation möglich war, um uns einen kleinen Dienst zu unserem Wohlergehen zu erweisen. Doch in gewisser Weise konnte ich mich revanchieren, und das kam so:
Der Kommandeur in Fort Harker (der Sturm war bis dorthin vorgedrungen) hatte die Situation geahnt und ließ mir, da er wußte, daß ich mich in dem Zug befand, eine Nachricht mit folgendem Inhalt zukommen: Ich durfte nach Gutdünken – und andere mit mir – alles für mein Wohlergehen benutzen, was ich in einem Frachtwaggon, der an unseren Zug angehängt und für das Verpflegungsmagazin im Fort bestimmt war, finden konnte. Wir waren schon sechsunddreißig Stunden dort, und von Anfang an war die Aussicht so entmutigend gewesen, daß auch ein viel geringerer Vorschlag zur Erleichterung mich schon glücklich gestimmt hätte. Ich machte mich also sogleich an die hausfrauliche Tätigkeit.
›Onkel Sam‹ sorgte für Speck und Crackers, und die blecherne Waschschüssel, die schon ihrem ursprünglichen Zweck gedient hatte, wurde mit Schneewasser ausgewaschen und allein mir anvertraut, um den Speck darin zu braten (ich habe nie welchen gegessen, der besser geschmeckt hat). Unser Nachtisch bestand aus einer kleinen Überraschung. Ich hatte mehrere Hackfleisch-Pies (nach Neu-England-Manier) sorgfältig in meiner Reisekiste verpackt, damit, wenn ich in mei-

* Squatters sind Siedler auf regierungseigenem Land, das sie später erwerben wollen (Anm. d. Übers.)

nem neuen Heim meine erste Mahlzeit auftischte, ein vertrautes Gericht dabei wäre. Nachdem ich die Köpfe gezählt hatte, zerteilte ich die Pies so, daß jeder sein Stückchen bekam, und achtete darauf, einen Rest zurückzubehalten, falls uns noch eine weitere Nacht voll Sorge bevorstände – und wir hatten bald Gelegenheit, auf diesen Rest zurückzugreifen.

Was wir als riesige Schneewehe neben dem Wagen angesehen hatten, stellte sich als Zelt heraus. Und da uns der Lokführer mit Geschichten von der Grenze und Indianer-Massakern unterhalten hatte – ein von den Indianern angerichtetes Blutbad hatte unweit von hier und nur kurze Zeit zuvor stattgefunden –, war meine Furcht, einem ähnlichen Schicksal zum Opfer zu fallen, nur sehr normal, so daß ich erleichtert war, als zwei Eisenbahner hoch zu Roß aus dem Schnee auftauchten und sich überrascht und erfreut zeigten, so in der Nähe eine Zuflucht zu finden. Eines der Pferde starb, aber die Männer waren in einer einigermaßen guten Verfassung. Wie es in Kansas üblich ist, wurden sie herzlich aufgenommen, man fachte das Feuer wieder an, holte die Reserven hervor, und zwei Leute mehr waren versorgt.

Am späten Nachmittag kam unser Schaffner mit der freudigen Nachricht, daß in der Ferne Rauch zu sehen war, was bedeutete, daß unser Bangen ein Ende hatte. Ein Rungenwagen brachte zwanzig mit Schaufeln bewaffnete Männer, die uns buchstäblich ausgruben, und nahm uns zurück nach Salina mit, wo Mutter Bickerdyke*, die gleich bei der Bahnstation ihr Haus hatte, sich um mich kümmerte, bis ich weiterkonnte, was noch zwei oder drei Tage dauerte.«

Postkutschen und Eisenbahnen waren für Reisende geeignet, die wenig Habe dabeihatten, aber für ganze Familien erwies sich der Planwagen als die praktischere und sparsamere Reisemöglichkeit. Voller Hast

* Mary Ann Bickerdyke (1817–1901), meist »Mutter« Bickerdyke genannt, war eine bekannte Heereskrankenschwester und große Menschenfreundin. Im Bürgerkrieg erhielt sie durch ihre tapferen Bemühungen als Krankenschwester auf der Seite der Union hinter den Linien und direkt an der Front weithin Anerkennung. Nach dem Krieg setzte sie ihre Arbeit für die Soldaten fort. Zwischen 1866 und 1868 sammelte sie Geld, damit sich die Familien von mehr als dreihundert Kriegsveteranen in Kansas ansiedeln konnten. Später half sie den Opfern von Indianerüberfällen, Dürrekatastrophen und Heuschreckenplagen, und es gelang ihr, Pensionen für viele versehrte Veteranen und Heereskrankenschwestern durchzusetzen.

und Aufregung wurden die Wagen vor der Abfahrt bis in den letzten Winkel mit all den Dingen bepackt, die auf der langen Strecke nötig waren, um die Familie durchzubringen. Besitz, der keinen Platz fand, wurde meist verkauft. Im Wagen verstaut waren Haushaltsutensilien wie Pfannen und Kessel, Zinngeschirr, Laternen, Butterfässer, Herde und Leinenballen, landwirtschaftliches Gerät wie Äxte, Hacken, Sägen, Hammer und der Pflug der Familie. Gewehre und Munition wurden ebenfalls für die Jagd und den persönlichen Schutz mitgenommen. Dann luden die Reisenden noch Proviant und Wasser ein, und zwar bevorzugt Grundnahrungsmittel wie Mehl, Zucker, Salz, Speck, Bohnen, Hefe und Essig. Manchmal wurde auch noch Vieh hinten an den Transport angebunden.
Im Laufe der Jahre wurde der Prärie-Schooner, wie man das Gefährt nannte, weil es mit seinem langen stabilen Gestell und seinem hochaufragenden weißen Verdeck einem durch das Meer von Gras dahinsegelnden Schiff glich, zum gewohnten Anblick im Frontier-Gebiet. Von einem Pferdegespann oder stämmigen Ochsen gezogen, bahnte sich der Wagen im Schrittempo seinen Weg westwärts. Meist saßen die Mutter und die kleineren Kinder darin, während der Vater und die älteren Kinder nebenhergingen. Sie zogen Tage und Wochen ununterbrochen dahin, reisten bei Tag und kampierten bei Nacht und fanden Beistand in der Gemeinschaft der anderen Reisenden.
»Unser Zug bestand aus fünf Planwagen«, erinnerte sich Mrs. Edson Baxter. »Wir bereiteten unterwegs unsere Mahlzeiten auf offenem Feuer nach Indianermanier, und als Tisch diente ein Stück Wachstuch, das wir auf dem Boden ausbreiteten. Nachts schliefen einige von uns in den Wagen, und andere machten sich ihr Bett auf der Erde … Wir erlebten nur einen Regensturm, und da wir nahe bei einem Haus kampierten, ließen die Leute netterweise die Frauen und die Kinder für diese Nacht im Haus schlafen …
Manchmal wurde ein Pferd krank, und wenn es notwendig war, einen Tag Pause einzulegen, holten wir den großen Küchenherd von Vaters Wagen herunter, den er unbedingt mit nach Kansas hatte nehmen wollen, heizten ihn an und nutzten jedesmal die Gelegenheit, um zu waschen und zu backen. Wir verbrachten die Abende mit Reden, Geschichtenerzählen und Singen, und hin und wieder unter-

nahmen wir einen Spaziergang durch die Orte, in deren Nähe wir kampierten.«

Mrs. Baxters Gruppe hatte Glück, daß sie nur einen Regensturm über sich ergehen lassen mußte. Häufig brachte das Wetter starken Wind, Graupelschauer oder Wolkenbrüche. Räder versanken im Schlamm, oder die Achsen brachen, was einen unvorhergesehenen Aufenthalt bedeutete, bis der Schaden behoben werden konnte. Und es gab noch andere Gefahren. Hinter jeder Wegbiegung mußte man mit Unfällen und Unglück aller Art rechnen. Ein Beinbruch, ein Schlangenbiß oder ein Choleraausbruch waren auf dem Trail, wo es keine ärztliche Hilfe gab, besonders ernst. Unvermeidlich forderte der Tod seinen Tribut von den Auswanderern, und für eine Familie, die gezwungen war, ein geliebtes Wesen zu begraben und am Weg zurückzulassen, waren das schwer zu ertragende Augenblicke.

Leslye Hardman Womer erinnerte sich: »Oft habe ich meine Mutter von den Erlebnissen während des Trecks erzählen hören. Eines, das mir noch deutlich in Erinnerung ist, ereignete sich an einem Abend direkt bei Sonnenuntergang, als sie ihren Lagerplatz bei einem kleinen waldbestandenen Wasserlauf aufgeschlagen hatten. Gerade als die Feuer so richtig zu brennen anfingen, fuhr ein anderer Wagen vor, und die Leute fragten uns, ob sie diesen wunderbaren Ort für die Nacht mit uns teilen dürften. Natürlich war meine Familie immer froh, Gesellschaft zu bekommen, und meine unverheirateten Tanten waren besonders davon angetan, in dem Wagen eine junge Dame ihres Alters zu sehen. Die Vorstellung von einem angenehmen Abend mit Geschichtenerzählen und Liedern, die mein Vater auf seinem Banjo begleiten würde, erfüllte ihre Köpfe.

Die Mädchen gingen eine Weile umher und führten die üblichen Mädchengespräche, bis es dunkel zu werden begann. Da fiel ihnen das noch nicht bereitete Abendessen ein, wo zweifellos ihre Hilfe gebraucht wurde. Die junge Dame verließ meine Tanten und rannte flink zu dem Feuer ihres eigenen Lagers, dabei schwang sie ihren Sonnenhut. Um zu der Feuerstelle zu gelangen, mußte sie dort an dem Wagen vorbei, wo die beiden großen Pferde angebunden waren. Als sie an ihnen vorbeieilte, versetzte sie dem einen Tier spielerisch einen Schlag mit ihrem Hut, und sofort schoß ein Fuß heraus, und das Mäd-

chen fiel lautlos, mit einer scheußlich klaffenden Wunde an der Schläfe, die der Huf des Pferdes hinterlassen hatte, um. Sie regte sich nie wieder und war bereits tot, als ihr Vater bei ihr ankam.
In dem kleinen Lager gab es in jener Nacht nur wenig Ruhe, und am frühen Morgen wurde ein Grab am Weg ausgehoben und die Leiche des jungen Mädchens behutsam hineingelegt. Für einige Tage zog die vom Schicksal getroffene Familie mit meiner Familie gemeinsam, doch dann trennten sich unsere Wege, und wir sahen sie nie wieder und hörten auch nichts mehr von ihnen.«
Schließlich erreichten die Reisenden mit ihren Planwagen oder mit der Eisenbahn oder Kutsche das Zielland und wurden mit der letzten Etappe ihres kühnen Unternehmens konfrontiert. Für Lillie Marcks, das sieben Jahre alte Mädchen, das die Nachbarn für die Fahrt so hübsch herausgeputzt hatten, war Stranger Station das Tor zur Prärie von Kansas. Die Gegend schien auf den ersten Blick voller Wunder.
»Wir wurden mit Holztransport-Wagen abgeholt, die die ganzen Leute nach Bastian Home, etwa vier Meilen nach Norden den Stranger Creek aufwärts, brachten. Eines steht fest, für meine Mutter und mich war es ein richtiges Vergnügen. Die Straße folgte dem Fluß durch eine unberührte Natur mit Weiden und anderen Bäumen, wildem Wein und Haselgesträuch. Mutter sagte immer wieder: ›Oh, wie schön!‹
Als wir weiter in die Prärie hinausfuhren, hielt es Mutter und mich kaum noch im Wagen. Wilde Blumen bedeckten die Grasebene in einer Orgie von Farben, so daß sie wie ein wundervoller Teppich aussah. Wie gern hätten wir welche gepflückt. Und die Kiessenken waren ebenfalls neu für uns.
Und dann sagte unser Führer: ›Jetzt sind wir schon da‹, und alle redeten und lachten und waren glücklich am Ende einer langen Reise. Freundliche Nachbarn erwarteten uns. Lange, aus Brettern improvisierte Tische waren draußen aufgestellt und wurden rasch mit Essen gedeckt. Ich hatte keinen Appetit, sondern wollte zu den Blumen und dem Kies zurück. Ich zog mit all den Kindern los, und wir hatten so einen Spaß mit den schönen wilden Blumen überall.«
Weniger glücklich ist die Geschichte von Martha Lick Wooden, deren Mann und Söhne bereits ein Claim abgesteckt hatten und die mit ihren

zwei kleinen Mädchen im Juni 1878 in Fort Hays eintraf, um zu ihnen zu kommen. Ihre Tochter erinnert sich:
»Es war Nacht, und sie war verzweifelt, was sie tun sollte, denn sie hatte erwartet, daß ihr Mann sie am Zug abholen würde. Er hatte nicht rechtzeitig kommen können. Sie suchte ein Hotel auf – das beste, das der kleine Ort zu bieten hatte, doch bevor sie sich eintrug, verlangte sie das Zimmer zu sehen, das sie bewohnen sollte. Sie zog das Kopfkissen weg und schlug das Bettuch zurück und zeigte auf eine Wanze! Darauf weigerte sie sich, in diesem Haus zu übernachten. Sie fand eine andere Pension, wo sie für die Nacht blieb, aber sie erklärte, sie hätte die Nase voll von Kansas.
Zeitig am nächsten Morgen traf ihr Mann sie auf der Bahnstation, wo sie auf und ab ging und sich wahrscheinlich wünschte, den nächsten Zug zurück nach Osten zu nehmen, obwohl sie das niemals zugegeben hätte. Er war aufgehalten worden und war teilweise die Nacht hindurch gefahren, hatte aber trotzdem seine Familie nicht mehr erreicht. Welche Freude, als er sie an dem Morgen auf der Bahnstation wiedersah.
Kaum daß die notwendigen Vorräte eingeladen und die Ankömmlinge und ihr Gepäck zwischen den Kisten und Säcken Platz gefunden hatten, begann die Fahrt zu dem vierzig Meilen entfernten Claim. Es gab eine einfache Straße, die sich einige Meilen weit durch die Prärie schlängelte und sich dann in dem dichten Büffelgras zu verlieren schien. Mein Vater war diesen Weg schon gefahren, und alles ging gut, solange Tageslicht herrschte.
Mittags wurde haltgemacht, um zu essen und sich auszuruhen, und meine Mutter holte sich ihre ersten Erfahrungen beim Kochen über einem Lagerfeuer. Danach gab es keine Rast mehr. Genau beim Einbruch der Dämmerung ging es plötzlich steil bergab, und vor unseren erstaunten Blicken öffnete sich eines jener für den Westen typischen engen Täler oder Canyons. Sie hatte nichts dergleichen je zuvor gesehen, und es war so schön, wie ihr der Grand Canyon in Colorado Jahre später erschien. Die Dunkelheit setzte in dem Canyon rasch ein, und es war schwer, dem Weg zu folgen. Der Mann mußte in einer der Biegungen die falsche Richtung eingeschlagen haben, und nach ungefähr einer halben Stunde Fahrt sagte er: ›Ich glaube, ich habe mich verirrt.‹
›Verirrt! Hier draußen in der einsamen Prärie? Und was ist das da?‹

entgegnete meine Mutter, und ihre Stimme klang entsetzter, als es ihr wohl bewußt war. ›Das da? Oh, ich glaube, das sind Coyoten‹, antwortete er. Und es war wohl bei all diesen grausigen, schrecklichen Erfahrungen, nachts in der Prärie verloren zu sein, wo sie den ganzen Tag über keine Behausung gesehen hatte, die allerschrecklichste, diesen Chor der Coyoten zu hören, die wie Hyänen klangen und sich über unser mißliches Schicksal zu amüsieren schienen.
Mr. Wooden, mein Vater, der damals mehr oder weniger präriekundig war, ließ sein Gefährt umkehren und ging ihm, mit der Laterne in der Hand, voraus zu der Schlucht zurück, wo er falsch abgebogen war. Nach einigen Schwierigkeiten war die richtige Straße gefunden – sie war kaum mehr als eine Fahrrinne –, und bald erschienen die Lichter unseres neuen Heims vor uns.«

Was trieb all diese vielen Menschen, den Komfort ihrer Häuser im Osten aufzugeben und Hunderte von Meilen zurückzulegen, um in diese riesige, leere Wildnis und Öde zu ziehen? Was war ihr Motiv, freiwillig die periodischen Schicksalsschläge der Natur und die tagtäglichen Ungewißheiten eines unzivilisierten Grenzgebietes auf sich zu nehmen? War es die Aussicht auf ein neues Leben, was sie verlockte, oder ein fast mystischer Abenteuergeist?
»Gehe ich in meiner Erinnerung an die fünfzig Jahre zurück«, schrieb Mrs. W. B. Caton, »sehe ich ein bescheidenes Heim vor mir, wo der Tisch im Bibliothekszimmer mit Literatur übersät war, die überschwenglich von den herrlichen Abenteuern in dem neuen Hafen für Einwanderer – Kansas – berichtete. Für mich hieß es eher Untergang, Desperados und Zyklone. Ich konnte meinem Mann nicht zustimmen, daß irgend etwas Gutes aus solch einem Land zu erwarten war, aber die typisch männliche Denkungsart obsiegte, und der 1. Oktober 1879 erlebte uns – einen Planwagen, drei Pferde und unsere bescheidenen Haushaltsdinge – in das ›Gelobte Land‹ aufbrechend.
Zu sagen, ich habe bitterlich geweint, würde nur schwach die Flut von Tränen ausdrücken, die ich vergoß, als ich mein geliebtes Zuhause und mein Land verlassen mußte, um meinen Wohnsitz im ›wilden und rauhen Westen‹ aufzuschlagen. Jedoch legte sich meine Besorgnis, als wir auf unser neues Mekka zufuhren.

Wir kamen an einem wunderschönen Sonntagmorgen in Winfield an, und wir nahmen beim Geläut der Kirchenglocken unseren Weg durch den reizvollen Weiler zu ... einem herrlichen Fleck auf einem Hügel südlich der Ortschaft. Als wir voller Entzücken über das hübsche, von einem schmalen Wasserlauf umschlossene Tal blickten, hatten wir das Gefühl, statt des Wilden Westens Gottes Garten gefunden zu haben, und wir waren sehr zufrieden, dies als unsere neue Heimat anzunehmen.«

Schön und überreich vorhanden, stellte das Land die größte Verlokkung von Kansas dar. Manche Siedler suchten nach Freiheit, andere sehnten sich nach Wohlstand, andere wiederum waren begierig auf Abenteuer, doch letzten Endes war es die Aussicht auf Land, die sie quer über den halben Kontinent ziehen ließ. Hier konnten sie sich ihr eigenes Heim errichten, ihren eigenen Boden bearbeiten und ihre eigenen Gemeinden bilden. Zweifellos brauchte es eine besondere Art von Mut und Standfestigkeit, um mit diesem rauhen Terrain zurechtzukommen. Doch mit zäher Arbeit, Einfallsreichtum und Ausdauer ließ sich die Zukunft nach ihren Vorstellungen gestalten. In diesem neuen Land, Gottes eigenem Garten, gelangten sie durch die Wildnis, durch die Wüste zu den Sternen.

Kapitel 2

Bretterhäuser und Grasnarbenkaten
Das Ansiedeln

»Es war solch eine neue Welt, die, ohne von einem Baum oder einem Schornstein unterbrochen zu werden, bis zu dem weit entfernten Horizont reichte; nur Himmel und Gras und Gras und Himmel ... Das Schweigen war so laut. Als ich oben in meinem unverputzten Zimmer lag, schien der Himmel näher denn je zuvor, und alles war erfüllt von Ehrfurcht, Schönheit und Geheimnis.«

Lydia Murphy Toothaker

Nachdem die lange Reise zu Ende war, standen die Emigranten vor der Aufgabe, sich ihr Heim zu errichten und ihre Zukunft zu gestalten. Anfangs, wenn die Familie noch nach einem geeigneten Platz für ihr Haus suchte, bestand die Unterkunft oft nur aus dem Planwagen, einem Zelt oder einem provisorischen Wind-und-Wetter-Schutz. Sie schlugen ihr Lager dicht bei der Straße auf, und der ganze Haushalt spielte sich in der freien Prärie ab. Die Mahlzeiten wurden über dem offenen Feuer zubereitet, und sein Nachtlager errichtete man sich auf dem harten staubigen Boden. Für die meisten Neuankömmlinge waren diese ersten Tage in der Wildnis nur ein Vorgeschmack auf das mühsame Leben, das vor ihnen lag.

Die Hill-Familie zog 1873 mit dem Planwagen nach Kansas und baute sich ihr Lager am Ufer des Solomon River auf. Emmy Hill schrieb in ihrem Erinnerungsbericht von der Not, die sie bei ihrer Ankunft erfuhren.

»Als wir die Staatsgrenze von Kansas passierten, fingen wir an, unter Wassermangel zu leiden. Eines Abends konnten wir keinen Lagerplatz finden, an dem es Wasser gab, aber ein Farmer, der sein Wasser aus sechs Meilen Entfernung herbeiholte, gab uns etwas fürs Abendessen und fürs Frühstück. Als wir am Morgen aufbrachen, schenkte er uns netterweise noch fast einen halben Eimer für jedes der Pferde und sagte uns, wir würden bis Belleville kein Wasser finden. Wir sahen die Windmühle von Belleville schon Stunden, bevor wir dort anlangten, und zogen ohne Unterbrechung weiter bis 2 Uhr. Als wir beim Brunnen des Orts hielten, fanden wir ein Schloß an der Pumpe. Wasser war etwas so Kostbares, daß die Pumpe abgesperrt wurde, damit die Farmer nicht dort ihre Pferde tränken konnten. Wir erkundigten uns und

erfuhren, daß es eine Quelle einige Meilen weiter an der Straße nach Scandia gäbe, und so waren wir bald wohlauf.
Als wir nach Concordia kamen, stellten wir fest, daß dort keine Eisenbahn war. Der Wind blies so stürmisch, daß wir kein Lagerfeuer entzünden konnten. Es gab kein Brot im Ort, und wir mußten ins Hotel gehen. Der Bäcker benutzte einen Ofen im Freien und konnte ihn nicht richtig heiß bekommen, bis der Wind nachließ. Mein Mann ging nach draußen und sah sich um, bis das Brot gebacken war. Dann nahm er einen Vorrat mit ins Lager. Es war das letzte Brot, das wir bekamen, denn es gab keine Bäckerei in Beloit.
Wir schrieben an die Bahnvorsteher von Clay Center, Ellsworth und Wilson und baten sie, uns in Beloit zu benachrichtigen, wenn Fracht einträfe. Dann zogen wir nach Beloit weiter und schlugen am Flußufer, direkt unterhalb der Furt, unser Lager auf. Dort ließ mich Mr. Hill, mein Mann, mit den zwei Jungen zurück, während er nach dem Land Ausschau halten wollte.
Er kam ungefähr drei Tage später mit Neuigkeiten zurück. In der Gegend gab es drei Familien, Mr. Callis, Mr. Blakeman und Mr. Elliott. Die ersten beiden lebten dort schon ein oder zwei Jahre und hatten sich bereits behaglich eingerichtet. Mr. Elliott war kürzlich erst von Minnesota gekommen und wohnte in einer Grasnarbenhütte. Er hatte den Sommer über die Prärie umgepflügt und Steine für ein Haus ausgegraben. Mit dem Hausbau war gerade begonnen worden.
Nahe bei unserem Lager lebte eine Familie in einer Ein-Raum-Blockhütte mit Erdfußboden, und ich durfte zu ihnen kommen, Brötchen machen und sie in ihrem Ofen backen. Die Frau hatte kein Brotbrett und auch keine Teigrolle, sondern breitete für mich eine saubere Zeitung auf dem rohen Brettertisch aus, damit ich den Teig ausformen konnte. Diese Hütte gefiel mir; in der einen Ecke stand ein schönes sauberes Bett und in der anderen ein Küchenherd.
Mein Mann kam also zurück, und wir luden auf und fuhren zu Mr. Elliotts Grund und errichteten dort unser Lager. Wir ließen die Jungen dort zurück und ritten los, um uns Land zu suchen. Wir streiften an jenem Abend eine Weile umher und dann noch den nächsten Tag, um uns zu entscheiden, was wir uns aussuchen sollten.
Am Morgen darauf fuhren wir nach Beloit, um einen Küchenherd zu

Ein Ehepaar, das gerade in Greenwood County angekommen ist. Zu Beginn war das Heim der Familie nur der Wagen oder ein ähnlicher vorübergehender Schutz

erstehen. Ich war recht ungeschickt beim Kochen über dem Lagerfeuer. Es war ein kalter, rauher Tag; der Wind blies von Norden. Der arme Tom wurde müde, sprang von seinem Sitz auf, trat mit seinen an den Spitzen kupferbeschlagenen Stiefeln gegen das Spritzbrett und rief: ›Warum ist dieses Beloit nur so weit weg?‹ Ich habe auf diesem Anwesen eine ganze Reihe von Jahren gelebt und die lange, beschwerliche Tour nach Beloit viele Male gemacht, aber ich glaube, ich tat es nie, ohne daß mir seine Worte dabei einfielen. Und ich meine, mir war damals genau wie ihm zumute, als er das sagte.

Der Wind hatte sich allmählich gelegt, und wir kehrten zu unserem Lager zurück und stellten unseren neuen Küchenherd in das ausgetrocknete Flußbett. Mir gelang ein gutes Abendessen – das beste, das wir seit langer Zeit gehabt hatten.

Am Morgen schneite und stürmte es. Mr. Elliott überließ uns ein paar Pfähle, die er schon fertig bearbeitet hatte, um einen Stall zu überdachen, und wir errichteten damit einen Unterstand für unseren Herd,

Ein aus einem Raum bestehendes Blockhaus in der Nähe von Humboldt, Kansas

indem wir noch Pferdedecken und einen alten Teppich hernahmen, und das Ganze wurde recht gut. Aber der Herd wurde nicht heiß genug zum Backen. Es war zu kalt, um Brötchen zu machen, also versuchte ich Maisbrot zu backen. Es war ein großer Reinfall, und ich warf es fort, bereitete neues und trug es zu den Elliotts hinüber, gab es ihnen und brachte sie dazu, daß sie es in ihren Ofen schoben und buken. Ich konnte nicht zu ihnen hineingehen, denn ihre Grasnarbenkate war nur ungefähr drei mal vier Meter groß, und es standen ein Bett, ein Tisch, ein Herd, eine Art Truhe und ein paar Stühle darin. Die Elliotts waren fünf, und außerdem hatten sie Besuch von ihrem Freund, Mr. Axtel, mit seiner Familie aus Wilson. Sie waren neun Personen in dem kleinen Raum.

Wir bekamen schließlich ein gutes Frühstück, denn ich konnte oben auf dem Herd ohne Schwierigkeiten kochen, und gegen Abend legte sich auch der Wind. Es ist etwas Seltsames bei der Lager-Kocherei: Nie bleibt irgend etwas übrig. Gleich wieviel ich zubereitete, es wurde immer alles aufgegessen. Ich lernte es sogar, den Hund zuerst zu füttern, damit ich sicher sein konnte, daß er überhaupt etwas abbekam.

An dem Tag konnten wir nichts weiter tun, als uns um den Herd zu drängen. Aber am nächsten Tag machten sich mein Mann und Joe und

zwei Elliott-Jungen an die Arbeit und gruben für einen Stall eine Höhle in den Abhang. Sie nahmen Pfähle und Strauchwerk und Heu für das Dach. Dann wurden Büffelgrasstücke ausgestochen und wie Ziegel auf der einen Hälfte der offenen Seite zu einer Mauer aufgeschichtet. Vor die andere Hälfte wurde eine Pferdedecke gehängt. Wir stellten den Herd in die eine Ecke und streuten Heu vor die eine Wand, um unser Bett darauf zu bereiten. Und mir gefiel das alles.
Am nächsten Morgen zog mein Mann nach Concordia los, den Vertrag über das Land abzuschließen*. Er hoffte, nicht länger als drei Tage fort zu sein.

Als er nach Concordia kam, erfuhr er, daß unser Frachtgut in Waterville war, und da er schon unterwegs war, fuhr er gleich weiter und holte unsere Sachen und war eine Woche weg. Er hatte keine Möglichkeit, mich zu verständigen, und ich verbrachte so eine Zeit voller Angst. Aber eines Morgens gegen drei Uhr hörte ich unseren Wagen und wußte, daß alles in Ordnung war. Er kam und brachte unsere Habe mit und einiges Baumaterial für Türen und Fensterrahmen und ein paar Bretter und drei Scheffel Kartoffeln. Jetzt konnten wir mit der Arbeit an unserer Heimstätte beginnen.«
Der ideale Siedlungsort sollte guten Boden für den Ackerbau, Holz für den Hausbau und Wasser bieten. Aber Boden und Vegetation wechselten von einem Teil von Kansas zum nächsten ganz erheblich. Die östlichen Regionen hatten fruchtbaren Boden, stattliche Flüsse und gemäßigte Niederschläge. Diese Gegenden erwiesen sich, da es genug Bau- und Brennholz und Wasser zur Bodenbestellung gab, für den einwandernden Siedler als relativ gastlich. Zogen die Landsucher jedoch weiter westwärts, trafen sie schon weniger Wasserläufe, eine

* Der *Homestead Act*, das erste Heimstättengesetz, am 20. Mai 1862 zum Gesetz erhoben, wurde der wichtigste Weg für Siedler, um Landbesitz zu erwerben. Die Bestimmungen besagten, daß jeder Haushaltungsvorstand, Witwen und unverheiratete Männer eingeschlossen, ein Anrecht auf 160 Morgen Bundesland hatte. Innerhalb von sechs Monaten nach der ersten Eintragung mußte der zukünftige Heimstättenbesitzer mit dem Bau einer festen Unterkunft begonnen haben. Weiterhin hatte das Claim fünf Jahre lang der ständige offizielle Wohnsitz des Siedlers zu sein. Nach dieser Erwerbsperiode konnte der Siedler dann unter Hinzuziehen von zwei Zeugen amtlich sein Land »bestätigen« lassen.

Ein Erdhaus in Norton County

kargere Vegetation und flacheres Gelände an. In gewisser Weise war eine solche topographische Beschaffenheit nicht ungünstig für die Bebauung, denn es mußten hier kein Wald gerodet, keine Sümpfe entwässert und nur wenige Steine aus dem Boden geholt werden. Aber der beträchtliche Mangel an Niederschlägen in diesem Gebiet, der stärker wehende Wind und die niedrigere Luftfeuchtigkeit stellten die Farmer dort vor ernsthafte Probleme, so daß die Nachteile letztlich überwogen.

So war die ständige Suche nach Wasser ein wesentlicher Bestandteil des Pionierlebens. Hatten sich die Auswanderer auf ihrer Heimstätte niedergelassen, mußte ein nicht versiegendes Wasserreservoir für die Felder und den persönlichen Bedarf ausgekundschaftet werden. Die Siedler in den fluß- und waldreichen östlichen Regionen waren ja gut versorgt, aber diejenigen, die zu den Plains im Westen zogen, mußten sich darauf verlassen, unterirdische Quellen zu finden, die schwer zu lokalisieren und anzubohren waren.

In jenen Tagen war das Suchen mit der Wünschelrute eine weitverbreitete Methode, den verborgenen Wasservorräten auf die Spur zu kommen. Der erfahrene Wünschelrutengänger brauchte, um auf eine gute Wasserader zu stoßen, nichts weiter als eine kleine Astgabel von einem Pfirsichbaum oder einer Weide. Er beugte sich dann, diesen gegabelten Zweig an beiden Enden fassend, tief herunter und ging so hin und her. War irgendwo Wasser vorhanden, senkte sich der »Stamm« der Wünschelrute unverkennbar ein Stück nach unten und bezeichnete so die Stelle.

Als letzten Ausweg holte Ida Gillette einen in der Nähe ansässigen Wünschelrutengänger zu Hilfe, um endlich Wasser auf ihrer Riley County Farm zu finden.

Sie schilderte das so: »Als ich bei meinem Bruder auf Besuch war, entdeckte ich eine Farm von recht idealer Größe, die zum Verkauf angeboten wurde, und mir schien der Preis vernünftig. Ich kaufte sie, leistete eine kleine Anzahlung und gab den Rest der Kaufsumme über Hypothek. Natürlich erfuhr ich erst später, daß der Grund, weshalb der Besitzer verkaufen wollte, der war, daß er nie hatte Wasser auf seinem Gelände finden können. Das war, noch gelinde gesagt, ein großer Nachteil, aber ich kam zu der Überzeugung, daß ich mich davon nicht entmutigen lassen sollte, denn ich würde schon irgendwo auf der Farm auf Wasser stoßen.

Ich hatte nie besonders an Wünschelrutengänger und ähnliches geglaubt, aber mein Bruder drängte mich, einen alten Mann aufzusuchen, der in der Nähe lebte und sich auf das Wassersuchen mit der

Ein Sodehaus in Decatur County, Kansas

Rute verstand, um zu sehen, was er verrichten könnte. Ich fragte ihn, und er war sofort bereit, mir zu helfen. Ich war sehr gespannt und begierig zu wissen, ob er tatsächlich Wasser ausmachen könnte.
Er nahm einen gegabelten Weidenstab in beide Hände und hielt ihn gerade von sich weggestreckt. Wo Wasser wäre, erklärte er, würde der Stock sofort nach unten zeigen. Ich sah ihm zu und wartete ab. Und wirklich, er war noch gar nicht lange hin und hergegangen, als die Weidenrute nach unten ausschlug, immer schneller ruckte, noch weiter hinabzeigte und schließlich steil nach unten wies. Ich seufzte erleichtert, denn ich wußte, daß Wasser gefunden war – noch dazu sehr nahe am Haus.
Da mein Bruder gerade mit dem Bohren eines Brunnens fertig war, schickte er den Arbeitstrupp zu mir herüber, und die Männer hatten zwei Wochen zu tun, um meinen Brunnen zu bohren. Er war dann 65 Fuß tief und hatte 11 Fuß Wasser. Wie glücklich war ich, als ich meine ersten Schlucke dieses kühlen, erfrischenden Wassers trank.«
Je nachdem welche Art von Baumaterial den Siedlern in Kansas zur Verfügung stand, änderte sich die Konstruktionsweise der Häuser von Gebiet zu Gebiet. Im allgemeinen fanden die Neuankömmlinge in den östlichen Teilen von Kansas ausreichend Holz und Steine, um kleine, aber stabile Unterkünfte zu errichten. Im Westen dagegen fehlte es an traditionellen Baustoffen, so daß die Leute dort gezwungen waren, sich ihre Behausungen aus der Grasnarbe der Prärie zu fertigen.
Die erste Sorge der Siedler war es, möglichst bald ein festes Dach über dem Kopf zu haben. In den waldreichen Regionen von Kansas gingen die frühen Pioniere auf die Suche nach möglichst hohen und gerade gewachsenen Bäumen, die sie fällten und zerteilten und auf ihr Gelände schafften. Die Stämme oder aus ihnen herausgehauene Balken wurden jeweils an beiden Enden eingekerbt und sorgfältig waagerecht aufeinandergeschichtet, wobei man die Enden miteinander verkämmte. Reisig, Rinde und Moos wurden in die Ritzen gestopft und das Ganze dichtete man teilweise noch mit Lehm ab.
Oft war der Bau eines Blockhauses oder einer anderen Behausung für die gesamte Nachbarschaft Anlaß zu einem Fest. Immer bereit, sich

gegenseitig zu helfen, taten sich die Siedler einer Gegend zusammen, um dem neuesten Nachbarn tatkräftig zur Seite zu stehen. Während sich die Männer an den Hausbau machten, trafen sich die Frauen und kochten zu dieser Gelegenheit Kaffee, backten besonderes Brot und Kuchen. Für den Neuankömmling war solch ein Hausbaufest ein Vorgeschmack von der herzlichen Gastfreundschaft und Nachbarlichkeit, die im Frontier-Gebiet herrschte.

Hattie Wilson erinnerte sich an den gemeinschaftlichen Bau ihrer ersten Hütte im Tal von Timber Creek.

»Die erste Arbeit meines Vaters und meines Bruders war es, ein Blockhaus zu bauen. Als sie alle Baumstämme für die Wände beisammen hatten und ›Spleißen‹ (lange Schindeln) von den Eichenstämmen und ›Planken‹ (lange Bretter, die mit einem Breitbeil aus den Stämmen herausgehauen wurden) für den Fußboden abgehackt hatten, ging es an das *House raising*, den gemeinsamen Hausbau, und alle Männer der Gegend – sie hatten sich rasch eingefunden – wurden aufgefordert, die Hütte aufzustellen.

Ich weiß noch, wir hatten den größten Teil unserer Vorräte aufgegessen und warteten darauf, zum nächstgelegenen Ort mit Bahnstation fahren zu können, um uns Nachschub zu besorgen. Also war nichts weiter für die Männer da als Maisbrot und schwarzer Kaffee mit Zukker, aber sie befanden sich alle in der gleichen Situation und freuten sich und genossen das Gebotene.«

Standen die Wände erst einmal, wurde die kleine einräumige Hütte mit einer Dachsparrenkonstruktion versehen, die man mit grob abgeschlagenen Borkenschindeln deckte. Der Fußboden der Hütte bestand anfangs nur aus dem nackten festgestampften Erdboden. Später trennte man Bretter aus den Stämmen und verlegte sie zu einem dauerhaften Boden.

»Ich hatte einen Plankenboden«, erklärte Aura St. John, »und ich glaube, nur wenige wissen, was das ist. Man nahm etwa vier Fuß lange Baumstammklötze und schlug von ihnen Schwartenbretter herunter, die von einem bis vier Zoll dick waren und einen viel besseren Boden abgaben als die Erde. Ich schrubbte die Planken mit einem Spanbesen, der aus einem Stück Hickorystock gemacht war, und sie sahen danach blank und wohltuend aus. Der Besen wurde gefertigt, indem man von unten hoch acht bis zehn Zoll lange feine Späne abzog, das Markstück entfernte und dann auf die selbe Länge von oben her bis dicht an die unteren Späne ebenfalls solche feinen Spleißen abschabte, diese nach unten wegdrückte und zusammenband.«

War das Haus in seiner Grundkonstruktion fertiggestellt, wurden verschiedene Öffnungen für die Fenster und Türen herausgesägt. Anfangs diente eine alte Decke oder eine gegerbte Büffelhaut als Tür, die dann später durch eine Bretterklappe an ledernen Angeln ersetzt wurde. Ebenso nahm man große Stücke eingefettetes Papier als Fensterscheiben her, bis sich die Familie Glas leisten konnte.

Wie so viele andere verließ Frederica Fischer, die Tochter eines wohlhabenden deutschen Kaufmanns, ihr stattliches Haus, um es gegen eine Blockhütte im östlichen Kansas einzutauschen. Ihre Tochter berichtete von damals:

»Wie sehr sich dieses Haus von dem zweistöckigen Bau ihrer Kindheit mit den alten Birnbäumen, die bis an die Fenster in der zweiten Etage heranreichten, unterschied, hatte sich das junge Mädchen nicht träumen lassen. Man stelle sich ihr Erstaunen vor, als sie zum erstenmal die Blockhütte ohne Fenster, ohne Tür und ohne Fußboden sah. Sie dachte, man mache sich einen Spaß mit ihr oder zeigte ihr wohl nur eine Scheune, aber nein, es sollte ihr Heim sein, sobald man es etwas wohnlich hergerichtet hatte. Sie verbrachten die erste Nacht bei Mr. und Mrs. Rohm, Nachbarn, und da erfuhr sie, daß auch diese in einer Blockhütte lebten. Sie bekam bei ihnen eine erste Vorstellung, wie ihr zukünftiges Leben in einem Haus sein würde, in dem Wohnzimmer, Schlafzimmer, Eßzimmer und Küche alle zur selben Seite hinausgingen, weil alles eins war.«

Von unseren heutigen Ansprüchen her war solch eine Blockhütte weder romantisch noch angenehm zu bewohnen. Sie war meist nicht größer als gut dreieinhalb Meter mal knapp fünf Meter und beengte die wachsende Familie doch sehr. Trotzdem setzten die Pionierfrauen stolz alles daran, ihre Hütten so behaglich wie möglich einzurichten. Lydia Lions beschrieb das Frontier-Wohnen so: »Der Wind pfiff im Winter durch die Wände und blies im Sommer den Staub hinein, aber wir tapezierten die Wände mit Zeitungen, nähten Flickenteppiche für den Fußboden und hatten so das Gefühl, recht schön zu wohnen, wir waren voller Enthusiasmus über das neue Land, das wir uns zu erobern trachteten.«

In den dürren Regionen von Kansas baute man anstelle der traditionelleren Blockhütten Erdhäuser und Grassode-Katen, denn die sich endlos hinziehende Prärie bot außer der Grasnarbe kein anderes Konstruktionsmaterial. Dick und stabil, war die Präriegrassode für die frühen Siedler in den waldlosen Gebieten ein recht brauchbarer Ersatz.

Für viele Familien waren die Erdhütten die einfachste Art, sich eine Unterkunft zu schaffen. Sie gruben ihre Behausungen buchstäblich mit der Schaufel in die Hügel und Abhänge. Meist wurde der ganze Berghang ausgehöhlt, wobei man nur einige kleine Öffnungen für die Fenster und die Tür ließ. War der Hügel jedoch nicht hoch genug, gruben die Leute so tief es ging in den Erdwall, errichteten eine Vorderwand und ein Dach und vervollständigten das Ganze mit ihren Grassode-»Bausteinen«.

Fast immer stellte diese höhlenartige Erdhütte eine primitive und beengende Unterkunft für die Pionier-Familie dar. Das ganze Jahr hindurch war sie feucht und dunkel und praktisch unmöglich sauberzuhalten, da ständig Erde und Staub vom Dach und von den Wänden auf alles herabrieselte. Obwohl die dicken Erdwände eine gute Isolierung gegen die Kälte und einen guten Schutz vor dem Wind boten, wurden die Erdhütten bei längerem Regen fast unbewohnbar.

»Vater grub eine Erdhütte und deckte sie mit Weidengeflecht und Gras«, schrieb eine Siedlerin, »und wenn es regnete, kam das Wasser durch das Dach und lief auch durch die Tür herein. Nach den Regenschauern trugen wir das Wasser eimerweise nach draußen und wateten im Schlamm, bis alles wieder getrocknet war. Manchmal verkrochen sich Wühlnattern im Dach und hielten uns in Atem, denn hin und wieder verlor eine den Halt und plumpste aufs Bett und ließ sich dann auf den Boden fallen. Mutter griff in solchen Fällen nach der Hacke, es gab einiges Hin und Her, und nachdem der Kampf beendet war, wurde die Natter nach draußen befördert. Natürlich mußte es immer etwas geben, was uns davon abhielt, den Mut zu verlieren.«

Solch eine Erdhütte hatte also zahlreiche Nachteile. Außerdem war sie nicht nur von innen äußerst spartanisch, sondern von weitem nur schwer als Behausung auszumachen. Meist war ein einfacher Grassode-Schornstein oder ein schmales Ofenrohr, das aus dem Erdboden ragte, der einzige Hinweis auf die Hütte darunter. Nachts konnte es leicht vorkommen, das ein Reisender mehrere Stunden verwirrt umherirrte, um ein bestimmtes Erdhaus zu finden.

Als Martha Lick Wooden nach einer beschwerlichen Reise von Fort Hays bei ihrer Erdhütte anlangte, betrachtete sie ihr neues Heim mit Entsetzen. Noch viele Jahre später erinnerte sich ihre Tochter an die Reaktion:

»Zuhause? Sie hatte noch nie solch eine Erdhütte oder auch nur ein Bild davon gesehen. Sie wurde in einen Höhlen-Raum von vierzehn Fuß im Quadrat geführt, der in einen Erdwall gegraben worden war. Das Dach ruhte auf einem Firstbalken, der an beiden Enden in der Gabelung von zwei senkrechten Pfosten lag, und das zusammen bildete den Giebel. Kürzere Stangen wurden quer zu dem Firstbalken angebracht und waren auf der anderen Seite von der jeweiligen Erdmauer abgestützt; sie bildeten die Sparren. Darüber deckte man Weidenruten und Stroh, und darüber kamen Sode und Erde. Das gab ein gutes Dach über dem Kopf ab, das zwar wetterdicht, aber nicht schlangendicht war!

Als der Tag anbrach und sie Gelegenheit hatte, über das Land zu blikken, entdeckte sie zwei weitere Erdhütten, knapp eine Meile entfernt, die Unterkünfte ihrer einzigen Nachbarn. Sie wußte jetzt, warum sie auf dem ganzen langen Weg von Fort Hays keine Häuser gesehen hatte. ›Öd und einsam‹ war ihr einziger Kommentar, aber bald fand sie sich damit ab und ging mit ganzer Energie daran, ein Heim zu schaffen und ihre Familie zu versorgen.«

Doch allzu oft bot das flache Land im westlichen Teil von Kansas nicht einmal Hügel oder Erdwälle, in die man diese einfachen Erdhütten graben konnte. So blieb den ersten Siedlern, die sonst kein Baumaterial zur Verfügung hatten, nichts anderes übrig, als sich freistehende Häuser aus Blöcken von Grassode zu konstruieren, die sie ironisch als »Präriemarmor« bezeichneten. Diese Art von Haus war zwar schwieriger zu errichten, erwies sich aber als um vieles praktischer, haltbarer und komfortabler. In den Anfängen der Siedlerzeit in Kansas wurde

das Sode-Haus oder die Sode-Kate in den Great Plains zu einem ganz eigenen Stil von Volksarchitektur, die zugleich ein Symbol für den Einfallsreichtum und die zielstrebige Beharrlichkeit darstellte.
Um solch ein Sode-Haus zu bauen, steckten die Siedler erst einmal ein Rechteck möglichst ebenen Landes ab. Nachdem diese Stelle vom Gras befreit war, wurde sie mit dem Spaten geglättet und festgeklopft, bis ein harter Erdfußboden entstand. War der »Bauplatz« so vorbereitet, begann die mühsame Arbeit des Sode-Stechens. Ochsen wurden vor einen speziellen Pflug oder Sode-Schneider gespannt und damit lange Streifen der Grasnarbe abgetrennt. Dann zerteilte man mit einem scharfen Spaten die Streifen in einzelne Blöcke. Diese »Bausteine« wogen pro Stück an die 25 kg und waren 60 cm lang, 30 cm breit und ca. 10 cm hoch. Sie wurden auf den Wagen der Familie geladen und bis dicht an den Bauplatz herangefahren.
Meist wurde die typische Sode-Kate errichtet, indem man die Gras-Steine entlang der Grundrißlinie Schicht um Schicht mit der Grasseite nach unten zu etwa 60 Zentimeter dicken Wänden aufeinandertürmte. Bei dieser Bauweise brauchte man weder Mörtel noch Nägel, besserte jedoch Fugen und Risse mit Lehm oder Erde aus. Für die Fenster und die Türen setzte man hölzerne Rahmen ein und baute die Sode-Blöcke sorgfältig darum herum. Waren die Wände hochgezogen, wurde das Haus mit einem einfachen Gestell aus Pappelholzpfählen gedeckt, auf das man Weidengestrüpp und darüber Streifen von Grasnarbe legte. Für ein normales einräumiges Sode-Haus von ca. fünf mal sieben Meter benötigte man über vier Quadratkilometer Grasnarbe, und das Ganze wog über 80 Tonnen.
Die dicken Wände schützten und isolierten gut. Während der heißen Sommermonate war es im Haus angenehm frisch wie in einem Keller, und im Winter, wenn die Temperaturen weit unter null Grad sanken und Stürme tobten, bot es ausreichend Wärme. Außerdem war solch ein Sode-Haus feuersicher und überstand unbeschadet Präriefeuer und Brandpfeile der Indianer.
Natürlich waren auch diese Häuser keinesfalls luxuriös. Wie bei der Erdhütte fehlte es auch bei dieser Bauweise an ausreichender Lüftung, und im Innern war es immer irgendwie dunkel, feucht und modrig. Außerdem leckte das Dach regelmäßig. Bei heftigen Regenfällen war

jedes Sode-Dach durchgeweicht, und Wasser und Schlamm tropften auf die Bewohner und ihre Habe herab.

Die Familie Brown in Mitchell County hatte ständig Ärger mit ihrem Sode-Dach. Emma Brown schrieb: »Das Dach des neuen Hauses war aus Kansas-Erde, und als die ersten Regenfälle einsetzten, stellte es sich als sehr unbefriedigend heraus. Wir waren am 1. August 1870 eingezogen, und ich hatte mich wie ein Schneekönig gefreut. Aber dann fing der Regen an und hörte nicht mehr auf.

Am ersten September brachte mein Mann eine Herde Texas-Rinder nach Abilene und hoffte, in wenigen Tagen wieder zurück zu sein. Aber die Regenfälle hielten an, und das Wasser in den Flüssen stieg, so daß die Tiere nicht mehr hindurchlaufen konnten. Und da es zu der Zeit noch keine Brücken dort gab, mußte er warten, bis das Wasser zurückging. So war ich dann zwei Wochen mit den Kindern allein. Und das Dach leckte!

Schließlich, als alles im Haus naß und mir auch das Heizmaterial ausgegangen war, suchte ich einen Nachbarn auf und fand Zuflucht in dessen Erdkate. Aber noch vor Tagesanbruch stand das Wasser darin sechs Zoll hoch, und wir mußten wieder weiterziehen. Der nächste Unterschlupf waren Bretter, die gegen eine Steinmauer gelehnt standen, und wir blieben dort einen Tag und eine Nacht.

Wie froh waren wir, als die Sonne wieder schien. Ich breitete draußen meinen ganzen Haushalt zum Trocknen aus, und das Schlimmste war vorbei, als die Sachen wieder getrocknet und im Haus waren. Aber, ach, am nächsten Morgen prasselte der Regen wieder herab. Doch ich hatte inzwischen wenigstens genug Brennholz und war fest entschlossen, die Stellung zu halten. Ich stellte die Tischklappen hoch und legte die Kinder darunter schlafen, und sie schliefen so schön und fest, wie es gesunde Kinder eben tun.«

Die Erdhütte und die Sode-Kate waren, wenn sie den Siedlern anfangs auch gute Dienste leisteten, doch ein himmelweiter Unterschied zu den Häusern, die die meisten der Pionierfrauen zurückgelassen hatten. Carrie Lassell Detrick berichtete: »Als unser Planwagen bei dem Ein-Zimmer-Sode-Häuschen hielt, das Vater bereitgestellt hatte, half er Mutter herunter, und ich erinnere mich, was für ein Gesicht sie machte, als sie ihren Blick über die öde Farm schweifen ließ, und daß sie dann die Arme um seinen Hals schlang und in den einzigen Anfall von Weinen ausbrach, den ich je bei ihr gesehen habe.«

Aber die Frauen gaben dem Ganzen etwas Glanz und ihre eigene Note und sorgten dafür, daß die einfachen Hütten aus Erdreich wohnlich wurden. Abgetretene Teppiche, Kuhhäute und Büffelfelle verbargen den nackten Erdboden, und Streifen von leuchtendem Madras-Karo-Stoff oder alte Zeitungen schmückten die rauhen Wände. Patchwork-Quilts bedeckten die Betten, die aus einem Holzrahmen und einer strohgefüllten Matratze bestanden. Textilkästen dienten als Tische oder Kommoden, und alte Lattenkisten oder Fässer wurden zu einfachen Stühlen. Reisekoffer, die früher riesige Ausmaße hatten, waren ebenfalls sehr nützlich und wurden zu behelfsmäßigen Sitzbänken, Schränken oder Kinderbetten umfunktioniert.

Emma Hill hatte recht angenehme Erinnerungen an ihre erste Behausung mitten in der Prärie. »Innerhalb einer Woche war die Hütte soweit, daß wir einziehen konnten. Sie hatte einen Fußboden aus Erde und ein Dach aus Erde, aber ich spannte Segeltuch unter die Decke und streute Heu auf den Boden und legte einen großen Flickenteppich darüber. Dann stellte ich die Werkzeugkiste, die Reisekoffer, die in einen Schrank umgewandelte Kleiderkiste und die Betten überall entlang der Wand auf, damit sie den Teppich festhielten, da er sonst nicht festzustecken war. Die Betten hatten Vorhänge, und zwischen ihnen war auch noch eine durch einen Vorhang abgetrennte Nische, die ein gutes Ankleidezimmer abgab. So hatten wir es wirklich hübsch und gemütlich.«

War die Hütte gebaut und eingerichtet, konnte sich die Pionierfamilie endlich an die Arbeit auf ihrem Anwesen machen. Draußen mußte der Boden für den Ackerbau vorbereitet werden, und im Haus ging es darum, die behelfsmäßigen Konstruktionen zu einem wohnlichen Heim umzugestalten. Diese weiteren Aufgaben schreckten die Neuankömmlinge nicht. Die Wildnis der weiten Prärie begeisterte sie, und sie waren erfüllt von Abenteuergeist und Optimismus.

»Es mochte wie ein freudloses Leben aussehen«, sann eine Frau nach, »aber es gab vieles zum Ausgleich: die Aufregung, ein neues Land zu erobern, die wunderbare Atmosphäre, die Faszination der Prärie, die einen bis ins Mark durchdrang und einen unzufrieden werden ließ, sobald man woanders war, die flachen Hügel und die ungehinderte Sicht des Horizonts, die Schäfchenwolken, die ein nie aussetzender Wind über den Himmel trieb. Der Pioniergeist in unserer Familie war unerschöpflich.«

Kapitel 3

Schürze und Pflug
Der Alltag in der Prärie

»Was war die Arbeit einer Farmersfrau in jenen ersten Tagen? ... Ihre Arbeit war die der Ehefrau und Mutter, der Gehilfin ihres Mannes, der Familienpflegerin und Haushälterin.«

Clara Hildebrand

Im neunzehnten Jahrhundert hielt die Gesellschaft das Heim für den »angestammten« Platz der Frau, und man erwartete, daß sie emsig als Ehefrau, Mutter und Hausfrau tätig war. Für die wohlhabende Frau bedeutete das ein Leben in Muße, da ihr jede unangenehme Arbeit vom Dienstpersonal abgenommen wurde, aber für die ärmeren Frauen waren diese Rollen mit viel Mühsal verbunden. Da die Frauen damals relativ rechtlos waren und ihnen kaum berufliche Möglichkeiten offenstanden, konnten sie sich aus eigener Kraft fast nie aus dem engen Rahmen von Heim und Herd befreien.

Auf den ersten Blick sieht es so aus, als hätten sich für die Pionierfrauen nur die Bedingungen verschlechtert, an der Rolle als Frau jedoch überhaupt nichts geändert. Heim und Herd brachten zwar noch größere Plackerei mit sich, aber die Arbeit bekam einen anderen Wert, denn es ging um das Überleben. In ihrer Isolation stellte die Pionierfamilie eine autarke Einheit dar, die ihren ganzen Stolz dareinlegte, für sich selber zu sorgen und aller Mühsal zu trotzen. Männer und Frauen arbeiteten als Partner zusammen und vereinten ihre Kraft und ihre Fähigkeiten, um Nahrung und Kleidung für sich und ihre Kinder zu beschaffen. Die Frontier-Frauen waren von daher wesentlich gleichberechtigter und selbstbewußter als die meisten ihrer Geschlechtsgenossinnen sonst.

»Ich hatte schon immer meine eigenen Ansichten über den Ehemann als Oberhaupt der Familie«, erklärte eine Pionierbraut. »Ich habe ihn vorsorglich über seine Auffassung vom ›Gehorsam‹ im Ehegelöbnis ausgehorcht und herausgefunden, daß er diesen Ausdruck auch nicht schätzte. Doch schätzen oder nicht, das Wort ›Gehorsam‹ sollte weggelassen werden. Ich hatte meine Zeit der Bevormundung bei meinen

Das Innere eines Erdhauses, um 1905

Eltern abgeleistet wie alle Kinder. Jetzt war ich eine Frau und fähig, die andere Hälfte des Familienoberhauptes zu sein. Sein Wort und mein Wort würden gleich stark sein. Gott hatte mich mit Verstand, Einsicht und einem Sinn für Verantwortung ausgestattet. Ich ging nach Westen, um es als Ehe- und Hausfrau zu versuchen. Wie erfolgreich ich dabei war, sollen die berichten, die mich am besten kennen.«

Als ebenbürtige, aktive und tüchtige Gefährtin im Überlebenskampf der Familie erwarben sich die Frauen den wachsenden Respekt ihrer Ehemänner, ihrer Kinder und ihrer Gemeinden. Clara Hildebrand berichtete in ihrer Erinnerung weiter von den Herausforderungen, denen die Frauen im Westen gegenüberstanden. »Das Pionierleben bedeutete nicht nur Mühsal und Gefahr. Das Besondere daran war, daß die Umwelt derart beschaffen war, daß sie die dominierenden Eigenschaften des einzelnen Charakters zutage förderte und entwikkelte. Die Kansas-Frauen jener Tage lernten, von frühem Alter an auf sich selbst gestellt zu sein, die Arbeit zu tun, die getan werden mußte und, so ruhig wie möglich, der Gefahr entgegenzutreten, wenn ihr entgegengetreten werden mußte. Und es gab noch den Ausgleich durch die Begegnung mit dem großen neuen Westen – einer neuen Welt –, den sie von der wilden Prärie zu einer angenehmen Heimstätte zu entwickeln hatten.«

Der Alltag der frühen Pioniere in den Great Plains wurde von den landschaftlichen Gegebenheiten bestimmt. Hier gab es nicht, wie in anderen Frontier-Regionen, große Wälder, die gerodet werden mußten, oder Goldminen zum Schürfen oder ausgedehnte Wasserwege für eine Schiffahrt. Die Prärie bot an sich nur zwei Ressourcen: fruchtbaren Boden für Ackerbau und reichlich Gras für Viehzucht.

Die Frauen trugen Kleider aus kräftigem Kattun oder Gingham

Die harte Arbeit, die Prärie urbar zu machen und in ertragreiche Felder zu verwandeln, begann, kaum daß die Familie ein Dach über dem Kopf hatte. Ständig durch unzureichendes Ackergerät und mangelhafte Anbaumethoden behindert, schafften die Siedler unermüdlich, um für ihre Familie genügend Nahrung für das ganze Jahre zu produzieren und vielleicht noch als zusätzliches Einkommen einen Überschuß zu erwirtschaften.

Da keine Bäume gerodet und keine Steine aus dem Boden geholt werden mußten, war das Pflügen der zähen Präriegrasnarbe die erste schwierige Aufgabe. Dazu war ein schwerer eiserner Hackpflug erforderlich.

Mattie Huffman erinnerte sich: »Am 1. April 1875 kamen wir bei unserem Heim in der Nähe der südlichen Staatsgrenze an. Vater hatte den Platz schon einige Monate zuvor abgesteckt. Alles, was es dort an Komfort gab, war ein ärmliches Blockhaus, von dem der Schornstein heruntergefallen war. Wir hatten noch gar nicht ganz abgeladen, als ein Nachbar auf einem Esel herbeiritt und uns den Schlüssel zu unserer Behausung brachte. Sie fragen sich bestimmt, was in dieser Hütte so sorgsam eingeschlossen war? Nun, es war etwas sehr Wertvolles: ein Pflug. Vater hatte ihn da verwahrt, nachdem er das Gelände abgegrenzt hatte. Er sollte unser Überleben sichern. Nicht einen einzigen Baum gab es hier – nur die nackte Prärie.«

Meist brauchte man mehrere Ochsengespanne und einige kräftige Gehilfen, um den Pflug überhaupt durch den festen Boden zu bekommen. War ein Streifen von 50–70 cm Breite fertig umgepflügt, wurde gesät. »Wir bereiteten mit einem Hackpflug die Scholle für das Anpflanzen vor«, erklärte Mrs. J.H. O'Loughlin, »dann nahmen wir eine Axt oder Hacke und schlugen Löcher in die von der Grasnarbe zähe Erde, streuten die Saat hinein und stampften die Löcher mit unseren Absätzen zu. Die Backenhörnchen holten sich einen Teil unserer Samen, doch wir hatten das erste Jahr trotzdem eine sehr gute Ernte. Im nächsten Jahr zogen wir den Sodeschneider über den Boden, eggten und säten dann Weizen aus.«

Um den Boden auf seine Fruchtbarkeit zu prüfen, experimentierten die Siedler mit verschiedenen Feldfrüchten wie Tabak, Hanf, Baumwolle, Hafer, Gerste, Roggen und Hirse. Trotz dieses Bemühens um

Die Nachbarinnen May Terry und Maggie Lee unterbrechen ihre tägliche Arbeit, um für ein Foto zu posieren

Vielfalt setzten sie für den größten Teil der Ernte auf Weizen und Mais. Im allgemeinen wurde der Mais zum Hauptgetreide in den östlichen und nördlichen Regionen von Kansas, während Frühjahrs- und Winterweizen sich als besonders geeignet für die trockneren Ebenen in der Mitte und im Westen des Staates herausstellten.
Nur allzu oft waren die ersten Anbauversuche der Emigranten voller Frustrationen. Eine Frau schrieb: »Es ist heutzutage schwer für uns, sich vorzustellen, was es für die ersten Leute in Kansas bedeutet hat, sich in der Prärie niederzulassen, die kurz zuvor noch die Heimat der

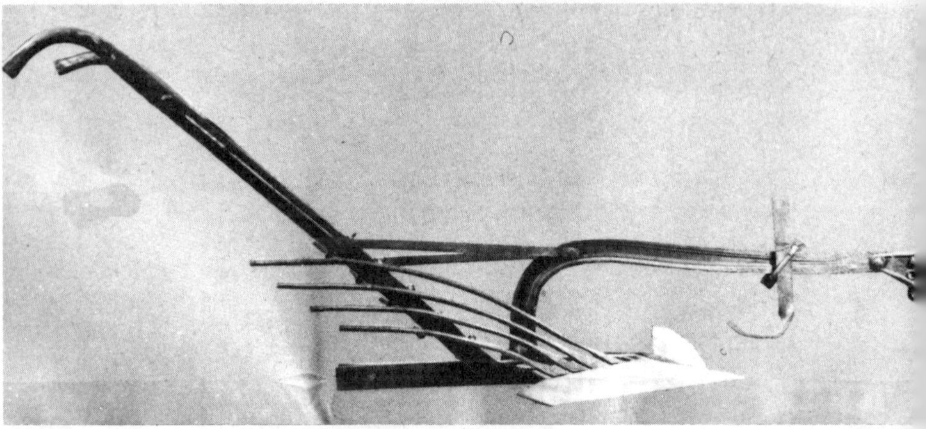

»Etwas sehr Wertvolles«, schrieb Martie Huffman – der Familienpflug

Indianer, Büffel und anderer wilder Dinge gewesen war. Als die Prärie noch unbebaut und nicht abgesteckt war, wußte keiner der Siedler von den verschiedenen Möglichkeiten des Bodens und dem späteren Reichtum an Feldfrüchten. Sie malten sich auch nicht die harte Arbeit und die Entbehrungen und Plagen aus.«

Für die Shepard-Familie waren die ersten Jahre der Farmarbeit im Westen von Trego County schwer. Die Tochter Jessie erinnerte sich an jene unsicheren Zeiten: »Meine Eltern waren Augustus Shepard und Millie M. Shepard«, schrieb sie in den zwanziger Jahren. »Sie kamen im März 1879 von einer Farm im Staat New York nach Kansas. Der Rest der Familie, meine beiden Schwestern und ich, folgten im Herbst nach. Bald darauf kaufte mein Vater eine Ranch in Trego County und eine große Zahl Schafe. Das erforderliche Sode-Häuschen wurde errichtet, und das Ranchleben konnte beginnen.

Die Anbaumethoden, sogar das Ackergerät und die Art und Weise, wie man im Westen das Vieh hielt, waren so verschieden von denen im Osten, daß mein Vater, der mit der Schafzucht immer sehr erfolgreich gewesen war, mit seinem ersten Versuch in Kansas bald einen fürchterlichen Reinfall erlebte. Danach ging es weiter mit Weizen, Mais, Rindern, Milchwirtschaft, Schweinen und Geflügel. Wieviel harte Arbeit das für die Frauen in der Familie bedeutete, kann nur jemand verstehen, der es selbst mitgemacht hat.

Die Pionierfrauen stellten oft ihr eigenes Garn und ihren eigenen Stoff her.

Bald zerriß der Tod unsere Familie, und Mutter mußte von da an all die schweren Aufgaben und Verpflichtungen erfüllen, die eine große Ranch mit sich brachte, wobei ein Teil noch mit Hypotheken belastet war. Sie mußte sich auf das ungewisse Los des Verpachtens einlassen und Hilfe anheuern, um mit der Arbeit überhaupt fertig zu werden.
Pionierleben in jenen Tagen hieß für uns, die Kosten für den Saatweizen, der von angemieteten Landarbeitern oder manchmal mit gegenseitiger Hilfeleistung ausgesät wurde, aufzubringen, die Felder zu beobachten, die sich im Frühling schön entwickelten (vorausgesetzt, die Saat war während des Winters nicht aus dem Boden geblasen worden) und zu Morgen von goldener Einsamkeit heranwuchsen und reiften, und dann hilflos dazustehen, wenn ein Gewitter hereinbrach, dem Stunden brennend heißen Sonnenscheins folgten, der fast die Körner in den Ähren kochte. Und eine noch schnellere und wirkungsvollere Methode der Vernichtung war der Hagel.
An ein Jahr erinnere ich mich besonders. Es war in den Neunzigern.

Waschtag in Kansas

Wir hatten ein riesiges Maisfeld, wo der Mais so schön wie nur möglich wuchs. Eines Sonntags fuhren wir um das Feld herum und bewunderten es und freuten uns. Es war wie ein Garten, kein Unkraut war zu sehen, und die Seide trat schon aus den Hüllblättern. Für uns war es wie eine Belohnung, doch dann kam ein heißer Wind, und bei Sonnenuntergang lohnte es sich nicht einmal mehr, den Mais zu schneiden. Griff man eine Handvoll Blätter, konnte man sie zu Pulver zerreiben wie verkohltes Papier. So etwas passierte viel häufiger, als daß eine Ernte erfolgreich heranreifte und ohne Verlust eingebracht werden konnte.
Ein Jahr holte sich der Getreidekäfer den Mais. Das war gerade das Jahr, als wir eine Herde von über sechzig Schweinen hatten, die gut gediehen, aber nachdem der Mais kaputt war, mußten wir sie fast alle weggeben.
In solchen Jahren brachten uns die Milchwirtschaft und das Geflügel über die Runden. Butter und Eier, was hätten die Leute ohne so etwas

getan? Aber ganz gleich, was geschah, wir rechneten immer damit, daß das nächste Jahr gut würde, und gaben nie auf, denn bei all der harten Arbeit und den Sorgen hatten wir doch eine Menge Spaß und schöne Zeiten. Und jeder war solchen schweren Perioden ausgesetzt.«

Zu jener Zeit übernahmen die Frauen auch einen Teil der täglich anfallenden Farmarbeit. Im Frontier-Gebiet herrschte ein ständiger Mangel an Arbeitskräften, und die Siedlerfamilien griffen auf jeden zurück, der ihnen bei der Arbeit helfen konnte. Wenn die Kräfte des Familienvaters und der Söhne nicht ausreichten, unterstützten die Mutter und die Töchter sie bei den an sich männlichen Aufgaben wie säen, ernten, das Vieh versorgen, Wasser holen, Brennmaterial sammeln und sogar jagen.

So berichtete Clara Hildebrand: »Die Pionierfrau in Kansas teilte mit ihrem Mann das Interesse am Garten, an der Gemüse- und Obstkultur, an den Feldfrüchten und dem Viehbestand der Farm und arbeitete dort mit ihm zusammen; sie war im Garten tätig und erntete. Sie wußte, wie sich jeder junge Weinstock oder Baum entwickelte. Sie hoffte gemeinsam mit ihm auf eine reiche Ernte, wenn die Saat auf den Äckern sproß und grün und groß wurde. Verletzte sich ein Pferd, ein Hund oder ein anderes Tier der Farm, war es ihre Aufgabe, die Wunde zu säubern und auch die Stiche anzubringen, um die zerissene Haut wieder zusammenzunähen.«

Für den täglichen Wasservorrat der Familie zu sorgen, gehörte zu den üblichen Hausarbeiten. Für viele Frauen bedeutete das, Regenwasser aus einer Zisterne schöpfen oder das Wasser Eimer für Eimer von einer nahgelegenen Quelle zum Haus tragen zu müssen. In trockneren Gebieten blieb der Hausfrau sogar nichts anderes übrig, als ein bis zwei Kilometer bis zur nächsten Wasserstelle zu gehen. Dort füllte sie große Holzeimer oder Fässer und schleppte sie dann den langen Weg zurück oder zog sie auf einem Karren heim.

»In dem heißen Wetter war Wasser ein vorrangiges Bedürfnis«, berichtete J. C. Ruppenthal. »Der Brunnen, eine halbe Meile oder noch weiter entfernt, war die einzige Quelle guten Wassers bei uns in der Nähe. Glücklicherweise war es klar, frisch und von guter Qualität ohne Beigeschmack. Mutter nahm ihren Teil der harten Arbeit auf

Eine Frau beobachtet einen Kochkessel

sich, der von da an fast ununterbrochen fünfzehn Jahre auf ihr lastete und sie ohne Zweifel verbraucht schon im Alter von 58 Jahren ins Grab brachte. Ein Joch wurde angefertigt, das sie sich auf die Schulter legte und an jedem Ende einen Eimer Wasser tragen konnte, und so wurde das Wasser die halbe Meile vom Brunnen bis zum Haus geschleppt. Beide, Vater und Mutter, brachten auf diese Weise Tag für Tag das Wasser heran. Wenn die Tümpel nahe beim Haus nach Regenfällen Wasser enthielten, wurde es für die Wäsche und andere Zwecke herausgeschöpft, aber das Wasser zum Trinken und zum Kochen mußte strengen Maßstäben von Sauberkeit und Reinheit genügen und wurde deshalb nur aus der Brunnen-Quelle genommen, bis wir eine eigene auf unserem Gelände hatten, die uns ausreichend versorgte.«
Das Brennmaterial für die ganze Familie zu sammeln, war eine weitere, im Frontier-Gebiet für die Frau durchaus übliche, schwere Arbeit. Ohne erschlossene Kohlevorkommen und in den westlicheren Gebieten ohne größere Mengen Holz, waren die frühen Siedler gezwungen, sich nach Ersatzbrennstoffen zum Heizen und Kochen umzusehen. Sie durchsuchten die Prärie nach allem nur Brennbaren und verwendeten Zweige von trockenen Büschen, Grasnarbe, verdorrte

Ein Pionieranwesen

Grashalme, alte Maiskolben und die verholzten Stiele von Sonnenblumen. Das beliebteste Brennmaterial waren jedoch getrocknete Dungfladen, die von den grasenden Rinder- und Büffelherden in reicher Menge hinterlassen wurden. Bei trockenem Wetter gingen die Hausfrau und ihre Kinder auf die Suche nach dem Kuh- oder Büffelkot. Die Fladen wurden dann in alte Jutesäcke getan und in einem trockenen Winkel der Hütte für die langen Wintermonate aufbewahrt.

1879 steckten Emma Smith und ihr Mann E. T. Smith ihr Claim am South Sappa Creek ab. Als die Neuankömmlinge ihr erstes Feuer auf ihrem Gelände machen wollten, fanden sie als Brennmaterial nur Schaufeln voll Kuhdung. »E. T. und sein Vater stellten den Kochherd nahe beim Creek auf«, berichtete Emma, »aber was sollten wir zum Feuern hernehmen? Da war kein Baum, ja, nicht einmal ein Busch in

Sicht, der uns als Brennmaterial hätte dienen können. Aber ›Großpapa‹ wurde dazu ausersehen, uns das Nötige zu verschaffen, und so nahm er einen Korb und eine Heugabel, zog los und kehrte bald darauf zurück, den Behälter wohlgefüllt mit etwas, das sie ›Chips‹ nannten und das sich als Fladen von Rinder- und Büffelmist herausstellte. Nun, ich sagte mir, ich könnte das, was andere taten, auch, und so zog ich mir Handschuhe an und versuchte ein Feuer zustande zu bringen. Da wurde mir klar, warum mein Großvater eine Heugabel gebraucht hatte – sein Material war zu feucht, um zu brennen. Aber bald lernte ich durch Erfahrung, wie und was ich sammeln mußte, um ein Feuer zu machen. ›Chips‹ gab es in reichlicher Zahl, da die Prärie seit Jahren ein offenes Gelände, zuerst für Büffel, dann für riesige Rinderherden, die frei herumstreiften, gewesen ist. Die Sode-Katen und die Chips oder Mistfladen waren zwei wichtige Faktoren, die eine Besiedlung dieser Landstriche zu einem so frühen Zeitpunkt ermöglichten.«

Den größten Teil der Zeit und Kraft der Siedlerfrauen verschlang jedoch meist die tägliche Hausarbeit. Die Hausfrau in der Prärie verbrachte Stunden mit Kochen, Saubermachen, Nähen, Waschen und der Gartenarbeit. Da ihr nur primitivstes Gerät zur Verfügung stand und sie auf technische Hilfsmittel, wie zum Beispiel die Nähmaschine, anfangs fast immer verzichten mußte, brauchte sie eine Menge Ausdauer und Einfallsreichtum, um die einfachsten Dinge zu erledigen.

»Niemand kann abstreiten, daß es noch heute für eine Frau eine würdige Aufgabe ist, für die Familie zu sorgen«, erklärte Harriet Adams. »Aber die Schwierigkeiten in unseren Tagen liegen bei weitem eher in der von uns künstlich geschaffenen Welt und dem Luxus. Zu der Zeit, als Mutter ihren Haushalt führte, bestimmte die Not den größten Teil ihrer Arbeit. Wenn ich darüber nachdenke, mit welchen Dingen Mutter zu Werke ging, fällt mir zwangsläufig ein, was ihr damals alles fehlte. Installation jeglicher Art, die ihr Wege hätte abnehmen können, gab es nicht. Elektrizität war unbekannt, und keines der Häuser, in denen sie gelebt hat, wurde über einen Heizkessel beheizt.«

Besonders die Zubereitung der Mahlzeiten und die Sorge um die täglichen Nahrungsmittel kosteten einen Großteil ihres Arbeitstages. Die isoliert auf ihren Farmen lebenden Familien hatten kaum Gelegenheit, sich fertige Produkte zu beschaffen. Und auch da, wo Kaufläden entstanden, die eine gewisse Auswahl an Waren boten, hinderte chronische Geldknappheit die Siedler, sich dort einzudecken. Also blieb es fast immer der Hausfrau überlassen, die wesentlichen Nahrungsmittel selber zu erzeugen.

»Einen großen Haushalt ausreichend mit Lebensmitteln zu versorgen«, berichtete Harriet Adams weiter, »erforderte ständige Aufmerksamkeit und Vorausschau. Obst und Beeren wurden, wenn es welche gab, eingekocht oder getrocknet und in Dosen verwahrt. Gemüse wurde eingelagert, Fleisch gepökelt und geräuchert, und alles Brot und Gebäck wurde eigenhändig in der Küchenecke zubereitet. Der Duft von Mutters Lieblingskaffeemischung, Mokka und Java, der am Sonntagmorgen durchs Haus zog, wenn sie die Bohnen im Ofen röstete, ist mir noch immer in meiner Erinnerung würziger Gerüche angenehm gegenwärtig.«

Der Speiseplan der meisten Siedler war einfach und zumeist auch recht eintönig. Da sie sich im großen und ganzen auf die Nahrungsmittel beschränkten, die sie selber anbauten, lebten sie hauptsächlich von Mais, Weizen und Kartoffeln. In mageren Zeiten gab es sogar fast nur Mais, der in Kansas üppig wuchs und sich durch seine vielseitige Verwendbarkeit auszeichnete. Gekocht oder die Körner zu Mehl gemahlen und als Fladenbrot oder Pfannkuchen gebacken, gröber als Maisgries zu Brei oder Pudding zubereitet, kam Mais ständig in irgendeiner Form auf den Tisch der Pionierfamilien.

Backwerk aus feinem weißen Mehl gab es dagegen viel seltener, da die Erträge der Weizenernte jedes Jahr erneut mit allerhand Ungewißheit verbunden waren. »Anfangs lebten wir äußerst genügsam«, erinnerte sich Ida Saxton Moser, »in der Hauptsache ernährten wir uns von Mais, der grob zu Gries oder feiner zu Mehl gemahlen wurde. Als wir endlich Weizen geerntet und gemahlen hatten, luden wir die Nachbarn ein und erzählten ihnen stolz, es gäbe Sachen aus ›feinem Mehl‹. Bald leisteten wir uns auch Hühnerklein, und als sogar Weizenbackwerk und Hühnerklein zusammen auf den Tisch kamen, hatten wir das Gefühl, wir gingen dem Wohlstand entgegen.«

Zu festlichen Anlässen backte man aus den kärglichen Vorräten wunderbare besondere Brote, Kuchen und Plätzchen. Bessie Wilson erinnerte sich an solch eine Gelegenheit: »Als wir erfuhren, daß Mr. J. B. Jackson am 6. September 1875 in Ellsworth heiraten würde, beschlossen die Nachbarn, das frisch getraute Ehepaar bei seiner Rückkehr zu überraschen. Mutter wurde gebeten, zu diesem Anlaß einen Kuchen zu backen. Wir aßen dann unser Brot einige Tage ohne Butter, damit Vater genügend Ware hätte, die er zum Laden bringen und gegen die Menge Zucker eintauschen konnte, die für einen Kuchen erforderlich war. Er tat es auch und legte die sechzehn Meilen zu Pferd zurück. Mutters Kuchen war der einzige bei dieser wichtigen Zusammenkunft, und obwohl sie ihn ohne Rezept zubereitet und für den Teig saure Milch und Soda hergenommen hatte, sagten doch alle Gäste, er sei ganz so gelungen, wie es sich für einen richtigen Hochzeitskuchen gehörte.«

Zusätzlich zu dem selbst angebauten Getreide und Gemüse versuchten die Pioniere ihren Speiseplan durch die wenigen Früchte aufzubessern, die auf den Plains heimisch waren. An warmen Sommertagen durchstreifte die Hausfrau mit ihren jüngeren Kindern die Gegend nach wilden Beeren, Wein, Äpfeln und Nüssen. »Oh, was für ein Duft, was für ein Aroma!« erinnert sich Mrs. F. M. Pearl. »Brombeeren wuchsen in großer Menge in Doniphan County auf der Seite von Missions Bluff, außerdem noch herrliche Pflaumen. Man nahm an, daß umherziehende Indianer sie von Osten hergebracht hatten, als sie bei ihrem Lager die Kerne wegwarfen, denn sie waren keineswegs als wild zu bezeichnen. Eine Sorte wirkte in der Größe, Form und Farbe wie eine kleine Zitrone, eine andere war riesig und rot. Alles in allem fanden wir mehrere unterschiedliche Sorten.

Es gab auch wilde Stachelbeeren, wilden Wein, Apfelbeeren, Papaufrüchte, wilde Holzäpfel, Hasel- und Walnüsse, wenn man nur weit genug ging, aber die wirklich seltene Frucht der Prärie war der Kugelapfel (globe apple), der wegen seiner Rarheit sehr begehrt zum Einmachen war.

Etwas anderes Wichtiges, was wir sammelten, war Königskerze, aus der man Bonbons gegen Erkältungen im Winter bereitete, und auch Pferdeminze und die echte Katzenminze für Tees.«

Viele Pionierfamilien betrieben nicht nur Ackerbau, sondern hielten sich noch einiges Hausvieh. Die Milchkuh gewährleistete die tägliche

Versorgung mit ausreichend Milch zum Trinken, Backen und zur Butterherstellung, und das Geflügel lieferte frische Eier und Fleisch. Die Hausschweine waren ideal für die Vorratshaltung, denn geschlachtet und geräuchert brachten sie Speck und Schinken und gesalzen Pökelfleisch. Außerdem besaßen die Frontier-Familien häufig noch kleine Schaf- und Rinderherden, die sich vom Präriegras ernährten.

Die weite Prärie war für die Siedler auch ein gutes Revier zum Jagen und Fallenstellen. »Vor vielen Jahren«, erklärte Sarah Hammond White, »bot das neue Land eine Fülle an Büffeln, Rotwild, Truthähnen, Antilopen, Präriehühnern, Wachteln und kleinen Pelztieren. Die Siedler ernährten sich von Wildbret, insbesondere von Büffeln und Präriehühnern. Der Büffel durchstreifte nach Herzenslust den westlichen Teil von Kansas, und wehe den Reisenden, die einer Herde begegneten, wenn sie sich entschlossen hatten, wie üblich im Herbst nach Süden zu ziehen. Zum Ende des Jahres hin gingen die Männer für gewöhnlich nach Westen und erlegten unsere Wintervorräte. Ein Teil davon wurde getrocknet und hing zum ständigen Verbrauch bereit. Die besseren Tiere fror man, wenn es kalt genug war, für die langen Wintermonate ein. Wir brauchten in keinem teuren Fleischerladen zu kaufen. Damals war jede Familie mit ausreichend Büffelfleisch versorgt, dazu kam das Präriehuhn als eine willkommene Abwechslung. Ich höre heute noch die unverwechselbaren Laute, die solch ein Huhn von sich gab, wenn es am frühen Morgen für seine Mahlzeit herauskam. Aber das Präriehuhn ist ja, wie der Präriebüffel, skrupellos abgeschlachtet worden, und so wundert es einen nicht, daß beide nur fünfundsechzig Jahre später nahezu ausgerottet sind.«

Waren die Tiere erlegt, gehäutet und zerteilt, ging die Hausfrau ans Werk, das Fleisch haltbar zu machen. »Da wurde ausgenommen, zerschnitten, Fett ausgelassen, Wursteig zubereitet, gepökelt und geräuchert«, erinnerte sich Clara Hildebrand.

Ein Teil des frischen Fleisches wurde natürlich beiseite gelegt, um gebraten oder zu herzhaften Eintöpfen verwendet zu werden, obwohl nur wenige der Pionierfrauen in den Anfangsjahren über einen richtigen Kochherd verfügten. »Unsere Rezepte waren damals fast primitiv«, erklärte Sarah Hammond White, »denn uns standen nur ganz einfache Mittel der Zubereitung zur Verfügung. Herde waren in dieser Gegend unbekannt. Wir benutzten Kessel, die an einem Draht über der Feuerstelle hingen, und kochten darin fast alle unsere Mahlzeiten. Das Backen geschah in einem eisernen Kessel, der an die vier Zoll tief war und auf einem eisernen Dreifuß zweieinhalb Zoll über dem Boden stand. Dieser tragbare Backofen, wie er bei uns genannt wurde, besaß einen eisernen Deckel, auf den man glühende Kohlen legte. Unter das dreibeinige Gestell kamen dann ebenfalls glühende Kohlen. Ich möchte behaupten, daß kein moderner Ofen bessere Plätzchen zu backen vermag.«

Neben der üblichen Farm- und Küchenarbeit hatten die Hausfrauen und ihre Töchter noch eine Menge an Näh- und Flickarbeit zu erledigen. Fertige Kleidung gab es anfangs in dem entlegenen Frontier-Gebiet so gut wie nicht zu kaufen, und so wurde fast die gesamte Kleidung der Familie mühsam Stich für Stich mit der Hand genäht. Stundenlang saßen die Frauen und Mädchen da und fertigten sorgsam neue Röcke und Hosen, stopften Socken, strickten Pullover und bestickten die Tisch- und Bettwäsche.

Feine Stoffe und modischer Schnickschnack waren nur unnütz bei der harten Arbeit auf den staubigen Feldern und in Haus und Hof oder bei dem Gang über die unbefestigten Wege. Statt dessen mußte die Kleidung einfach geschnitten, praktisch und robust sein. Die Frauen kamen mit zwei, drei schlichten, groben Kleidern aus verschossenem Gingham oder kariertem Kattun, einem Sonnenhut und ein, zwei Schürzen aus stabilem Baumwollgewebe das ganze Jahr über aus. Und die Männer trugen entsprechend Overalls aus Drillich, dunkle Arbeitshemden aus Baumwolle und abgegriffene staubige Kappen. Schwere Lederschuhe oder Stiefel waren nur unter großen Schwierigkeiten zu beschaffen und mußten, immer wieder repariert, so gut es ging, lange Zeit ihren Dienst tun. Dicke Strümpfe und Fäustlinge wurden für die schneidend kalten Wintermonate gestrickt, und die Mäntel und Wollschals, die man aus der alten Heimat im Osten mitgebracht hatte, holte man zu Beginn des Winters Jahr für Jahr erneut hervor.

»Einige Jahre lang«, schrieb eine Frau, »mußte ein neues Kattunkleid gut genug für das Beste sein, ebenso Baumwollstrümpfe und Kalbslederschuhe. Im Sommer gingen die meisten Kinder und viele Erwachsene barfuß. Modebewußte Frauen, die sich für lange Kleider, tiefe Ausschnitte und kurze Ärmel begeisterten, waren damals bei uns nicht zu sehen. Wer sich einen Hut leisten konnte, schonte ihn für den 4. Juli.« (Tag der Unabhängigkeitserklärung)

Die Sonntagskleidung unterschied sich kaum von den Baumwoll- und Drillichsachen, die man in der Woche trug. Einfachheit bestimmte das Bild, und es war etwas Besonderes, eine Frau in eleganter Garderobe zu sehen. »Unsere Nachbarn hatten alle keine Kultur«, schrieb Carrie Detrick, »und, wenn überhaupt, nur sehr wenig Schulbildung, so daß Mutters Bücher die ganze Nachbarschaft in Erstaunen versetzten. Sie besaß auch Seidenkleider und trug tagtäglich richtige Schuhe, und so etwas wie ihre Hochzeitsschuhe aus feinem weichen Ziegenleder waren hier völlig unbekannt. Ich erinnere mich noch an ein hübsches irisches Mädchen, die mit Tränen in den Augen zu Mutter kam und sie bat, ihr diese Schuhe zum Tanz auszuleihen. Sie war fest davon überzeugt, einen ganz bestimmten schneidigen Cowboy einfangen zu können, wenn sie nur das richtige Kleid und die richtigen Schuhe hätte.«

Da Kleidung bei den meisten Siedlern Mangelware war, versuchten sich viele von ihnen auch hier als Selbstversorger und erzeugten ihr eigenes Garn und ihre eigene Wolle. Mattie Huffman beschrieb in ihren Erinnerungen den langen Prozeß der Herstellung von Strickwolle für die Wintersachen.

»Die Leute bei uns stellten fast alle ihre Wolle für die Kleidung selber her und hielten sich deshalb eine kleine Schafherde. Ich erinnere mich an ein Jahr, in dem eine Frau unsere Schafe schor. Sie fing ein Schaf nach dem anderen, fesselte es und warf es mit einer geschickten Bewegung auf die Scherbank. Für mich sah das ganz einfach aus. Die Wolle mußte, bevor sie weiterverarbeitet werden konnte, gewaschen werden. Wir taten das immer im Fall Creek, der nicht weit von unserem Haus entfernt war. Er hatte, besonders da, wo es steil bergab ging, sehr klares, sauberes Wasser. Das Waschen war ein Vergnügen für uns Kinder. Ich hatte zwei Brüder, und wir waren alle voll damit beschäftigt, aufzupassen, daß die Wolle nicht nach der Wäsche auf dem reißenden Flüßchen davonschoß.

War die Wolle getrocknet, verlasen wir sie, das heißt, wir holten

Holzsplitter, alte Pflanzenreste, harte Stücke und Kletten heraus. Dann zupften wir Flocken von etwa einem Yard Länge und der Dicke einer Schreibkreide und kardierten sie. Mutter spann die Flocken über Rocken und Spindel zu Fäden. (Sie besaß ein sehr großes Spinnrad und auch einen Webrahmen.)

Der nächste Prozeß war das Färben der versponnenen Wolle. Das war für mich immer eine interessante Zeit. Mutter hatte eine Schwester, die auf der Nachbar-Farm lebte. Sie brachte ihre Wolle zu uns, so daß sie zusammen arbeiten konnten. Es war schwierig, die blaue Farbe richtig hinzubekommen, denn sie mußte mehrere Tage lang warm gehalten und genau beobachtet werden. Die rote Farbe war einfach; auch die braune, die aus Walnußrinde gewonnen wurde. Man schälte dazu die grüne Rinde von den Stämmen und trocknete sie für das Färbemittel. Manchmal kauften sie auch Sachen wie Blauholz für Schwarz und Krapp für Rot.

Ich nehme an, daß die meisten meiner Leser keine Ahnung haben, was meine Tante vorhatte, wenn ich ihnen erzähle, wie sie eine Menge Liesch, die Vorblätter von Maiskolben, sammelte, sie durchschnitt und sich dann hinsetzte, den Schoß voller Blatthälften und Wolle neben sich. Dann wickelte sie Wolle auf diese Spindeln, bis sie ungefähr zwei Handbreit dick waren, ließ ungefähr genausoviel Zwischenraum und begann mit dem Aufwickeln der Wolle auf das nächste Maisblattstück. Wenn die gesamte Menge verbraucht war, dann wurde das Ganze in die Farbe gelegt. Nach dem Herausnehmen aus der Farbe – zum Beispiel Rot –, besaß die Wolle, die sich dicht am Maisblatt befand, noch ihr natürliches Weiß, weiter nach außen wurde sie rosa und die äußerste Schicht, die sich am besten mit der Farbe vollsaugen konnte, war rot. Auf diese Weise stellte man die sogenannte ›geflammte Wolle‹ her.«

Emeline Crumb bereitete auch ihre eigenen Farben zum Färben von selbstgesponnener Wolle und ungebleichtem Stoff zu. Wie die Huffmanns richtete sie sich nach alten Familienrezepten, um die Farben aus wilden Pflanzen und Baumrinde zu gewinnen. So beschreibt sie das Färben von Stoff:

»Das war schwieriger als Seife zu sieden. Heimische Pflanzen und

Rinden wurden verwandt. Viele Frauen besaßen ihre eigenen überlieferten Rezepte, aber nicht immer ließen sich alle Zutaten beschaffen. Schöne Brauntöne ließen sich aus gutgewachsener Walnußrinde gewinnen. Der Stoff, aus dem die Uniformen der Südstaatensoldaten geschneidert wurden, wurde mit einem Braun eingefärbt, das aus den Schalen einer bestimmten Art Walnuß, der ›butternut‹, hergestellt wurde.
Ein schönes dunkles Schiefergrau ließ sich aus einer Mischung von Walnußrinde und den Früchten des Sumachbaums, deren oberer Teil eine starke Säure enthält, erzielen. Goldrute lieferte Gelb – die Art, die Nanking heißt. Auch rostiges Eisen ließ sich zur Farbherstellung verwenden. Mutter benutzte dazu die Eisenspäne, die sich um den Schleifstein angesammelt hatten.
Aus einem Ballen starken, ungebleichten Baumwollstoffs ließen sich hübsche Kleider schneidern. Und oh, wie unverwüstlich sie waren – bis ein Mädchen es so leid war, immer wieder dieses einteilige Kleid zu waschen und zu bügeln, daß es vor Erleichterung aufatmete, wenn das Pony den Torpfosten streifte und ein riesiges Loch in den Rock riß.
Die Indianer verwandten viele verschiedene Arten von Wurzeln, Rinden und Beeren, um beständige Farben herzustellen, die den persischen gleichkamen. Doch sie verrieten ihre Geheimnisse nicht den Bleichgesichtern.«
Da fertige Stoffe und Kleider nur sehr schwer zu bekommen waren, griffen die meisten Siedler darauf zurück, aus alten Kleidungsstücken und Stoffresten neue Garderobe zu schaffen. Und jedes Kind erbte die abgetragenen Kleider seines Vorgängers. Immer wieder durchsuchte man die Schränke nach alten Kleidern, Anzügen und Schals, ob sich Teile davon noch für etwas Neues verwenden ließen. Decken, Laken und Leinentücher lieferten oft das Material für neue Hemden, Blusen und Hosen. Sogar die dicken Getreidesäcke erwiesen sich als nützlich, wie eine Frau berichtet: »Jemand hat behauptet, daß der echte Kansaspionier keine Unterwäsche trug, doch das stimmte nicht bei den Pionieren aus Ellis County, denn die Unterwäsche, die auf der Leine hing, trug die Aufschrift: ›I. M. Yost's Spitzenmehl‹.«
Um für die kalten Wintermonate gerüstet zu sein, gerbten die Siedler Tierfelle, die dann zu schweren Lederjacken, Hüten und Schuhen

verarbeitet wurden. Besonders die robuste Büffelhaut war von großem Nutzen. Anna Heany schreibt:

»Der Büffel war ihr Retter. Kleidung aus Büffelfell hielt die furchtbare Kälte der Winter im Westen ab. Bettzeug, das in dem bewaldeten, hügeligen Ohio völlig ausreichend gewesen war, schien entsetzlich dünn in dem kleinen Blockhaus auf der windumtosten Prärie. Mäntel und Mützen und Handschuhe und Gamaschen wurden aus diesem Leder angefertigt, und dabei konnte ein Schuhmacher beweisen, wie gut er mit Leder umgehen konnte.«

Wie andere Frauen mußte sich auch Alzada Baxter mit dem Mangel an neuer Kleidung und Stoff herumschlagen. Sie war um 1860 nach Kansas ausgewandert. Im Laufe der Zeit lernte sie, durch Einfallsreichtum und den Einsatz ihrer Fähigkeiten den Kleiderschrank der Familie immer wieder aufzufüllen. Ada Musgrave, eine Freundin der Familie, erinnert sich, wie die Kleidung aus einer Vielzahl von verschiedenen Materialien hergestellt wurde:

»In jenen Tagen dachte man nicht im Traum daran, sich modisch zu kleiden. Der einzige Zweck der Kleidung war, den Körper vor der Kälte des Winters und der Hitze des Sommers zu schützen. Mrs. Baxter machte häufig Schuhe oder besser Mokassins aus Büffelleder für die ganze Familie. Mehrmals tauschte sie bei den Indianern kleine Schmuckstücke gegen Mokassins ein. Sie strickte Strümpfe für alle Familienmitglieder. Als die Hemden ihres Mannes, die er noch aus dem Osten mitgebracht hatte, völlig zerschlissen waren, besaß sie keinen Stoff, um neue anzufertigen. Doch von so einer kleinen Schwierigkeit ließ sich Mrs. Baxter nicht lange einschüchtern, sondern schneiderte Hemden aus dem Segeltuch, das als Plane für die Wagen gedient hatte, als sie nach Westen gefahren waren. Ein anderes Problem war, wie man Hosen für die Männer herstellen konnte. Als die Baxters nach Kansas kamen, erwarteten sie große Getreideernten und brachten deswegen eine große Anzahl von Säcken mit. Der Name »Baxter« war in Rot quer über die Säcke gestempelt. Da es kein Getreide gab, das man in sie einfüllen konnte, schnitt sie Mrs. Baxter kurzentschlossen auseinander und machte daraus Hosen für ihren Mann. So leicht konnte er nun nicht verloren gehen, da sein Name leuchtend auf seinem Hosenboden stand. Hüte wurden aus Stroh geflochten oder aus Büffel-, Wolfs- und anderen Tierhäuten angefertigt. Dem Einfallsreichtum von Mrs. Baxter wurde wirklich das Äußerste abverlangt, um die nötige Kleidung für ihre Familie besorgen, aber sie fand immer einen Weg.«

Doch die Hausfrau mußte sich nicht nur um die Kleidung kümmern. Einen großen Teil ihrer Freizeit verbrachte sie damit, Decken, Laken und Bettüberwürfe anzufertigen. An ruhigen Abenden saß sie am Kamin und nähte Vorhänge zusammen, bestickte Tischtücher, stopfte Kissen und häkelte Decken und Plaids. Etwas ganz Besonderes waren die wunderschönen handgearbeiteten Quilts, die aus Kattun-, Baumwoll- oder anderen Stoffresten zusammengesetzt wurden.

India Simmons erinnerte sich an die vielen Arbeiten ihrer Mutter. »Herrliche Quilts!« schrieb sie. »Mit Blumen und Farnapplikationen, die so sorgfältig und fein aufgenäht waren, daß man die Stiche kaum sehen konnte. Die einzelnen Teile der Quilts wurden mit kunstvollen Mustern gesteppt, die eine Unmenge an Garn verschlangen, die Blätter oder geometrischen Figuren des Quiltmusters wurden durch untergelegte Watte reliefartig herausgehoben. Weiche handgewebte Decken; Leinentücher, die aus selbstangebautem Flachs gewebt und mit geschwungenen Mustern bestickt waren; Plaids mit blauweißem Rosenmuster oder in den Farben Rot, Weiß, Blau mit eingewebtem Freiheitsbaum und ihrem Geburtsdatum; aber ihr größter Stolz war ein Wollteppich, für den sie die Wolle selber gesponnen und gefärbt und das Muster für den Dorfweber entworfen hatte.«

Selbst Wäschewaschen, um für die Familie immer saubere Kleidung zu haben, war eine anstrengende und zeitaufwendige Arbeit. Denn an der Frontier besaßen die meisten Hausfrauen keine so praktischen Dinge wie Waschkessel und Wringmaschinen. Statt dessen mußten sie sich mit Eisenkesseln begnügen, in die man heißes Wasser und Schmierseife gab. Wasser war selten in ausreichender Menge vorhanden und mußte in schweren Eimern vom nächstgelegenen Brunnen herangeholt und über einem offenen Feuer erhitzt werden. Mit einem Waschbrett und einer festen Bürste und viel Schmierseife wurde dann die Wäsche bearbeitet, um den verkrusteten Schmutz und die Flecken herauszuholen. Das kostete eine gehörige Portion Kraft. Wenn sie endlich sauber waren, wurden die Kleidungsstücke auf die Leine oder über Zäune und Büsche gehängt, damit sie in der heißen Kansassonne trocknen konnten.

In jenen Tagen war sogar Seife selten und wertvoll. Um die nötige Menge für die persönliche Hygiene und fürs Wäschewaschen herzustellen, mußte man Fettreste sammeln und eine besondere Asche produzieren. Emeline Crumb befolgte ein altes Rezept aus Neu-England, um ihre eigene Schmierseife zu machen. »Seifensieden war ein komplizierter Prozeß. Wenn man ein gutes Ergebnis erzielen wollte, mußte man zuerst die richtige Art Holz verbrennen. Am besten eignete sich Hickoryholz, an zweiter Stelle kam Weißeiche. Walnuß- oder andere Holzarten waren dazu nicht zu gebrauchen, weil sie eine dunkle Asche liefern.

Dann wurde eine Auslaugwanne gezimmert, indem zugeschnittene Faßdauben auf einem Holzboden aus Latten befestigt wurden. Die Lücken zwischen den Latten wurden mit schmaleren Streifen verkleidet. Um den äußeren Rand des Holzbodens wurde dann eine Rinne eingekerbt. Der obere Teil der Dauben wurde durch einen Rahmen gehalten, der auf vier Pflöcken ruhte. Nun wurde mit einer beträchtlichen Menge Stroh oder Heu der Boden der Auslaugwanne bedeckt. Jeden Tag wurde dann die Asche von der Feuerstelle oder dem Herd daraufgeschüttet, und man achtete sorgsam darauf, daß sich keine Glut mehr darin befand, denn es bestand immer die Gefahr, daß auf der Prairie ein Feuer ausbrach. Wenn es heftig regnete, deckte man das Auslaugfaß mit Planken ab, denn es war wünschenswert, daß die gesamte Aschenmenge sich darin befand, bevor man Wasser dazugab.

Wenn die Auslaugwanne voll war, machte man in der Mitte eine Kuhle und goß jeden Tag klares Wasser hinein, bis schließlich die Lauge aus der Rinne tropfte. Dann wurde ein Holzeimer oder ein Steingefäß daruntergestellt, um die Flüssigkeit aufzufangen. Wenn die Familie keine solchen praktischen Gegenstände besaß, ging der Vater in den Wald, fällte einen dicken Baumstamm, höhlte ihn aus, bis er einen Trog vor sich hatte, der als Auffanggefäß oder auch als Babywiege dienen konnte.

Wenn die Asche langsam genug ausgelaugt wurde, war die dabei entstehende Lauge sehr stark. Sie war vollkommen, wenn ein Ei darauf

schwimmen konnte – natürlich ein frisches Ei und kein faules, denn das schwimmt überall oben.
An einem sonnigen Tag – bei dem richtigen Mondstand – stellte Vater den großen Seifenkessel auf den Hof und holte eine Menge trocknes Holz heran. All das Fett und die Speckreste, die im Laufe des Jahres gesammelt worden waren, wurden hergebracht. Falls man Fett vorrätig hatte, das schon erprobt war wie zum Beispiel das aus den Innereien vom Schwein oder aufgespartes Kochfett, konnte es sofort zu Seife verarbeitet werden. In der Regel gab es immer ein paar Pfund Fleischabfälle und Speckschwarten, die dann bei den besonders gründlichen Hausfrauen in einer schwachen Lauge gekocht wurden. Nach einem längeren Kochen wurde das Zeug in eine hölzerne Wanne mit Wasser gegeben und zum Kaltwerden weggestellt. Die festen Stückchen setzten sich auf dem Boden ab, und oben bildete sich ein breiiges Fett, das eine Art Vorstufe zur Seife war und später wie das reinere Fett weiterverarbeitet wurde. Wenn auf diese Weise also das Fett vorbereitet war, wurde nun der wirkliche Fachmann herbeigeholt, der dem Werk den letzten Schliff gab.
Ein bekannter Maler wurde einmal von einem Kollegen gefragt, womit er denn seine Farbe mixe, um so wunderbare Ergebnisse zu erzielen. Die Antwort war: GRIPS. Und das war auch ein Bestandteil der Seifensiederei der Pioniere.
Es war eine Sache der Erfahrung, wieviel Fett man in den Kessel mit kochendem Wasser hineingeben mußte. Häufig wurde eine Dame aus dem Osten eingeladen, den Herstellungsprozeß zu überwachen; sie kam unweigerlich mit dem Strickzeug, setzte sich bei strahlender Sonne in den Schaukelstuhl in der Nähe des Seifenkessels und erzählten von vergangenen Tagen, als die Männer auf Bärenjagd gingen und die Frauen in ihrer Abwesenheit gegen die Indianer kämpften. Wenn nun die beste Autorität am Platze die Seife für fertig erklärte, wurde sie vorsichtig in eine hölzerne Wanne geschöpft, die einige Liter Wasser enthielt, dann zugedeckt und zum Abkühlen weggestellt. Fügte man etwas Salz hinzu, wurde die Masse fest und konnte dann in Stücke geschnitten werden; nach einer gewissen Trockenzeit wurde die Seife richtig fest. Goß man sie in ein Faß um, in dem sie bis zu ihrer Verwendung blieb, war es die beliebte Schmierseife, die

die Hausfrauen benutzten, um die Tische und Fußböden zu schrubben.«

Doch die Pionierfrauen mußten sich nicht nur um die Sauberkeit kümmern, ihnen oblag auch die Sorge um die Gesundheit der Familie. Für die Siedler waren Krankheiten ein heimtückischer Feind. Geschwächt durch mangelhafte Ernährung und die schweren Lebensbedingungen waren sie anfällig für alle möglichen Krankheiten. Selbst unter den besten Umständen ließ sich ein Erdhaus nur schwer sauberhalten. Ausgebildete Ärzte waren selten, Krankenhäuser gab es im Grunde überhaupt nicht, und Medikamente waren nur mit Mühe zu besorgen. Deshalb wurden sehr viele Siedler Opfer der Cholera, der Malaria, der Pocken, des Typhus, der Rippenfellentzündung und der Lungenentzündung.

Unter den jungen Leuten wirkte sich Malaria besonders verheerend aus. Diese Krankheit wird von den Moskitos verbreitet und verursacht bei den infizierten Menschen schwere Schüttelfrostanfälle. Wie viele andere erinnert sich auch Minnie Mickel, wie sie in ihrer Kindheit unter dem Wechselfieber gelitten hatte. Sie schrieb: »Wie es üblich ist, wenn in einem neuen Land viel Boden gerodet wird, brachen häufig malariaartige Krankheiten aus. Kaum eine Familie blieb davon verschont. Auch wir bekamen unseren vollen Anteil dieser ›Schüttelkrankheit‹, und uns wurde allen beigebracht, unser Chinin zu nehmen, als es noch keine anderen Medikamente gab. Man erfand immer neue Wege, um den bitteren Geschmack zu übertünchen, doch ohne viel Erfolg. Manchmal glich der gesamte Haushalt einem Krankenhaus, in dem auch alle Schwestern krank waren.«

Hin und wieder wurde sogar ein Schüttelfrostanfall praktisch genutzt. Anna Biggs erinnerte sich an die Krankheit ihres Vaters und schrieb: »Malaria oder Wechselfieber, wie es damals genannt wurde, war die Geißel der ersten Siedler. Als Mr. Biggs so schwer unter ihr litt, daß seine Frau das Holz hacken mußte, packte sie das Baby hinter ihn auf das geflochtene Bett, und sein heftiges Zittern schaukelte das Baby in den Schlaf. Die frühen Siedler in Kansas konnten es sich noch nicht einmal leisten, einen Schüttelfrostanfall ungenutzt zu lassen.«

Natürlich fiel die größte Last der Krankenpflege auf die Frauen. Mit ruhiger Überlegung wendeten sie ihre geringen medizinischen Kenntnisse an, um ihre betroffenen Familienmitglieder zu behandeln. Aus Wildkräutern und Pflanzenwurzeln der verschiedensten Art wurden Tees gebraut oder Umschläge gemacht, um Erkältungen einzudämmen oder Fieber zu senken. Außer Chinin gegen Malaria setzte die Pionierfrau Sassafrastee gegen Fieber und Butterblumentee gegen Asthma ein. Kräftige Dosen von Whisky, Petroleumäther oder Terpentin dienten als antiseptische Lösungen, während rohes Rindfleisch oder Hühnerfleisch benutzt wurde, um bei einem Schlangenbiß das Gift aus der Wunde zu ziehen. Hin und wieder ließen sich die kranken Siedler auch von den Versprechungen eines Wundermittels locken.

Sarah Jayne Oliver verfügte nicht nur über ihre besonderen Hausmittel, sondern auch über eine eigene Ernährungsweise und hygienische Maßnahmen, um ihre Familie vor Krankheit zu bewahren. Ihre Tochter Katherine Elspeth Oliver erinnerte sich an die Entschlossenheit ihrer Mutter, die Familienmitglieder in guter Verfassung zu halten:

»Meine Mutter liebte Kansas vom ersten Augenblick an. Wir, ihre Kinder, haben uns oft darüber gewundert, daß eine Frau wie sie, die in der üblichen behüteten Umgebung großgeworden und weder durch Ausbildung noch überhaupt durch eine Vorahnung auf das Leben einer Pionierfrau vorbereitet worden war, sich so bereitwillig darauf einstellte und einen solchen Eifer und soviel Spaß an den neuen Erfahrungen entwickelte und daß sie sich auch unter den schlimmsten Umständen so tapfer und umsichtig verhielt.

Wer könnte sich eine überraschendere und ärgerlichere Situation vorstellen, als meine Mutter entdeckte, daß vier ihrer Kinder bei ihrer ersten Suche nach wilden Stachelbeeren plötzlich mit einem unbekannten Ausschlag bedeckt nach Hause kamen. Zuerst wurden alle Heilmittel, die man aus Erfahrung kannte, angewandt, doch es war kein gewöhnlicher Fall von Jucken. Die Kinder waren von Kopf bis Fuß von diesem Ausschlag bedeckt und litten fast schon unter Krämpfen, bis ein Nachbar, der schon länger hier lebte, mit der richtigen Diagnose und dem richtigen Heilmittel zu Hilfe eilte.

Was Malaria, Wechselfieber und die anderen in dem neuen Land auftretenden Krankheiten anging, so stellte Mutter sich ihnen tapfer entgegen. Von Rechts wegen hätte Mutter Arzt sein müssen. Wie sie die Kranken pflegte, das war eine richtige Gabe. Als sie Heilwege für ihren Mann suchte, hatte sie sich mit der homöopathischen Form der Medizin vertraut gemacht, die in der damaligen Zeit noch neu war. Ihr kleiner homöopathischer Arzneikasten und ihre Fähigkeit, Krankheiten richtig zu diagnostizieren, ersparten uns viele Leiden, von denen die anderen heimgesucht wurden; mit Rat und Tat half sie auch der ganzen Nachbarschaft.

Vater und Mutter waren auch in einem der frühen Sanatorien, einer Wasserkurklinik des amerikanischen Ostens, mit neuen und einfachen Ernährungsweisen und der Wissenschaft von der Wasserkur vertraut gemacht worden und hatten sich anschließend zu glühenden Anhängern dieser Methoden entwickelt. Unsere Eltern waren der Überzeugung – und das mit Recht –, daß unsere auf diesen Prinzipien beruhende Lebensweise weitgehend dafür verantwortlich war, daß wir Kinder zu gesunden und lebensvollen Erwachsenen heranwuchsen. Es verlangte von meiner Mutter schon so etwas wie spartanische Eigenschaften, bei ihrer Kost aus Getreide, Grahambrötchen, Gemüse und Obst zu bleiben, während in der Nachbarschaft die Tische sich unter so verführerischen Köstlichkeiten wie heißen Wecken, Pökelfleisch, gebackenen Kartoffeln und Eierkuchen bogen.

Obwohl wir immer zu unseren Prinzipien standen und überzeugt davon waren, daß sie gut und richtig waren und deswegen immer von ganzem Herzen unterstützt werden mußten, war es für unsere Eltern sicher schwer zu ertragen, wenn wir Vergleiche anstellten, nachdem wir von einem Essen bei den Nachbarn zurückgekehrt waren, wo wir uns an den Speisen der Banausen gütlich getan hatten. Dieser spartanische Zug im Charakter meiner lieben Mutter. Er war sehr wirklich und für die Erfordernisse jener Tage sehr notwendig – eine Festigkeit ohne eine Spur von Kälte – unerläßlich für das Wohlergehen einer Familie.«

Häufig wurden Frauen auch herbeigerufen, um sich um kranke Nachbarn zu kümmern. Dann fuhren sie zu den nächsten Behausungen und leisteten Geburtshilfe, verbanden Wunden und richteten sogar die Toten für die Beerdigung her. May Crane erzählte: »Mutters pflegerische Fähigkeiten waren nicht auf die eigene Familie beschränkt. Sie ritt zu dem Haus eines kranken Nachbarn und nahm oft das Baby mit, wenn ihre Dienste längere Zeit beansprucht wurden. Sie half bei Geburten und Todesfällen bei vielen Leuten und war mit ihrer ruhigen Art vielen Menschen in Not eine Stütze. Es war immer so leicht, sich bei Mutter alle Sorgen vom Herzen zu reden und sogar leicht, Sünden zu beichten. Sie sah immer alles von zwei Seiten, und nichts schien sie zu entsetzen, denn sie berücksichtigte die menschliche Schwäche.«

Als Amy Loucks und ihr Ehemann William 1879 nach Lakin zogen, war der nächste Arzt fünfundsiebzig Meilen entfernt. Da sie sich in einigen elementaren medizinischen Verfahren auskannte, fungierte sie oft als der örtliche Chirurg, als Hebamme oder Krankenschwester für die umliegende Frontiergemeinde. In Anerkennung ihrer außergewöhnlichen Leistungen schrieb der Sohn von Amy Loucks folgendes:

»Wahrscheinlich hat keine Frau in der Geschichte der Pioniere von Western Kansas mehr zum Wohlergehen und Glück der Menschheit in jener Periode beigetragen als meine Mutter Amy M. Loucks. Sie wurde am 18. August 1843 in Western Pennsylvania geboren, wo sie auch aufwuchs. Sie besuchte die höhere Schule und anschließend die Universität und unterrichtete dann an öffentlichen Schulen. Da einer ihrer Brüder ein praktizierender Arzt war, interessierte sie sich für die medizinische Wissenschaft und Chirurgie und studierte ziemlich intensiv diese Fachgebiete.

1866 heiratete sie William P. Loucks, und 1879 zogen sie nach Lakin. Zu dieser Zeit war Kearny County noch völlig unorganisiert. Es war ein ›Rinderland‹, da es kaum Siedlungen gab. Und auch keine Schulen, keine Kirchen oder andere organisierte Vereinigungen. Der nächste Arzt und die nächsten Spuren von Zivilisation gab es fünfundsiebzig Meilen entfernt in Dodge City. Die Santa Fe-Eisenbahn hatte 1872 Lakin an ihr Netz angeschlossen.

Mutters Fähigkeiten und ihre Hilfsbereitschaft machten sie zum Freund all derer, die in Not waren. Sie behandelte ihre Verletzungen, pflegte sie, bis sie gesund waren oder sagte ein Gebet am Sterbebett. Um ihren Einfallsreichtum und ihre Fähigkeiten zu zeigen, möchte ich einige Beispiele bringen: Ein Mann war von Indianern skalpiert und auf der Prärie als tot zurückgelassen worden. Er wurde gefunden und nach Lakin geschafft. Der Skalp war nicht völlig abgetrennt worden und hing über seinen Augen. Mutter legte den Skalp wieder an den alten Platz zurück, nähte ihn mit einer Geigensaite und einer gewöhnlichen Nadel wieder fest und pflegte den Mann, bis er wieder physisch gesund war. Dann nahm sie Verbindung mit seinen Verwandten im Osten auf und schickte ihn dorthin. Obwohl der arme Kerl noch viele Jahre lebte, gewann er nie wieder seine geistige Gesundheit zurück.

Einmal wurde sie von einer Polizeimannschaft abgeholt, um einen schwer verwundeten Gefangenen zu behandeln. Mit einem kleinen Fläschchen Karbolsäure als Antiseptikum, einer Stricknadel als Sonde und einer gewöhnlichen Pinzette holte sie die Kugel heraus und rettete dem Mann das Leben. Ein andermal schnitt sie mit einem Rasiermesser als Skalpell und ihrer Handarbeitsschere drei Finger von der zerquetschten Hand eines Eisenbahnbremsers ab.

In jenen Tagen gab es bei der Eisenbahn einen Immigrantenzug. Eines Tages telegraphierte der Zugschaffner meiner Mutter, sie solle bei Ankunft des Zuges in Lakin auf dem Bahnhof sein. Sie fand dann eine hochschwangere Frau vor, und bevor sie in ein Privathaus geschafft werden konnte, mußte meine Mutter auf dem Perron eines Güterwagens Hebammendienste leisten.

Ein Zugunglück passierte in der Nähe von Lakin, bei dem mehrere Eisenbahnangestellte getötet und viele Passagiere verletzt wurden. Mutter leistete bei mindestens zwanzig von ihnen Erste Hilfe, bis aus Dodge City ein Sonderzug mit einem Chirurgen von der Eisenbahngesellschaft eintraf. In Würdigung ihrer Hilfeleistung überreichte ihr der damalige Division Superintendent und spätere Präsident der Gesellschaft einen Ausweis, der ihr die kostenlose Benutzung der Eisenbahn gestattete, solange er mit der Organisation verbunden war.

Wie gewöhnlich pflegte sie die Kranken, als sie selbst eine Krankheit befiel, die ihr das Leben nahm. Sie starb am 12. März 1905, nachdem ein Sohn und ihr Ehemann ihr schon vorausgegangen waren. Die Trostworte für ihren zweiten Sohn und die vielen Freunde fand man in der Bibel, Matthäus 25,34: ›Kommt, ihr Gesegneten meines Vaters, nehmt das Reich in Besitz, das euch seit Grundlegung der Welt bereitet ist ... ich war krank, und ihr habt mich besucht ... Was immer ihr einem dieser meiner geringsten Brüder getan habt, das habt ihr mir getan.‹«

Das Leben dieser Frauen war ganz und gar nicht leicht. Die endlosen Stunden erschöpfender Arbeit ließen ihnen kaum Zeit zum Ausruhen und Erholen. Tagein, tagaus mühten sie sich im Haus und auf den Feldern, um das Lebensnotwendigste zu erwirtschaften und ihren Kindern eine Zukunft zu schaffen. Zuerst erschien die schwere Arbeitslast fast unerträglich; sie forderte körperlich und seelisch die letzten Kräfte. Doch über die Jahre hinweg lernten die meisten Frauen, die Plackerei und die Monotonie auszuhalten, die ihr Leben erfüllte. Sie entwickelten eine gewisse Seelenstärke und Standhaftigkeit, die ihnen ermöglichte, die Entbehrungen zu ertragen und Notsituationen zu überwinden.

Als eine Frau sich an jene Tage voller Mühsal und Unbill erinnerte, hatte sie nur Lob für die unermüdlichen Anstrengungen und die nie nachlassende Kraft der Pioniermutter. »Viel ist über das Leben des Kansaspioniers gesagt und geschrieben worden, aber der Lorbeerkranz der Frau ist nicht verwelkt, ihre Leistungen erscheinen so beeindruckend wie eh und je. Sie ertrugen die einsamen Tage in den kleinen Hütten, arbeiteten und strebten und förderten ihre Sache um der Menschheit willen. Einsam und voller Heimweh stand die kleine Kansasmutter auf ihrem Posten der Pflicht – als Ehefrau, Mutter, Nachbarin und Freundin für alle in jenen ersten Tagen.«

2. Teil

Tage der Tapferkeit
Der Kampf
mit der Wildnis und
den Elementen

Der Zusammenprall
von Kulturen
Die Indianer

Kapitel 4

Tage der Tapferkeit
Der Kampf mit der Wildnis und den Elementen

»Stellen Sie sich vor, wenn es Ihnen überhaupt gelingt, wie diese Pionierfrauen plötzlich aus ihren gemütlichen Häusern in den Oststaaten in diese kahle, baumlose, windgepeitschte und sonnenverbrannte Prärie versetzt wurden, wo es keine Annehmlichkeiten gab, ja nicht einmal ein vertrautes Gesicht.«

Lizzie Anthony Opdyke

»Für weinerliche Leute boten sich viele Gelegenheiten, den Tränen freien Lauf zu lassen. Tage und manchmal sogar Monate waren ohne menschliche Gesellschaft, Schneestürme brachen über uns herein, Dürreperioden zerstörten die Felder ... und viele schwere Entbehrungen mußten erduldet werden, doch für den tapferen, fröhlichen und entschlossenen Pionier gab es auch einige Entschädigungen.«

Lulu Fuhr

Auch für die Siedler wie die Opdykes war Kansas ein hartes und furchteinflößendes Land. Da sich die Einwanderer immer Meilen von einander entfernt ansiedelten, mußten sie sich allein der erbarmungslosen Wildnis stellen. Entbehrungen und Einsamkeit gehörten zum Alltag dieser Männer und Frauen.

Besonders für die Pionierfrau war das alltägliche Leben in der Wildnis mit den vielen unvorhersehbaren Ereignissen sehr mühevoll. Während der Arbeit war ihr Mann oft zu weit entfernt, um auf Hilferufe reagieren zu können. Außerdem verlangten die Umstände häufig, daß er seine Familie für mehrere Tage oder Wochen hintereinander verlassen mußte. Wenn er sich zur Jagd oder zu einer Handelsreise aufmachte, ließ der Siedler seine Familie unbeschützt zurück, und ihr blieb nur die Hoffnung auf seine glückliche Heimkehr.

Solch lange Abwesenheiten waren für die wartende Frau schwer zu ertragen. Denn bei der Sorge für ihre Familie und den Schutz des Heims war sie ganz auf sich allein gestellt.

Allena A. Clark besaß eine eigene Art, einen einsamen Tag zu überstehen oder eine plötzliche Notsituation in den Griff zu bekommen. Ihre Tochter Esther erinnerte sich:

»... draußen erstreckte sich die Prärie ununterbrochen meilenweit in die Ferne; nur die Schafe mit ihren nachdenklichen Gesichtern hielten sich in der Nähe des Hauses auf. Oft ging Mutter hinaus und legte sich mitten unter sie, um Gesellschaft zu haben, wenn sie den Tag über allein war.

Als das Frühlingshochwasser kam, befanden sich die Schafe auf der falschen Seite des Flusses, und es war meine Mutter, die eins der drei Fuhrwerke lenkte, die im steigenden Wasser hin- und herfuhren, bis das letzte Schaf auf die Seite des Flusses gebracht war, wo das Haus

Ein Wirbelsturm in Kansas. Eine frühere Lehrerin erinnerte sich, wie sich ihre Schüler gefürchtet hatten, als ein Wirbelsturm sich in ihre Richtung bewegte.

stand. Sie hat mir von der Angst erzählt, die sie während jener Stunden gepackt hielt, als das Wasser stetig bis zum Wagenboden stieg. Bis zum heutigen Tag steckt im Herzen von jedem von unserer Familie eine abergläubische Furcht vor dem Wasser.

Mutter war immer die mutigste von uns allen. Ich erinnere mich noch gut, wie sie die Zügel eines durchgehenden Mauleselgespanns festhielt; ihr schwarzes Haar löste sich von den Haarnadeln und flatterte über ihren Schultern; ihr Gesicht war weiß und starr. Ein kleines Mädchen klammerte sich an die Seitenwände des schwankenden Wagens, während ihre Zähne aufeinanderschlugen, und ihre völlig verwirrte kleine Schwester wurde immer wieder von der Bodenfläche hochgeschleudert. Ich erinnere mich auch an die Dinge, die die Männer über ›Lenys Kaltblütigkeit‹ sagten. Doch ich meine, wenn es auch sehr viel Mut erforderte, an jenem Tag die Zügel festzuhalten, wieviel mehr Mut war nötig, um vierundzwanzig Stunden hintereinander,

Monat für Monat, in der schönen und einsamen Prärie zu leben, ohne sich von der Einsamkeit völlig überwältigen zu lassen.«

Dieses Gefühl der Einsamkeit, das gewöhnlich mit Würde und klaglos ertragen wurde, drückte sich manchmal in unerwarteter Weise aus. Mary Furguson Darrah erinnerte sich an so einen Vorfall: »Mr. Hilton, ein Pionier, sagte seiner Frau, daß er nach Little River führe, um Holz zu holen. Sie wollte mitkommen ... Seit zwei Jahren hatte sie keinen Baum mehr gesehen, und als sie in Little River eintrafen, legte sie die Arme um einen Baum und drückte sich immer wieder gegen ihn.«

Besonders nachts, wenn sich eine dicke und endlose schwarze Decke über die Prärie legt, spürten die Pioniere noch deutlicher ihre Abgeschiedenheit. Das tiefe Schweigen wurde nur hin und wieder durch das leise Zirpen einer Grille unterbrochen oder durch das sanfte Rauschen des hohen Präriegrases – oder durch den Ruf eines wilden Tieres. In den schwarzen Nächten verbreiteten das Heulen des Coyoten und des Wolfs Angst und Schrecken in den Hütten der Siedler. Diese räuberischen Tiere durchstreiften in Rudeln die Prärie und griffen ohne Anlaß und gnadenlos an.

S. N. Hoisington erinnerte sich: »In den Sommern von 1872 und 1873 waren die grauen Wölfe und die Coyoten sehr zahlreich. Man durfte sich nicht ohne irgendeine Waffe in die Prärie hinauswagen, weil es zu gefährlich war. Meine Mutter war Krankenschwester und Arzt zugleich. In ihrer Jugend half sie immer ihrem Bruder beim Zusammenstellen seiner Medikamente, und als sie nach Kansas gezogen war, kamen die Leute meilenweit, um ihre Familien von ihr behandeln zu lassen.

Ein Mann namens Johnson hatte sich auch ein Stück Land westlich von uns abgesteckt und darauf ein Sodehaus errichtet. Er und seine Frau lebten da seit zwei Jahren, als er nach Salina ging, um Arbeit zu bekommen. Er war drei oder vier Monate fort und schrieb auch ein-, zweimal, aber seine Frau wurde von starkem Heimweh nach ihrer Familie im Osten erfaßt und kam zu uns herüber, um Mutter einen Besuch abzustatten.

Meine Mutter versuchte, sie aufzuheitern, aber sie machte sich weiter

Vieh in einem Schneesturm. Illustration von Charles Graham aus *Harper's Weekly*, 1886

solche Sorgen, daß sie Fieber bekam und das Bett hüten mußte. Nachts hatte sie Angst, weil die Wölfe an der Tür, an den Sodewänden und an den Fenstern kratzten. Also hielten meine Mutter und ich bei ihr Nachtwache. Ich brachte immer meinen Revolver mit, Munition, eine Axt und einige dicke Knüppel.
Der Geruch, der von der kranken Frau ausging, schien die Wölfe anzulocken, und die Tiere wurden immer dreister. Dann trat ich an die Tür, feuerte den Revolver ab, und darauf zogen sie sich eine Weile zurück, bis sie mit dem nächsten Angriff begannen. Einen habe ich durchs Fenster getroffen, am nächsten Morgen fand ich ihn tot vor dem Haus.
Schließlich starb die Frau, und Mutter bahrte sie auf. Vater holte ein paar breite Bretter vom Speicher und baute einen Sarg für sie. Mutter nähte ein Kissen und besetzte es mit schwarzem Stoff, und wir strichen auch den Sarg schwarz an.
Danach zeigten sich die Wölfe entschlossener denn je, ins Haus einzudringen. Einer steckte den Kopf zwischen dem Türrahmen hindurch,

Kampf gegen ein Präriefeuer. Illustration aus *Harper's Weekly*, 1874

und als er sich ganz in den Raum winden wollte, schlug ihm Mutter mit der Axt auf den Kopf und tötete ihn. Ich erschoß einen, der durchs Fenster kam. Danach wurden sie für eine halbe Stunde ruhiger, kamen dann aber wieder zurück. Ich trat an die Tür und zielte auf zwei, verwundete aber nur einen. Ihr Heulen war entsetzlich. Fünf Nächte hintereinander haben wir gegen die Wölfe gekämpft, dabei haben wir vier graue Wölfe und zwei Coyoten verwundet und getötet.
Als Mr. Johnson nach Hause kam und sah, daß seine Frau tot war und die Wölfe sein Haus beschädigt hatten, fiel er in Ohnmacht ... Nach dem Begräbnis verkaufte er alles und zog fort.«

Für ängstliche Siedler war der Coyote nicht der einzige Schrecken der Nacht. Präriebrände, die ungestüm über die Ebenen rasten, waren eine ständige Gefahr für die isoliert lebenden Familien. Vom Spätsommer angefangen bis Herbstende bildeten die endlosen Flächen des Präriegrases, das durch das heiße Sommerwetter vertrocknet und braun geworden war, das reinste Pulverfaß. Nur ein kleiner Funke von einem Lagerfeuer, einer vorbeifahrenden Lokomotive oder ein Blitzschlag reichte aus, die ganze Landschaft in ein Flammenmeer zu verwandeln. In wenigen Minuten füllten riesige schwarze Rauchwol-

Zeichnung einer an Hunger leidenden Pionierfamilie nach einer Dürreperiode. Aus: *New York Illustrated News,* 19. Januar 1861

ken die Herbstluft, und das Inferno auf der Erde färbte den Himmel rot.

Agnes Barry schrieb: »In jenen Tagen der endlos erscheinenden Prärien, wenn das hohe Gras durch Trockenheit oder frühen Frost verdorrt war, mußte man immer den Horizont gewissenhaft nach Präriebränden absuchen. Ein Lichtschein gegen den Himmel zeigte ein Präriefeuer in der entsprechenden Richtung an, und große Angst packte uns, wenn der Wind uns aus dieser Richtung entgegenblies. Manchmal konnte man zusehen, wie die Flammen sich die Hügel hochfraßen und sich über riesige Flächen ausbreiteten. Der Saline River, der unser Anwesen fast vollständig umgab, galt als ein sicheres Bollwerk gegen die Flammen, doch manchmal wehte der Wind brennendes Gras oder Unkraut durch die Luft, und so konnte das Feuer den Fluß überspringen. Wenn Brände gesichtet wurden, herrschte helle Aufregung, und die Männer nahmen dann nasse Säcke und beeilten sich, die Flammen zu bekämpfen. Manchmal arbeiteten sie stundenlang, bevor der Brand unter Kontrolle war.«

Als Feuerschutz pflügten die meisten Siedler breite Streifen um ihren

Besitz herum. Obwohl diese Furchen das Vordringen des Feuers verhindern sollten, bot auch das keine hundertprozentige Sicherheit. Lodernde Flammen, die von einem heftigen Wind angefacht wurden, konnten leicht solche Hindernisse überspringen und Haus und Felder gleichermaßen bedrohen. Die Frontierfamilie war immer wachsam und bereit, jedes plötzlich entstehende Feuer zu bekämpfen. Beim ersten Anzeichen von Rauch oder Flammen rannten die Leute mit Eimern voller Wasser oder Sand und nassen Decken oder Getreidesäcken an die betreffende Stelle, um das Feuer zu löschen.

Lillian Smith erinnerte sich noch gut an die vielen Nächte, die man im Kampf gegen Brände verbracht hatte, die die Farm ihrer Familie bedrohten. »Manches Mal blieb meine Mutter die ganze Nacht auf und beobachtete den roten Lichtschein der Präriebrände in mehreren Richtungen, immer voller Angst, daß sie sich auf unser Haus stürzten und uns im Schlaf überraschten. Doch Mutter war immer vorbereitet. Sobald sie sah, daß das Feuer näherkam, machten wir uns mit unseren Eimern voll Wasser und mit Harken, Stöcken und Hacken, an die wir nasse Lumpen gebunden hatten, auf und entfachten ein Gegenfeuer, um dem auf uns zu kommenden Ungeheuer die Nahrung zu nehmen. Dann warteten wir ab, bis wir wußten, daß wir diesmal verschont geblieben waren.

Damals gab es noch keine Scheunen, man baute aus kleinen Baumstämmen eine Art Gerüst für Unterstände, Heuhaufen bildeten die Seitenwände, und die Oberseite wurde auch mit Heu bedeckt. Diese Konstruktionen boten Kühen und Pferden einen guten Schutz. Man kann sich vorstellen, in welcher Gefahr wir schwebten, wenn einer der Präriebrände diese Unterstände, die sich ganz nahe beim Haus befanden, erreicht hätte.«

Harriet Walter hatte auch lebhafte Erinnerungen an die Feuer, die die Farm ihrer Familie in Lincoln bedrohten: »Als ich eines Tages im Mai wilde Blumen auf dem Hügel pflückte, der unserem Haus gegenüberlag, entdeckte ich, wie Feuer sich am Straßenrand weiterfraß und fast die Wiese vor unserm Haus erreichte. Das Gras dort war sehr hoch und sehr dicht, und ich wußte, obwohl ich nur ein Kind war, daß unser Haus verloren sein würde, wenn das Feuer diese Wiese erfaßte. Was hätten Sie getan? Ja, ich zog meinen Unterrock aus und schlug bis

Präriewindsturm. Illustration aus *Harper's Weekly*, 1874

zur Erschöpfung auf das Feuer ein, aber dann war jeder Funke ausgelöscht.«

1877 ließen sich Anna und Jacob Ruppenthal auf einem Stück Land zehn Meilen nördlich von Wilson, Kansas, nieder. Wie andere Familien erlebten auch die Ruppenthals die Mühen und Schwierigkeiten des Farmlebens auf der weiten, offenen Prärie. J.C. Ruppenthal schrieb:

»In jenen Tagen, als sich die Prärie bis in eine endlose Ferne zu erstrecken schien, war das Verwelken des Grases schon gegen Herbstanfang oder sein vorzeitiges Vertrocknen durch anhaltende Dürre ein Hinweis, wieder mit der ständigen nächtlichen Feuerwache zu beginnen. Sorgfältig wurde der ganze Horizont abgesucht, jeder Lichtschein gegen den Himmel zeigte einen Präriebrand an. Die Richtung des Windes – ob er nun zum Feuer hin wehte, aus der Richtung des Feuers kam oder aus einer anderen Richtung –, ob die Windrichtung konstant blieb oder wechselte – und damit das Feuer auf unser Haus zutreiben konnte –: Alles wurde sorgfältig beobachtet. Die letzte Tat an jedem Abend, nachdem man sich versichert hatte, daß die Kinder fest schliefen und alle Tiere in den Verschlägen, Pferchen und Gehe-

Ein Garten in Kansas, der 1874 von Heuschrecken heimgesucht wurde. »Als sie herunterkamen«, schrieb Mary Roberts, »schlugen sie so hart auf, daß es fast wie Hagel klang.«

gen ruhig waren, war das Absuchen des Horizonts nach Flammenschein.

Viele Male war der Raum, wenn man mitten in der Nacht aufwachte, vom Widerschein am Himmel erleuchtet, der von einem Feuer stammte, das in zehn oder zwanzig oder fünfzig Meilen Entfernung

Ein Heuschreckenschwarm stoppt einen Zug.
Illustration aus *Nebraska History Magazine*

wütete. Oft wanderte Mutter in den frühen Morgenstunden von Fenster zu Fenster, um nachzusehen, ob das Licht verloschen war, was bedeutete, daß das Feuer ausgegangen war, oder inzwischen heller leuchtete und damit noch mehr verbranntes Land anzeigte.
Hin und wieder waren sogar die Flammen nachts in einer Entfernung von zwanzig oder fünfundzwanzig Meilen zu sehen, wie sie sich die mit Büffelgras bewachsenen Hügel hochfraßen oder im Fioringras höherloderten, und wenn das Feuer in eine Senke hinunterkroch, wo Bartgras wuchs, konnte man die Flammen zwar nicht mehr sehen, aber der rote Schein am Himmel verriet etwas über die Hitze und Helligkeit, die am Boden herrschen mußten. Trotz der Angst, die ein Präriebrand in einem hervorrief, spürte man doch eine gewisse Faszination, wenn man ein nächtliches Feuer beobachtete, wie es voranschritt, heller wurde, eine massive Flammenwand präsentierte oder Myriaden von kleinen flackernden Feuerstrahlen, die verloschen und dann ein Stück weiter wieder hochzüngelten. Manchmal hoben sich die Silhouetten von Männern, die den Brand bekämpften, von dem Hintergrund der Flammen in der Ferne ab.«

Mit der Zeit lernten die Frauen, mit der Einsamkeit in der Prärie fertigzuwerden und so viel wie möglich nachbarlichen Kontakt zu pflegen. Anne Bingham erinnerte sich: »Auf der Farm stand nur eine Hütte aus Pappelholz, die lediglich einen Raum und einen Speicher, den man über eine Leiter betrat, besaß. Der nächste Baum wuchs erst an dem kleinen Bach, und unser nächster Nachbar lebte in einer ›Schlucht‹ ungefähr eine halbe Meile entfernt und für uns außer Sichtweite. Wir waren so isoliert, als seien wir meilenweit von jeder menschlichen Behausung entfernt. Die ganze Zeit über, die wir auf der Farm lebten, habe ich nachts nie ein Licht von einem anderen Haus gesehen.

Unser Haus in der Schlucht war meilenweit von der großen Landstraße entfernt, deswegen konnten wir sicher sein, daß die Leute, die uns besuchten, wirklich uns sehen wollten und nicht nur hereinschauten, weil unser Heim auf dem Weg lag. Aus diesem Grund wurden wir auch nicht von Landstreichern belästigt. Aber ich habe mir sehr oft gewünscht, daß wir an der Straße wohnten, um die Einsamkeit ein wenig zu mildern, und man hätte auch schneller Hilfe holen können, wenn ein Unfall geschah oder jemand plötzlich erkrankte oder von einer Schlange gebissen wurde.«

Besonders bedrohlich wirkte diese Isolation tatsächlich in unvorhergesehenen Krisensituationen oder während einer Schwangerschaft. Für die werdende Mutter gab es natürlich keine medizinische Betreuung, außerdem hatte die Schwangere kaum weibliche Gesellschaft, die sie trösten und ihr über die schwierige Zeit hinweghelfen konnte. Und was noch schlimmer war, unausgewogene Kost, schwere Arbeitslast und schlechte Wohnbedingungen stellten für die Mutter und ihr ungeborenes Kind ernste physische Risiken dar.

Eine Geburt war meistens eine äußerst schwierige Situation. In der Regel mußten die Frauen die Wehen und die Entbindung fast ohne jede Hilfe durchstehen. Obwohl ihnen hin und wieder ein praktischer Arzt zur Seite stand, geschah es häufig, daß er von Schneestürmen, Überflutungen und anderen Unglücksfällen aufgehalten wurde und erst eintraf, wenn alles vorüber war. In manchen Siedlungen leistete eine unermüdliche Hebamme Geburtshilfe. Doch oft genug mußte sich die Schwangere auf den Beistand ihres aufgeregten Ehemannes, einer mitfühlenden Nachbarin oder eines älteren Sohnes oder einer älteren Tochter verlassen.

Eine gewisse Mrs. A. S. Lecleve hatte nicht einmal diese Unterstützung. Ihre Tochter Annette Lecleve Botkin berichtete: »Meine Eltern ließen sich 1873 in Rice County, Kansas, nieder. Ihr Haus war drei Meilen vom nächsten Nachbarn entfernt. Ellsworth oder Sterling waren ihre nächstgelegenen Handelsplätze, zu denen der Weg mindestens sechzehn Meilen betrug.

Es war am letzten Julitag, und mein Vater dachte schon an den langen Winter, der vor uns lag, und vielleicht auch an die mit Sicherheit eintreffenden Blizzards. Das kleine Vierzimmerholzhaus (damals das einzige Holzhaus im Bezirk) mußte geheizt werden, denn zwei kleine Kinder waren schon da, und der Storch wurde demnächst wieder erwartet. Deshalb stand mein Vater früh auf und machte sich auf den Weg nach Mule Creek – was eine Tagesreise bedeutete –, um eine Ladung Holz zu besorgen. Mule Creek war ungefähr siebzehn Meilen entfernt.

Kaum war er außer Sicht, als meine Mutter spürte, daß der Storch, der eben ein unberechenbarer Vogel ist, entschieden hatte, es sei Zeit, sein Bündel abzuliefern. Das war nun eine erschreckende Situation. Allein mit den beiden Babies, eins vier, das andere achtzehn Monate alt, keine Nachbarn, die man herbeirufen, kein Arzt, den man erreichen konnte.

Also legte meine tapfere Mutter die Babysachen auf einen Stuhl neben das Bett und auch eine Schere und was sonst noch für das Baby gebraucht wurde; dann holte sie einen Eimer frisches Wasser aus dem sechzig Fuß tiefen Brunnen; sie machte ein paar Butterbrote, stellte Milch für die anderen beiden Babies hin. Und Rover, der Hund, bekam den Befehl, auf die Kleinen aufzupassen, was er auch tat; er ließ sie keinen Moment aus den Augen, denn zu diesem Zeitpunkt konnte hinter jedem Unkrautbüschel eine Klapperschlange stecken.

So gegen zwölf Uhr mittags lieferte der Storch einen kräftigen Jungen ab. Mein Vater kam nach Sonnenuntergang mit einer großen Ladung Holz nach Hause, froh darüber, daß sie wenigstens einen gewissen Vorrat an Holz hatten, mit dem sie an sehr kalten Tagen ein wärmendes Feuer machen konnten. Meine Mutter, die bei dem Versuch, das Neugeborene anzuziehen, mehrmals ohnmächtig geworden war, hatte es schließlich doch geschafft. Und als mein Vater das Haus betrat, fand er eine sehr erschöpfte, aber tapfere und dankbare

Mutter, dankbar, daß er mit dem wertvollen Holz zurückgekehrt war und daß sie und das Baby wohlauf waren.«

Trotz aller Schrecken der Isolation und der angreifenden Wölfe waren die schlimmsten Feinde der Frontierfamilie die Naturgewalten. Jede Jahreszeit brachte ihre eigenen Gefahren mit sich. Der Frühling verwöhnte den Farmer vielleicht mit Sonnenschein, blauem Himmel und milden Temperaturen, doch Schneeschmelze und Wolkenbrüche verursachten Überflutungen, die Haus und Felder gleichermaßen bedrohten. Wirbelstürme mit ihrem ohrenbetäubendem Heulen und ihrer ungeheuren Gewalt rasten über das Land und zerstörten alles, was in ihrer Bahn lag. Der Sommer brachte Dürreperioden und heiße Winde, die das Getreide verkümmern ließen und die Herbsternte gefährdeten. Heuschreckenschwärme fraßen ganze Felder und weite Strecken der Prärie kahl. Und schließlich zog der bittere Winter mit eisigen Temperaturen und zerstörerischen Schneestürmen ein.

Die Siedlerfamilie fand in ihrer Umgebung nur wenig Schutz vor diesen Naturgewalten. Auf der kahlen Prärie spendeten nur wenig Bäume Schatten, es gab keine Felsen, die die Gewalt der Schneestürme brachen, keine Höhlen, in die man sich vor Regen und Wind flüchten konnte. Einfallsreichtum und Gewitzheit waren die einzigen Waffen gegen die gnadenlosen Elemente.

Die Siedler versahen ihre Häuser mit besonderen Sturmkellern. Sie erfanden primitive Bewässerungsanlagen, um der Dürre zu trotzen, zogen Feuergräben, um Präriebrände aufzuhalten und dachten sich sogar Fallen für Heuschrecken aus. Plötzliche Ernteverluste waren schwerer zu verkraften, häufig mußten ganze Familien die Prärie nach Eßbarem absuchen.

Während solcher Zeiten schufen die gemeinsamen Schicksalsschläge und Hoffnungen eine große Hilfsbereitschaft und ein starkes Zusammengehörigkeitsgefühl. Die Siedler spendeten sich gegenseitig Trost, leisteten sich Gesellschaft und Beistand. Doch letzten Endes entsprang ihre Entschlossenheit im Angesicht der Not ihrem eigenen unerschütterlichen Glauben an Gott und an die Zukunft. »Wir waren dazu fähig, über unsere Entbehrungen gemeinsam zu lachen«, schrieb Mary Darrah, »und vertrauten immer auf die Zukunft. In der Regel waren die Pioniere eben solche Menschen.«

Für Emma Mitchel New und ihre wachsende Familie war das Leben kein Honigschlecken. Im Laufe der Jahre erlitten sie einen Schicksalsschlag nach dem anderen in einem endlos scheinenden Kampf gegen Feuer, Dürre, Indianer, Schneestürme und sogar gegen den Tod. Und doch ließ Emma nie den Mut sinken, ohne Klagen und Selbstmitleid hielt sie durch, auch wenn die Chancen schlecht standen. Eine zerstörerische Flut gehörte zu dem Schlimmsten:

»Ein furchtbarer Sturm mit Wolkenbrüchen brach über uns herein, und wir verloren fast alles außer den Kühen und einem alten Pferdegespann auf der Weide. Es geschah am dreiundzwanzigsten Juli. Wir hatten einen hübschen Kuhstall errichtet und an jenem Tag entlang der Stallwand Hirse aufgetürmt. Am Nachmittag begann der Regen zu fallen, aber wir schickten die Kinder noch rechtzeitig genug mit der Milch in die Stadt. Es schüttete wie aus Eimern, und die Bäche begannen anzuschwellen. Deswegen ging mein Mann den Kindern entgegen, um sie sicher nach Hause zu geleiten. Mein Mann sagte zu den Kindern: ›Heute werden wir besonders nett zu den Ponies sein und sie im Kuhstall unterbringen und ihnen schöne Hirse zu fressen geben.‹ Sie waren noch nicht lange im Haus, als wir entdeckten, daß unser Keller voller Wasser gelaufen war und die Brunneneinfassung und die Toilette verschwunden waren.

Der Bach reichte bis zum Haus, und es regnete immer weiter. Mein Mann sah nach und stellte fest, daß der Unterbau des Hauses nachgab und wir das Haus verlassen mußten. Wir nahmen eine Laterne, Streichhölzer und einige Decken und wollten zu den Hügeln hinaufgehen. Als wir die Haustür öffneten, stand uns das Wasser bis zum Hals. Nur unter Aufbietung aller unserer Kräfte gelangten wir nach draußen, und ich weiß bis heute nicht, wie wir es geschafft haben. Der Herrgott muß uns beigestanden haben. Mein Mann hielt unser kleines Mädchen hoch über dem Kopf. Bald kamen wir aus dem tiefsten Wasser heraus, weil der Bach eine Biegung machte. Auf unserem Weg lag der Pferdestall, und wir entdeckten, daß wir hier sicher bleiben konnten. Das Wasser stand immer noch hoch, und es war stockdunkel. Die Streichhölzer waren naß geworden, und so konnten wir die Laterne nicht anzünden.

Wir verharrten dort, bis der Sturm nachließ und das Wasser zurückwich. Dann machten wir uns auf den Rückweg, um nachzusehen, ob wir noch ein Heim hätten, und zu unserer großen Freude stand es immer noch da. Es war immer noch dunkel, und so konnten wir noch nicht erkennen, welche Verwüstung das Unwetter angerichtet hatte. Wir fanden einige trockene Streichhölzer und zündeten die Lampe an. Worte können diesen traurigen Anblick, der sich uns bot, nicht ausdrücken. Wir hatten die Tür nicht schließen können, als wir das Haus verließen, und so hatte das Wasser alles Mögliche in die Küche geschwemmt. Viele Dinge waren umgefallen. Als das Wasser zurückgegangen war, hatte es auf den Teppichen und dem Fußboden eine dicke Schlammschicht hinterlassen.
Als der Tag anbrach, bot sich uns ein trauriger Anblick. Unser Kuhstall mitsamt den Ponies und der Hirse waren fortgeschwemmt worden. Fast unser ganzer Besitz war verschwunden oder zerstört: Maschinen, Fuhrwerke und der schöne Garten. Hinter unserem Haus war ein schönes Kartoffelbeet gewesen, doch die Kartoffeln und die Erde, soweit sie gepflügt war, waren fortgewaschen worden. Unsere Ponies waren sechzehn Meilen flußabwärts bis zum Saline River getrieben worden, bevor sie steckenblieben. Als man sie fand, waren sie immer noch an demselben Balken festgebunden. Zum Frühstück hatten wir nicht viel zu essen, da unsere ganzen Lebensmittel im Küchenschrank gelegen hatten, und im Keller war auch alles ruiniert. Nicht einmal das Wasser war trinkbar.«
Wahrscheinlich war der Winter die Jahreszeit, die am meisten die Kräfte verzehrte. Manchmal schien er überhaupt kein Ende zu nehmen. Tage- und wochenlang lag die Temperatur bei minus zwanzig Grad Celsius und sank manchmal sogar auf minus dreißig Grad. Ein unaufhörlich wehender Wind, der über die Ebene pfiff und häufig eine Geschwindigkeit von über fünfzig Meilen erreichte, verschärfte die eisigen Temperaturen noch. Für die Siedler, die an solche klimatischen Extreme nicht gewöhnt waren, wurde dieses Wetter, das alles erstarren ließ, nahezu unerträglich.
Ein Blizzard im Winter war ein erschreckendes Schauspiel. Ohne Warnung türmten sich dunkle Wolken am Himmel auf und entließen heftige Schneeschauer. »Sie kamen mit ungeheurer Gewalt«, so erinnerte

sich eine Zeugin, »fegten fast mit der Kraft eines Zyklons einher, rafften das Vieh dahin und forderten sogar manchmal Menschenleben.«
Allein in ihrem Blockhaus wappnete sich die Siedlerfamilie gegen den Ansturm von Eis und Schnee. In schwere Mäntel und dicke Decken gehüllt kauerten sie sich um den Kamin zusammen. Doch die stürmischen Windböen draußen schienen durch jeden Spalt und jede Ritze des einfachen Hauses zu dringen. Hagel trommelte gegen die Fensterscheiben, und der Schnee wehte immer höher gegen die Tür.
Josephine Middlekauf schrieb: »Wenn ich mir heutzutage die Schneewehen betrachte und dann an die Schneewehen von früher zurückdenke, dann kommen mir die heutigen nur wie ein schwacher Abklatsch vor. Nachdem ein Blizzard achtundvierzig Stunden und mehr gewütet und auf der Prärie weder Häuser und Schuppen noch Zäune den Schnee aufgehalten hatte, trieb er die Schneemassen direkt in die Stadt, wehte sie sechs bis acht Fuß hoch gegen Holzstöße, Scheunen und Zäune. Die Verbindung mit der Welt draußen war für zehn bis vierzehn Tage abgeschnitten. Der ganze Verkehr war lahmgelegt, bis zwei- oder dreihundert Männer eine Öffnung durch den Schnee gegraben hatten, die aber durch ein Schneegatter geschützt werden mußte, sonst wurde sie wieder zugeweht.«
Die Familie von Ary Johnson vergaß den Alptraum eines plötzlichen Blizzards so leicht nicht. Eine Tochter berichtete: »Der Neujahrstag 1886 versprach, einer der schönen Tage von Western Kansas zu werden, doch gegen ein Uhr mittags verdunkelten Wolken den Himmel, die gegen Abend sehr schwer wurden. Um sechs Uhr fing es leicht an zu schneien, und um zehn Uhr war es jedem klar, daß das Land in der Gewalt eines furchtbaren Blizzards war, ein heftiger Sturm heulte, und der Schnee fiel so dicht wie eine Wand. Bis zum Morgen war alles zugeschneit, und um das Vieh im Stall zu versorgen, mußte ein Seil vom Haus zum Stall gespannt werden. Die Kälte war so intensiv, daß das Feuer Tag und Nacht brennen mußte, und viele Menschen litten unter Nahrungs- und Brennstoffmangel.

Vier Tage lang hielt der Blizzard an. Um das Vieh auf der Weide konnte man sich nicht kümmern, und man konnte erst nach den Tieren suchen, als der Sturm nach vier Tagen aufgehört hatte. Die Verluste waren äußerst schwer, die Suchtrupps fanden die Tiere erfroren vor, bei manchen waren die Mäuler zugefroren, bei anderen die Füße erfroren. Nur unter großen Schwierigkeiten konnten sich die Männer einen Weg durch die Schneewehen bahnen, Reiter waren häufig gezwungen abzusteigen, sich einen Durchgang zu schaffen und dann die Pferde an einem Seil, das sie ihnen vorher um den Hals geschlungen hatten, nachzuziehen. Der Schnee ließ alles gleich aussehen, und nur indem man sich an bekannten Pfosten oder Zäunen orientierte, konnte man sich davor schützen, sich zu verirren. Eine Woche nach dem Sturm sah ein Suchtrupp, wie Dampf von einer Schneewehe hochstieg und fand darunter eine Viehherde von hundert Stück, die in guter Verfassung waren, der Rest, der von fünfhundert Tieren übriggeblieben war.«

Doch nicht nur der Winter setzte den Farmern sehr zu, auch der Sommer barg so manche Gefahr in sich. Da sie von fruchtbaren Böden, Sonnenschein und ausreichendem Regen für eine gute Ernte abhängig waren, bearbeiteten sie Felder immer in der bangen Sorge, was wohl das Wetter bringen würde.

In der Regel herrschten im Sommer in Kansas warme Temperaturen. Häufig zeigte das Thermometer achtunddreißig Grad Celsius und mehr. Doch mit ausreichendem Regen war nicht mit der gleichen Sicherheit zu rechnen. Man brauchte eine jährliche Niederschlagsrate von zwanzig Inch (zirka fünfzig Zentimeter), um eine einigermaßen zufriedenstellende Ernte zu erzielen. Wenn auch die jährliche Regenmenge ungefähr in diesem Bereich lag, so stellten Dürreperioden für Siedler, die über kein Bewässerungssystem verfügten, ein ernstes und wiederkehrendes Problem dar.

Die erste auffällige Dürreperiode ereignete sich 1860, als die Farmer sechzehn lange Monate ohne einen einzigen wirklichen Regen auskommen mußten. Von Juni 1859 bis November 1860 brannte eine erbarmungslose Sonne auf das ausgetrocknete Land nieder, und heiße, stürmische Winde fegten darüber hinweg. Das gesamte Getreide und auch die übrige Vegetation verdorrte. Sogar das widerstandsfähige Präriegras unterlag diesem Ansturm von Sonne und Wind. Überall trockneten Quellen, Flüsse und Brunnen aus, und die

Siedler saßen buchstäblich auf dem Trockenen, denn ihnen fehlten die lebensnotwendigen Wasservorräte.

Die Dürre reichte bis in die Schränke der Familien. Die meisten Siedler besaßen noch keinen finanziellen Rückhalt, sondern waren für den Lebensunterhalt auf ihre Ernten angewiesen. Im Laufe der fortdauernden Trockenperiode hatten sie ihre Getreidereserven aufgebraucht und waren auf das Ausbleiben der Ernte nicht vorbereitet. Verzweifelt wegen ihrer hungernden Kinder suchten die Mütter die Prärie nach wilden Beeren, Eicheln und Nüssen ab, während die Männer sich auf die Jagd begaben.

Da sie sich erst vor kurzem im nordöstlichen Gebiet von Kansas niedergelassen hatte, war die junge Familie von John und Mary Belts von der Dürrekatastrophe besonders hart betroffen. Laura Elizabeth Belts erinnerte sich später an die verzweifelten Versuche ihrer Eltern, die Familie während der bitterkalten Wintermonate vor dem Verhungern zu retten:

»Heute abend kehren meine Gedanken zu unseren ersten Tagen in unserem geliebten Kansas zurück ... Eine Zeitlang lief alles gut, doch dann kam der Regen nicht, es wurde heiß, und die ganze Vegetation vertrocknete. Jede Nacht konnten wir die Blitze am Horizont sehen, aber es waren keine Vorboten für Regen, die Hitze blieb. Nach und nach verloren auch die mutigsten Herzen jede Hoffnung, und wie wir den langen, kalten Winter überstehen sollten, dafür wußten wir keine einfache Lösung. Fünfzehn Monate ohne einen Tropfen Regen und ein neues Land, kein Vorrat an Mais und Weizen auf dem Speicher wie jetzt, das ließ auch das tapferste Herz verzweifeln.

Mein Vater entschloß sich, nach Iowa zu fahren, weil dort Überfluß herrschte, um eine Ladung Mais und Mehl zu beschaffen. Also machte er sich zuerst ans Werk, um Mutter und uns Kinder so gut versorgt wie möglich zurückzulassen. Er schlachtete einige Schweine, die sich auf Grund ihrer Kost aus Nüssen und Eicheln, von denen es genügend gab, prächtig entwickelt hatten, fällte Baumstämme und schichtete die Scheite zu einem großen Stoß auf. Dann ermahnte er uns, tapfer zu sein, sagte, er sei in drei Wochen wieder da, und machte sich auf den Weg. Doch er blieb dann fast neun Wochen fort.

Kurz nachdem er losgezogen war, fing es an zu schneien, und wie es schneite und stürmte! Schließlich umschloß ein Schneewall das Pappelholzhaus und reichte bis zum Dach. Der Schnee war so fest gepackt, daß wir Kinder darauf laufen konnten, als wäre es Eis. Alle Zäune waren vom Schnee zugedeckt.

Wie langsam die Tage vergingen, und wie schnell die kargen Vorräte trotz Mutters sorgfältigem Haushalten verschwanden! Unsere Kühe hatten sich verlaufen, und Mutter wollte nicht, daß mein Bruder sie suchen ging, weil sie Angst hatte, er würde in dem tiefen Schnee umkommen. Einige freundliche Nachbarn schlugen uns einen neuen Vorrat an Holz. Mein Bruder und ich sammelten eine anständige Menge Walnüsse und legten sie aufs Lager, und dann kam der Tag, als wir nichts anderes mehr zu essen hatten als die Nüsse und Schweinefleisch. Mein kleiner Bruder, damals ungefähr zwei Jahre alt, wollte das nicht essen und schrie nach Brot, und wir konnten ihm keins geben. Das war mehr als meine Mutter ertragen konnte, und sie brach zusammen und weinte. Das war das einzige Mal in den langen, schwierigen Wochen, wo wir Kinder sie anders als tapfer und voller Hoffnung gesehen haben. Die Kälte war intensiv, der Wind heftig, und häufig tauchten die Wölfe auf und kämpften mit unseren Hunden direkt vor der Haustür. Und wie uns das Angst einjagte!

Eines Abends gegen zehn Uhr kam mein Vater nach Hause, und ich weiß noch, daß ich an jenem Abend hungrig zu Bett gegangen war, also bereitete meine Mutter sofort süßen Brötchenteig und backte ihn auf den Gittern vor unserem Kamin. Dann weckte sie mich, damit ich von dem Gebäck essen und meinen Vater sehen konnte, aber als ich ihn anschaute, rief ich aus: ›Das ist nicht mein Papa, mein Papa ist weiß.‹ Er hatte sich seinen Weg durch den Schnee graben müssen, und die starke Kälte hatte Erfrierungen in seinem Gesicht verursacht, so daß die Haut furchtbar verfärbt war.

Nun hatten wir wieder genug Lebensmittel, und die Nachbarn kamen von weit her, um Mehl zu borgen, und niemand wurde mit leeren Händen fortgeschickt, denn alle waren zu Mutter und den hilflosen Kleinen so freundlich gewesen. Bald danach sandten die anderen Staaten Hilfe, und schon bald trugen Männer und Jungen Kleidung aus den Säcken, in denen man die Hilfslieferungen geschickt hatte, und so sah man häufig auf Hosenbeinen den Schriftzug: S. C. Pomeroy Kansas Aid. Aber was machte das schon aus, das Schlimmste war überstanden, im nächsten Jahr waren die Ernten reichlich, und wir waren glücklich. Die Menschen, die in den fünfziger Jahren in diesen großartigen Staat kamen, erlitten viele Entbehrungen, aber wir waren alle gleich arm, und es herrschte eine Brüderlichkeit, die sehr wohltat und an die ich mich gern zurückerinnere.«

Während der exzessiven Trockenheit waren Tausende von Siedlungen einer hoffnungslosen Armut ausgesetzt. In diesem einen Jahr flohen mehr als dreißigtausend Menschen aus dem Staat. Diese Massenabwanderung war ein schwerer Schlag für die Entwicklung dieser Region, denn sie verkleinerte die Bevölkerung fast um dreißig Prozent. Sowohl die Schreckensmeldungen über die Dürrekatastrophe wie auch die daraus resultierende Abwanderung ließ viele Jahre den Zuzug nach Kansas stocken.

Doch ungefähr zwei Drittel der Kansassiedler weigerten sich standhaft, die Hoffnung aufzugeben. Entschlossen, auf ihren Ländereien zu bleiben, gelang es ihnen, die mageren Lebensmittel- und Kleiderbestände gewissenhaft unter ihren Familien und Freunden aufzuteilen. Und diese Dickschädel saßen am Ende auch nicht völlig mittellos da. Aufgeschreckt von ihrer großen Not kamen ihnen staatliche Behörden, kirchliche Organisationen und hilfsbereite Menschen aus allen Teilen der Nation zur Hilfe. Innerhalb kurzer Zeit wurden verschiedene Vereinigungen gegründet, die die betroffenen Siedler unterstützen sollten, ihre Felder wieder zu besäen und ihre Farmen neu aufzubauen.

Thadyus Hyatt, ein Philanthrop aus New York, war die treibende Kraft hinter der ersten Welle von Hilfsbereitschaft. Nachdem er sich selbst in die heimgesuchten Regionen begeben hatte, organisierte er ein den ganzen Staat umfassendes Hilfsnetz, um die Lieferungen in jedem Bezirk zu verteilen. In den Osten der Vereinigten Staaten zurückgekehrt, sammelte er mehr als acht Millionen Pfund an Gütern, darin eingeschlossen Wagenladungen von Kleidungsstücken, Schuhen, Weizensaat und Lebensmitteln. Außerdem wurden 83 869 Dollar gespendet, um die Kosten für Verpackung und Verschickung zu dekken.

Doch zu viel Regen konnte häufig genausoviel Zerstörung anrichten wie anhaltende Trockenheit. In dieser kahlen Landschaft war ein Sommergewitter ein eindrucksvolles Schauspiel mit seinen heftigen Donnerschlägen und den blendenden Blitzen. Doch diese Schönheit war trügerisch. Nur allzu oft überschütteten die Gewitter die ausgetrocknete Ebene mit mehr Regen, als der Boden aufnehmen konnte. Schlimmer noch, manchmal verwandelten eiskalte Luftströmungen in der Atmosphäre die Regentropfen in murmeldicke Hagelkörner, die die zarten Pflanzentriebe zermalmten. Dichte Regenschauer schwemmten wertvollen Mutterboden hinweg. Dadurch wurden die Aussichten auf eine reiche Ernte vernichtet.

Susan Proffitt schrieb: »Ich erinnere mich, daß ich an einem schönen Frühlingstag zu der Groves Ranch hinüberfuhr. Die weiten Äcker versprachen eine ungewöhnlich reiche Futterernte für die tausendköpfige Rinderherde, die zufrieden auf der Weide graste. Ein schöneres Bild habe ich nie gesehen.

Dem Frühling folgte der Sommer, und im August am Ende eines heißen Tages, als das Gras zu verwelken schien und das Vieh sich am Fluß und Brunnen zusammendrängte und kein Lüftchen die Blätter auf den Bäumen bewegte, schien die Natur in einer unheilvollen Stille zu verharren. Eine Masse schwarzer Wolken ballte sich am westlichen Horizont zusammen, ein ferner Donner grollte, die Wolken wurden immer dichter, färbten sich grünlich, Donner dröhnte und Blitze durchzuckten den Himmel und zerschnitten die Landschaft, und dann stürzte plötzlich der Hagel ohrenbetäubend herunter und verwüstete alles.

Nachdem das Gewitter abgezogen war, hatte es auf der Groves Ranch einen Schaden von Tausenden von Dollars angerichtet, die Futterpflanzen auf den Feldern waren vernichtet, die Weiden für die tausendköpfige Viehherde waren zerstört. Am nächsten Tag fuhr ich zur Ranch. Mrs. Groves und ihr Mann waren da und begrüßten mich mit einem so strahlenden Lächeln, daß ich fast ihren großen Verlust vergaß. Als wir davon sprachen, lächelte sie und antwortete: ›Es ist schlimm, aber unser Nachbar hat einen noch größeren Verlust als wir erlitten.‹ Diese Antwort war charakteristisch für sie; in ihrem anstrengenden Leben hatte sie immer Zeit, anderen zuzuhören und mit ihnen zu fühlen, doch von ihren eigenen Sorgen sprach sie selten.«

Dürreperioden, heftige Winde und Hagelstürme waren im Sommer nicht die einzigen Schrecken für die Pioniere. Die unersättlichen und alles auffressenden Heuschrecken richteten weiteres Unheil an. Wie eine Frau klagte: »Alle oder zumindest viele Naturelemente schienen zusammenzuwirken, um die frühen Kansassiedler zu disziplinieren, es wurde ihnen nicht gestattet, durch Wohlleben und Luxus zu verweichlichen, und als ob heiße Winde, Dürre und Indianerüberfälle nicht ausreichten, kamen auch noch die Heuschrecken und taten ihren Teil dazu.«

In den ersten zwanzig Jahren der Besiedlung war das Frontierland relativ frei von jeder Heuschreckenplage. Obwohl kleine Heuschrekkenschwärme von Zeit zu Zeit den Farmern das Leben schwergemacht hatten, waren sie doch kein ernstes Problem gewesen. Deshalb waren die Pioniere auf den massiven Ansturm der Insekten, die sich 1874 buchstäblich ihren Weg quer durchs Land fraßen, ziemlich unvorbereitet. Die Heuschreckenplage war so überwältigend und zerstörerisch, daß dieses Jahr später als »Heuschreckenjahr« in die Geschichte einging.

Am Anfang von 1874 schien alles auf ein sehr gutes Jahr hinzudeuten. Mrs. Everett Rorabaugh schrieb: »Im Frühling 1874 begannen die Farmer ihre Arbeit mit großen Hoffnungen. Einige machten die Sode urbar und säten eine besondere Art Mais, andere pflügten den Boden, den sie voriges Jahr urbar gemacht hatten, säten Frühlingsweizen, Mais und Zuckerrohr, und da eine Menge Regen fiel, war jeder voller Zuversicht. Die Nachbarn trafen sich in einem kleinen Einzimmerhaus, aßen gekochtes Büffelfleisch, Maisbrot und getrocknetes ›Apfelgelee‹, das ein Verwandter aus dem Osten geschickt hatte, und die Männer sprachen über die Rekordernte, die sie dieses Jahr machen würden.«

Obwohl der Sommer wie üblich heiß und trocken gewesen war, stand das Korn gut. Ende Juli waren Weizen und Hafer zum größten Teil schon in Garben gebunden, und das saftige grüne Weidegras versprach fette und gesunde Viehherden. Für die Farmer schien eine reiche Ernte gesichert. Aber ihre Vorfreude verwandelte sich in Verzweiflung, als Millionen über Millionen Heuschrecken den Himmel verdunkelten. »Sie sahen wie eine große, weißglänzende Wolke aus«, erinnerte sich ein entsetzter Pionier, »denn auf ihren Flügeln fingen sich die Sonnenstrahlen und ließen sie als weiße Dampfwolke erscheinen.« Dann stürzten sich die Insekten auf die Felder und begannen ihr zerstörerisches Mahl.

Mary Lyon erklärte: »Der 1. August 1874 wird von den damaligen Bewohnern von Kansas wohl nie vergessen werden ... Seit einigen Tagen hatte es schon eine ganze Anzahl Heuschrecken gegeben, doch an diesem Tag erschien ein Dunstschleier in der Luft und die Sonne verschwamm wie hinter einer dünnen Wolke. Gegen Abend landeten sie dann auf der Erde, und es war, als befänden wir uns in einem großen Schneesturm, bei dem die Luft mit riesigen Flocken erfüllt ist.«

Die Heuschrecken bedeckten jeden Zentimeter Boden, jede Pflanze und jeden Strauch. Äste brachen unter ihrem Gewicht, Maisstengel bogen sich bis zur Erde hinunter, Kartoffelpflanzen wurden plattgedrückt. Schnell und sauber fraßen diese Insekten alles kahl, was in ihrem Weg lag. Nichts entging ihnen. Ganze Weizen-, Mais- und Gemüsefelder verschwanden; Bäume und Sträucher waren völlig kahl.

Mary Roberts erinnerte sich: »Als sie herunterkamen, schlugen sie so hart auf dem Boden auf, daß es fast wie Hagel klang. Vater hatte, so schnell er konnte, mit dem Obstanbau begonnen, und im Hof stand ein Reineclaudenbaum, der vor Früchten nur so strotzte, die fast reif, aber zum Pflücken noch zu grün waren. Wir mußten unser Abendessen verschieben, und alle rannten in den Garten, um zu ernten. Wir pflückten alle Reineclauden, hätten wir es nicht getan, wären sie von den Heuschrecken aufgefressen worden.

In unserem Garten gab es auch ein Wassermelonenbeet, und die Melonen waren ziemlich groß. Sie waren noch nicht reif, deswegen konnten wir sie nicht ernten, aber am Abend des zweiten Tages waren sie alle verschwunden. Ich glaube, wir fanden noch ein oder zwei handtellergroße Stücke Schale, das war alles, was von dem ganzen Wassermelonenbeet übriggeblieben war. So einen großen Appetit hatten sie! In ein paar Tagen hatten sie alles Grün aufgefressen. Bald hatten sie jeden Ast von jedem Baum und jeden Zweig von jedem Busch gefressen, und die Bäume standen kahl da wie mitten im Winter.«

Um zu retten, was zu retten war, ergriffen die Siedler Planen und ähnliche Dinge, um ihre Pflanzen und Sträucher zu schützen. Bettlaken, Decken, Quilts und Umhängetücher wurden hervorgeholt. Sogar alle Wintermäntel und schmierige Rupfensäcke wurden auseinandergerissen und über das wertvolle Gemüse gebreitet. Doch das alles erwies sich als nutzlos; die Heuschrecken fraßen sich entweder durch den Stoff oder krochen darunter. Die Siedler machten bald die bittere Erfahrung, daß diese Tiere durch nichts aufzuhalten waren.

»Sie verschlangen alles Grüne außer dem Präriegras«, fuhr Mary Lyon fort. »Sie fraßen die Blätter und die jungen Äste von unseren jungen Obstbäumen, und ihnen schienen auch die grünen Pfirsiche zu schmecken, sie ließen nur die Kerne am Stiel hängen. Sie verließen die Maisfelder, als hätten sie es eilig, und hinter ihnen blieben nur die härtesten Teile der Stengel zurück. Unsere Kartoffeln mußten ausgegraben und auf den Markt gebracht werden, um sie zu retten.

Ich wollte ein Stück meines Gartens retten, indem ich es mit Jutesäkken bedeckte, die Heuschrecken betrachteten das als einen köstlichen Scherz und genossen den so zur Verfügung gestellten Baldachin, und wo sie nicht darunterkriechen konnten, fraßen sie sich durch den Stoff. Kohl und Salat verschwanden am ersten Nachmittag; am nächsten Tag hatten sie die Zwiebeln verspeist. Sie hatten eine besondere Art, die Zwiebeln zu fressen. Erst fraßen sie Spitze und dann von innen die restliche Zwiebel, bis nur noch die äußere Schale übrigblieb.

Der Garten war bald leergefressen, und als diese Köstlichkeiten verschwunden waren, machten sie sich über die Blätter der Obstbäume her. Sie drangen in unsere Häuser ein, und wenn unser Backwerk nicht gut in Holz oder Metall weggeschlossen war, fehlte uns bald ein wichtiger Teil unserer Nahrung. Wenn wir schließlich schlafen gingen, mußten wir sie aus dem Bettzeug schütteln, und wir konnten von Glück sagen, wenn wir in der Nacht nicht eine zweite Razzia zu machen brauchten.«

Nachdem die Heuschrecken Kornfelder und Laub verschlungen hatten, fielen sie in die Scheunen und Häuser ein. Außer daß sie die Lebensmittel, die in Schränken, Fässern und Kisten aufbewahrt wurden, fraßen, machten sie sich auch über alle Gegenstände aus Holz her, vernichteten Küchengeräte, Möbel, Zaunlatten und die unbearbeiteten Seitenwände der Holzhäuser. Fenstervorhänge hingen in Fetzen herunter, und die Kleidung der Familie wurde mit herzhaftem Appetit verzehrt. Besonders mochten sie Dinge, die mit Schweiß vollgesogen waren, deswegen taten sie sich am Stiel von Mistgabeln und am Pferdezaumzeug gütlich. Das schwerfällige Vieh stand hilflos da, während die Insekten über ihre Körper krabbelten, in Ohren und Nasenlöcher krochen. Kleine Kinder schrien vor Entsetzen, als die Tiere sich durch ihre Haare wühlten und ins Hemd fallen ließen. Männer banden sich unten die Hosenbeine zu, damit die Heuschrecken ihnen nicht die Beine hochkrochen.

Lillie Marcks war zwölf Jahre alt, als die Heuschreckenplage ausbrach. In ihren Erinnerungen durchlebte sie noch einmal die plötzliche Verwüstung des Anwesens ihrer Familie. »Mehrere Tage, bevor die Heuschreckenplage über uns hereinbrach, kamen mein Vater und sein Lohnarbeiter Jake aus dem nahen Dorf zurück und erzählten Geschichten, nach denen Züge nicht losfahren und nicht halten konnten, weil die Schienen von zerquetschten Heuschrecken glitschig waren. So dicht war der Heuschreckenschwarm, daß man die Sonne nicht mehr sehen konnte.

Eines Morgens litt ich unter Schüttelfrost und zitterte stundenlang. Mutter machte mir ein Lager auf dem Boden in der Nähe der Vordertür und legte eine Decke über mich. Ich schlief ein. Nach einer langen Ruhe wachte ich mit starkem Fieber auf. Meine Mutter hatte mir ein nasses, kühles Handtuch übers Gesicht gelegt, um das Fieber einzudämmen. Die Sonne schien auf mein Lager, und ich fühlte mich so krank. Du meine Güte! Da ertönte Jakes Stimme ganz laut und klar: Mrs! Oh, Mrs. Sie sind da. Die Heuschrecken sind da! Sie können zuschauen, wie die Bäume aufgefressen werden! Ich hob das Handtuch vom Gesicht hoch und sah zur Sonne. Millionen von Heuschrekken erfüllten in einer festen Masse den Himmel. Ein sich bewegender graugrüner Schirm zwischen Sonne und Erde.

Blitzschnell kam Vater auf seinem Pony nach Hause geritten und erzählte uns weitere Geschichten von der Zerstörung, die die Schädlinge angerichtet hatten. Nun überfielen sie das Haus, die Bäume und den Lattenzaun. Vater rief: ›Holt schnell eure Kopftücher, festen Kleider und Quilts. Wir decken damit die Kohl- und die Selleriebeete ab. Vielleicht können wir wenigstens die retten.‹ Sellerie war zu diesem Zeit-

punkt und in dieser Gegend sehr, sehr selten – und den wollte er gern retten. Bald deckten sie eilig alle möglichen Kleidungsstücke und was sonst noch geeignet war über das Gemüse.
Der Landarbeiter entwickelte gute Einfälle, jeder wollte etwas tun, um die Verwüstung aufzuhalten. Kleine Feuer flammten überall im Garten auf. ›Jetzt kriege ich 'n paar von den Biestern‹, sagte Jake. Er nahm eine Schaufel und rannte durchs Tor hinaus. Am Zaun entlang wand sich eine dreißig Zentimeter dicke Schlange aus Heuschrecken. Jake grub draußen vorm Zaun einen sechzig Zentimeter tiefen und dreißig Zentimeter breiten Graben aus. Vater sammelte kleine Äste und verwelkte Blätter. In ein paar Minuten waren die Gräben voll von Heuschrecken. Vater und Jake zündeten die Äste und Blätter an, doch bald sahen sie, wie die Flammen von den Heuschrecken zugedeckt und ausgelöscht wurden. Man stelle sich das vor, Heuschrecken ersticken ein Feuer.
Meine kleine fünf Jahre alte Schwester scheuchte und schlug mit einem Stock, den jemand ihr gegeben hatte, die Tiere von den bedeckten Beeten fort. Ich war so krank und so aufgeregt durch diesen Kampf und konnte mich immer nur ein paar Sekunden auf den Beinen halten. Doch dann hörte ich Ella angstvoll schreien: ›Ich brenne!‹ Vergessen war mein Fieber. Ich rannte zur Tür und sah, wie eine Flamme auf der Rückseite ihres Kleides hochzüngelte. Schneller als ich es sagen kann, stürzte ich zu ihr hin und riß ihr das Kleid von den Schultern. Dann drehte ich mich, schaute auf die zuckende Masse von Heuschrecken auf den Kleidungsstücken, die die Beete zudeckten, und schrie: ›Mama, Mama! Komm schnell her! Sie fressen deine Kleider auf.‹« Zumindest fraßen die Heuschrecken hier glücklicherweise nur die Kleider, die auf der Erde lagen, nicht die, die die Menschen am Körper trugen. Adelheit Viets erging es schlechter: »Eines Sonntags begann der Heuschreckensturm. Ich erinnere mich, daß ich ein weißes Kleid mit grünen Streifen trug. Die Heuschrecken fielen über mich her und fraßen die grünen Streifen bis zum letzten Rest vom Kleid herunter, bevor man irgend etwas unternehmen konnte.«
Die Verwüstung dauerte für die Siedler noch an, als die Heuschrecken schon weitergezogen waren. Zu ihrer Bestürzung war alles von dem Geschmack und Gestank der Insekten durchdrungen. Das Wasser in

den Teichen, Flüssen und offenen Brunnen wurden durch die Exkremente braun und dadurch für Mensch und Vieh völlig ungenießbar. Die Hühner, Truthähne und Schweine, die sich mit den Insekten vollgefressen hatten, schmeckten anschließend so stark nach Heuschrekken, daß man sie nicht mehr essen konnte.
»Unsere Herzen waren schwer«, klagte eine der Betroffenen, »unsere ganze Ernte war für dieses Jahr vernichtet, und wovon sollten wir leben? Das Problem wurde auf verschiedene Art gelöst. Einige hatten noch Hoffnung und blieben, um es noch einmal zu versuchen. Andere gaben auf und gingen ›nach Hause‹ zurück. Wir schrieben nach Hause und liehen uns Geld, um Weizen für die Pferde und Schweine zu kaufen, und wir mußten viele Meilen nach Osten fahren, um das Korn aufzutreiben.«
Doch das war noch nicht das Ende der Heuschreckenplage. Die Insekten hatten nämlich ihre Eier in den Boden gelegt, bevor sie weiterzogen. Im nächsten Jahr schlüpften Scharen von Heuschrecken aus und setzten die Verwüstung fort. »Eines Tages begann die ganze Erde sich zu bewegen und zu kriechen«, schrieb eine Frau, »Millionen von Heuschrecken schlüpften aus, zuerst noch blasse, kränklich aussehende weiße Käfer, und wieder mähten sie Gottes und der Menschen Werk nieder.« Doch diesmal hatten die Farmer Zeit genug, das Getreide noch einmal auszusäen und so im Herbst doch noch eine Ernte zu erzielen.
Nachdem die Heuschreckenplage endlich überstanden war, versuchten die Siedler, auch diesen Schock zu überwinden und sich entschlossen der Zukunft zuzuwenden. Eine Frau erklärte: »Wie soll ich jene Zeit beschreiben? So viele verschiedene Umstände machten das Leben schwierig, und ganz besonders in dem unvergeßlichen Jahr 1874 ging es uns sehr elend, wir waren arm und ohne Mittel, den kommenden Winter zu überstehen. In jenen Tagen gab es keine Aristokraten in Spring Creek, und wir machten gemeinsam mit allen anderen das Beste aus unserer Lage. Das Leben lag noch vor uns, und die gleiche Gefahr bedrohte uns alle: Notzeiten. Mit schwerem Herzen machten sich die Männer an die Arbeit und lagerten Zuckerrohr und Hirse für den Winter ein, und liebe Freunde im Osten schickten uns Hilfe in Form von Bettzeug und Kleidung, Lebensmitteln und Schuhen. Wir

lebten in der Hauptsache von Maisbrot, Maismehl, Kaffee, Sauce, Sorghum zum Süßen (Sirup der Zuckerhirse), und die Männer rauchten Weinblätter als Tabakersatz.« Und im echten Pioniergeist fügte sie noch einen Satz hinzu: »Das Leben war lebenswert, sogar in jener Zeit.«

Kapitel 5

Der Zusammenprall von Kulturen
Die Indianer

»Hört gut zu, was ich euch sage. Vor langer Zeit gehörte dieses Land unseren Vätern, doch wenn ich zum Fluß gehe, sehe ich ein Heerlager, und die Soldaten fällen meine Bäume oder töten meinen Büffel. Das mißfällt mir, und wenn ich es sehe, will mein Herz vor Kummer zerspringen.«

Santana

Mit diesen Worten drückte 1867 der Häuptling der Kiowa die Enttäuschung und die Verbitterung des indianischen Volkes aus. Durch die ständige Erweiterung der westlichen Landesgrenze von ihren angestammten Plätzen vertrieben, kämpften die Eingeborenenstämme vergeblich gegen eine weiße Nation, die entschlossen war, sie zu unterwerfen. Zwei Jahrhunderte lang hatten sie zusehen müssen, wie ihre eigenen Gebiete von weißen Siedlern widerrechtlich angeeignet, ihre Wildbestände von weißen Jägern ausgerottet wurden, und ihr nomadischer Lebensstil wurde von einer weißen Regierung zunichte gemacht, die ihre Bedürfnisse nicht kannte und ihre Kultur nicht verstand. An Leib und Seele geschwächt wurden die Indianer von ihrem Heimatboden vertrieben und schließlich in isolierten Reservaten im Westen zusammengepfercht. Während einige Stämme sich friedfertig in ihr Schicksal fügten, gelobten viele andere, den weißen Mann bis zum bitteren Ende zu bekämpfen. Ihre Geschichte des Widerstands und der stolzen Entschlossenheit gehört zu den ergreifendsten Kapiteln in der Geschichte von Kansas und des amerikanischen Westens.

Bis zur Mitte des neunzehnten Jahrhunderts betrachtete die Bundesregierung die verschiedenen Indianerstämme als getrennte und unabhängige Nationen. Bei dieser Politik mußten alle Gebietsabtretungen dieser indianischen Nationen durch formelle Verträge, die den gleichen Status wie internationale Abkommen hatten, gesichert werden. Solche Verhandlungen durften nur durch offizielle Regierungsvertreter und die Stammeshäuptlinge geführt werden. Wenn der Vertrag formuliert und von beiden Seiten abgezeichnet war, mußte er dem amerikanischen Senat zur formellen Ratifizierung vorgelegt werden.

Chetopa, ein Osage-Häuptling, machte zur Essenszeit einen unerwarteten Besuch bei der Familie von Hattie Wilson

Während diese Landabtretungsverträge den amerikanischen Bedürfnissen sehr entgegenkamen, boten sie den Indianern nur wenig Vorteile. Im großen und ganzen verstand das indianische Volk nur langsam, was es bedeutete, auf seine rechtlichen Ansprüche als Landbesitzer zu verzichten. Durch seine Tradition hatte der Indianer keine Vorstellung von persönlichem Landbesitz oder Stammeseigentum an Land – es gehörte der Natur wie das Wasser der Flüsse und der Himmel über ihnen. Die Stämme konnten ihre Territorien zwar besetzen und beherrschen, aber das Land gehörte ihnen nicht und konnte daher nicht wie eine einfache Ware gekauft oder verkauft werden. Obwohl sie nur unter Drohungen und Versprechungen der Regierung nachgaben, begriffen die Indianer erst allmählich, daß ihre Zugeständnisse sie für immer von ihrem eigenen Land vertrieben.

Zu dieser unterschiedlichen Betrachtungsweise kam noch hinzu, daß die Stammesführer Schwierigkeiten hatten, die Vertragsbedingungen durchzusetzen und ihre Versprechen zu halten. In der Tradition hatte der indianische Stamm als lockere demokratische Organisation funktioniert, ohne eine starre Hierarchie oder ein durch Gesetze festgelegtes System. Im Rat des Dorfes hatte jeder männliche Krieger das Recht, seine Meinung zu äußern und seine eigenen Entscheidungen zu treffen. Da die Stammesmitglieder nicht gezwungen waren,

Eine Familie von
Pottawatomie-Indianern

den Befehlen ihrer Führer zu gehorchen oder deren Versprechungen zu erfüllen, wurden die geschlossenen Verträge leicht ignoriert.
Aber auch die amerikanische Regierung hielt sich nicht an die Abmachungen. Obwohl sie die Macht hatte, Grenzüberschreitungen ihrer Bürger zu verhindern, war sie oft nicht willens oder nicht in der Lage, landhungrige Siedler davon abzuhalten, große Gebiete von indianischem Territorium an sich zu reißen. Im Laufe der Jahre heizten die Vertragsverletzungen auf beiden Seiten den gegenseitigen Haß an.
Im Anfang waren die Feindseligkeiten zwischen den Weißen und den Indianern auf die östlichen Teile des Landes beschränkt. Aber die Vereinigten Staaten erwarben schrittweise indianisches Land und drängten die Eingeborenenstämme immer weiter nach Westen. 1825 war es

dann offensichtlich, daß die Nation für ihre stetig wachsende Bevölkerung und die sich entwickelnde Wirtschaft das ganze Gebiet östlich des Mississippi brauchen würde. Passenderweise wurden die großen Ebenen im Westen für weiße Siedler als nicht geeignet betrachtet. Da nur wenige Leute glaubten, daß die Amerikaner je dieses trockene Grasland begehren würden, schien es logisch, dieses Gebiet den im Osten siedelnden Indianern im Austausch gegen ihr Territorium zu geben.

Auf dieser Basis machte der Kriegsminister John C. Calhoun dem damaligen Präsidenten James Monroe Vorschläge für eine erste verbindliche Indianerpolitik. Sie sah vor, daß die Stämme, die auf dem Gebiet östlich des Mississippi lebten, zwangsweise auf das Land westlich des Flusses umgesiedelt werden sollten. Weißen sollte das Betreten dieses Territoriums verboten werden, und die Regierung wollte so den Indianern den immerwährenden Besitz ihrer neuen Heimat garantieren. Diese Politik wurde 1830 vom Kongreß gebilligt, und der Plan des ›Indian Removal‹ (der indianischen Umsiedlung) wurde mit der lebhaften Unterstützung von Präsident Andrew Jackson durchgeführt. In den Jahren 1830 bis 1840 schuf die amerikanische Regierung dadurch eine besondere indianische ›Frontier‹, die auf Dauer die weiße und indianische Bevölkerung trennen sollte.

Es ist nicht verwunderlich, daß die Indianer über diese Maßnahme immer aufgebrachter wurden. Für die Indianer im Osten bedeutete diese Umsiedlung, daß ganze Stämme mit all ihrer Habe hunderte von Meilen transportiert werden mußten. Sie wurden gezwungen, die ihnen seit Urzeiten gehörenden Gebiete, die Hügel und Täler, die Wälder und Flüsse, die grundlegend für ihre Kultur waren, aufzugeben. Verzweifelt machten sich die Indianer auf den langen Weg nach Westen zu einem fremden und öden Land.

Für die Indianerstämme im Westen war diese Umsiedlungspolitik genauso empörend. Bis zu diesem Zeitpunkt waren die großen Ebenen von Kansas das unbestrittene Territorium von mehreren Nomadenstämmen gewesen. Jahrhundertelang hatten die Kansa und die Osage den östlichen Teil dieses Gebietes beherrscht, während die Pawnee die Zentralebenen durchstreift hatten. Die Hochebenen im äußersten Westen waren die traditionellen Jagdgründe der Cheyenne, der Ara-

Junge Cheyenne-Frauen

paho, der Kiowa und der Komantschen gewesen. Durch den plötzlichen Zustrom der östlichen Stämme aufgeschreckt, reagierten die hier beheimateten Indianer aufgebracht auf diesen Übergriff auf ihr eigenes Land und ihre Jagdgründe.

Hinzukam, daß weiße Siedler sich nicht an die Abmachungen hielten und dauernd Grenzverletzungen begingen, wodurch die Verbitterung und der Zorn bei den Indianern wuchs. Weiße Pioniere, die mit der Regierungspolitik, die sie von dem Gebiet der großen Ebenen ausschloß, nicht einverstanden waren, wollten weiter nach Westen ziehen. Trotz des gesetzlich festgelegten Verbots bewegte sich eine immer größer werdende Anzahl von Abenteurern und Goldgräbern zwischen 1840 und den Anfängen der fünfziger Jahre durch dieses Territorium. 1854 wurden dann neue Verträge mit den Indianern geschlossen, um Kansas und Nebraska für eine rechtlich abgesicherte

Sioux-Indianer bereiten einen Angriff vor

weiße Besiedlung zu öffnen. Und wieder wurden die Indianer im Namen des Wachstums und der Entwicklung der Vereinigten Staaten entwurzelt.

Um für eine allmähliche Besiedlung dieses Gebietes zu sorgen, hatten die ersten Verträge vorgesehen, daß kein Land in Kansas in Besitz genommen werden dürfte, das nicht zuerst offiziell vermessen und freigegeben worden war. Doch die weißen Siedler ignorierten, in Mißachtung ihrer indianischen Nachbarn, diese gesetzlichen Bestimmungen und steckten ihren Landbesitz über das ganze Territorium verteilt ab. Zur gleichen Zeit förderte der Homestead Act von 1862 und der Bau der Eisenbahn die schnelle Besiedlung und die Entwicklung von weißen Gemeinden auf ehemaligem indianischen Gebiet. Durch die ständige Bedrängung durch den weißen Mann und durch die fast völlige Ausrottung der lebensnotwendigen Büffelherden blieb

»Custer's Forderungen.« Maler: Charles Schreyvogel

den heimgesuchten Indianern kaum eine Aussicht auf friedliches Überleben auf ihrem eigenen Land. Schließlich wurden sie noch einmal entwurzelt und nach Süden in das Gebiet des heutigen Oklahoma getrieben.

Für eine Anzahl von Jahren vor dieser endgültigen Vertreibung nach Süden jedoch blieben die Indianerstämme in Kansas und lebten Seite an Seite mit den weißen Siedlern. Obwohl ihre unterschwellige Feindseligkeit noch stark war, lebten sie in relativer Harmonie nebeneinander. Ausbrüche von Gewalt ereigneten sich hin und wieder, doch eine verstärkte militärische Überwachung dieses Gebietes reduzierte die Kontakte zwischen Pionieren und Indianern auf ein Minimum.

Im allgemeinen waren die Beziehungen zwischen der weißen und der indianischen Bevölkerung ebensosehr durch kulturelle Mißverständnisse wie durch Rassen-Gegensätze gekennzeichnet. In der Sicht des weißen Mannes war der Indianer immer ein Wilder gewesen. Da die Siedler bei ihren Versuchen, den »roten Mann« zu ihren eigenen Vorstellungen von Zivilisation zu bekehren, keinen Erfolg gehabt hatten, hielten sie sich gewöhnlich von jedem Kontakt mit den Stämmen fern. Da sie die landläufigen Vorurteile über die »Wilden« akzeptierten, versuchten die meisten Pioniere erst gar nicht, indianische Sitten und Gebräuche zu verstehen oder sich mit indianischer Kultur auseinanderzusetzen. Als Gertrude Burlingame einem Kriegstanz beiwohnte, der an einem besonderen Festtag aufgeführt wurde, reagierte sie mit Faszination und tiefer Angst:

»Das interessanteste Ereignis in jener Zeit war für mich eine Regierungszahlung an die Pottawatomie-Indianer (eine Zahlung für die Übernahme ihres Landes). Sie sollte in Silver Lake stattfinden, und nach der Auszahlung des Geldes wollten uns die Indianer einen Kriegstanz vorführen, und jeder war eingeladen.

Die offizielle Übergabe fand am Morgen statt, dann folgte das Essen, und anschließend gingen die tapferen Krieger in ihre Zelte, um sich für den Tanz umzuziehen oder besser auszuziehen, denn als sie wieder herauskamen, trugen sie nur einen Lendenschurz und rote Farbe, und in ihrem Haar steckten ein paar Federn. Ein großer Kreis war für den Tanz markiert.

Als der Augenblick kam, machten die Tomtoms ihre unheimliche, gräßliche Musik, und plötzlich stürzten die Indianer aus ihren Zelten und schwangen dabei ihre Tomahawks und stießen ihr Kriegsgeschrei aus. Bei diesem Anblick blieb mein Herz einen Augenblick lang stehen, und dann fielen mir die Regierungstruppen ein, die zur Bewachung der Geldübergabe von Fort Riley hierhergeschickt worden waren und ganz in der Nähe standen. Und sie kamen näher. Man nannte die Indianer oft »rote Teufel«, und genauso sahen sie aus. Sie betraten einer hinter dem anderen den Kreis, und der Tanz war eine Art Hüpfen mit tief heruntergebeugtem Oberkörper, und ihre stechenden Augen sahen in alle Richtungen, als hielten sie Ausschau nach dem Feind. Dabei hielten die Indianer ihre Tomahawks hoch erhoben und stießen alle paar Minuten gemeinsam ihren Kriegsschrei aus, der fast den Boden zum Zittern brachte. Es war ein Anblick, der unvergeßlich bleiben sollte.«

Angst spielte eine große Rolle im Umgang der Siedler mit den Indianern. Obwohl nur wenige Familien Einschüchterung oder Gewalt von Indianern am eigenen Leib erfuhren, nährten die Geschichten von Indianerüberfällen die Furcht. Gerüchte über Indianer, die sich auf dem Kriegspfad befänden, machten überall die Runde. Nachts schlief der Frontiermann unruhig und immer mit einem Gewehr an seiner Seite. Die Hausfrau, die allein zu Hause war, wurde leicht durch ein plötzliches Geräusch oder einen geheimnisvollen Schatten aufgeschreckt. Kein Indianer, ob nun freundlich oder nicht, schien jemals völlig vertrauenswürdig zu sein.

Mary Gettys Lockard erinnerte sich: »In unserer Frontier-Erfahrung gab es etwas, das ständig unsere Gefühle beherrschte: die entsetzliche Angst vor den Indianern. Darunter litt besonders meine Mutter, die von meinem Vater zwangsläufig mit den kleinen Kindern oft allein gelassen wurde, wenn dieser wegen eines Transports oder wegen der Jagd unterwegs war.

Uns wurde gesagt, es gäbe keine feindseligen Indianer in Kansas, aber trotzdem konnten wir die entsetzlichen Geschichten von indianischen Überfällen weiter westlich nicht vergessen, und sie beunruhigten uns ständig. Wir besaßen ein Buch, das uns etwas von Jim Bridger's* Philosophie vermittelte, und an einer Stelle wurde er wie folgt zitiert: ›Wo man keine Indianer sieht, da sind sie am zahlreichsten.‹ Das vermittelte mir die fixe Idee, daß Indianer hin und wieder wie aus dem Nichts auftauchten und jeden umbrachten. Wir Kinder redeten soviel über Indianer, daß es unserer Mutter sehr auf die Nerven ging und sie viel Mühe hatte, unser Geschwätz über sie abzustellen.«

Obwohl sich die kriegerischen Stämme der westlichen Hochebenen den weißen Eindringlingen gegenüber feindselig verhielten, näherten sich die meisten Präriestämme den Siedlern in rein friedlicher Absicht. Von ihrer Natur her waren die Indianer ein freundliches und geselliges Volk, und zur großen Verblüffung der argwöhnischen Pioniere standen sie häufig vor der Haustür. Unvertraut mit den Förmlichkeiten

* James Bridger (1804–1881), ein berühmter Trapper, Pelzhändler und Führer in den weiten Westen. 1825 kam er bis zum Great Salt Lake und war wahrscheinlich der erste Weiße, der seine Ufer erreichte. 1843 bauten er und sein Partner Louis Vasquez Fort Bridger in dem Gebiet, das heute Wyoming heißt. Dieses Fort, das auf der Black's Fork-Ebene lag, wurde zu einer wichtigen Station und zum Nachschublager für Auswanderer, die nach Utah, Oregon und Kalifornien wollten.

der weißen Gesellschaft betraten sie ungehemmt jedes Heim, ob es nun der Wigwam eines Stammesbruders oder das Erdhaus eines Weißen war. Ohne sich die Mühe zu machen anzuklopfen, kamen sie herein und benahmen sich, als seien sie bei sich zu Hause.

Gertrude Burlingame fuhr fort: »Ja, die Indianer tauchten überall auf. Mir wurde versichert, sie seien harmlos, aber ich mochte ihre Art nicht, wie sie ungebeten im Haus erschienen oder zum Fenster hereinsahen. In Leavenworth hatten wir die Delawares, kleine, untersetzte Indianer, die Wildlederanzüge mit dazu passenden Leggins und Mokassins trugen und immer auf Ponies ritten. Aber in Topeka hatten wir die Kaws, große, grobknochige Menschen, die immer eine rote Decke als Kleidung trugen.

Ich kann mich immer noch gut daran erinnern, wie sehr ich mich bei der ersten Begegnung mit ihnen erschrocken habe. Es war ein warmer Tag, die Fenster standen offen, und ich kämmte gerade mein Haar. Damals war mein Haar sehr lang, dicht und glatt, und wie ich so mit dem Kamm hindurchfuhr und in den Spiegel sah, der sich genau gegenüber dem Fenster befand, sah ich darin zwei große Indianer, einer war schon hereingeklettert und der zweite schwang gerade sein Bein über den Fenstersims. Ich dachte natürlich, sie wären auf meinen Skalp aus, und ich schrie und stürzte zur Tür in den Flur hinaus und rannte dabei fast Col. Holliday (einen Gast) um, der mein Geschrei gehört hatte und mir zu Hilfe eilte. Er nahm mich in die Arme und fragte, was denn los sei. Ich konnte gerade noch ›Indianer!‹ keuchen.

Der Colonel ging in das Zimmer und fand die beiden Indianer, die herzlich lachten und sagten: ›Squaw viel Angst. Viel Angst.‹ Einer von ihnen sagte dann: ›Squaw viel Skalp‹, und er zeigte mit beiden Armen die Länge meines Haars und fügte hinzu: ›Sehen, sehen, viel Haar.‹ Der Colonel kam wieder zu mir zurück und sagte: ›Sie wollen dein Haar sehen‹, aber ich schüttelte nur den Kopf und um nichts in der Welt wäre ich in diesen Raum gegangen.«

Die Indianer waren von der seßhaften Lebensweise des weißen Mannes offensichtlich fasziniert. Für sie war das Pionierblockhaus mit merkwürdigen Gegenständen, ungewöhnlichen Geräuschen und herrlichen Düften erfüllt. Ohne sich um ihre verwirrten Gastgeber zu kümmern, untersuchten die Besucher mit Hingabe jeden Winkel. Sie durchstöberten die Truhen und Schubladen, tasteten die Stühle ab und spähten in die Spiegel. Begeistert sahen sie dem Drehen des Spinnrads zu und lauschten aufmerksam dem rhythmischen Schlagen der Uhr. In der Küche untersuchten sie die Kochgeräte, öffneten die Vorratskisten und bedienten sich mit Lebensmitteln.

Aura Viola St. John erinnerte sich an die unersättliche Neugier der Indianer: »Eines Tages kamen drei Squaws angeritten, sprangen von ihren Pferden und betraten das Haus. Sie redeten mich nicht an, taten so, als wäre ich Luft, und machten sich sofort daran, den Raum zu untersuchen. Sie wanderten umher, betrachteten alles, und als sie meinen Geschirrschrank erreichten, der aus Holzkisten gemacht und mit einem Vorhang versehen war, zogen sie den Vorhang beiseite und betrachteten lange das Geschirr, zeigten lachend darauf und schnatterten drauflos. Doch dann fanden sie das bei weitem interessanteste Ding: Lange betrachteten sie das Bett mit dem Quilt und den Kissen mit den weißen Überzügen, was so verschieden von ihren auf dem Boden ausgebreiteten Decken ist.«

Sogar das weiße Baby war eine Quelle der Faszination. Aura Viola St. John fuhr fort: »Eines Tages gingen wir am 110 Creek Erdbeeren sammeln; dieses Gebiet gehörte zum Indianerreservat. Mein Baby Hattie war acht Monate alt. Am Nachmittag ritten mehrere Squaws heran, und als sie das Baby sahen, sprangen sie von ihren Pferden, stellten sich um mich herum, lachten und sagten: ›Oh, hübsches Papoose.‹ (Indianisches Wort für ›Baby‹). Sie finden, daß ein weißes Baby etwas Wunderbares ist, und ich bin mir nicht sicher, ob sie schon einmal eins gesehen hatten. Schließlich hielt eine von ihnen die Hände hoch, und mein Baby ging direkt zu ihr hin. Sie lachten und reichten mein kleines Mädchen von einer zur anderen, bis ich ganz ängstlich wurde, denn ich hielt meine kleine Tochter für einen sehr begehrenswerten Besitz, und wie Mütter so sind, fürchtete ich, sie würden genauso denken und auf ihre Ponies aufspringen und im schnellen Galopp davonstürmen.«

Oft gingen die Indianer von Haus zu Haus und baten um Nahrung. Ungeladen stolzierten sie in die Küche und verlangten Proben vom frischgebackenen Brot oder vom gebratenen Fleisch. Die verzweifelte

Hausfrau, durch die unerbittlichen Forderungen erschreckt, bot ihnen hastig mit Speisen beladene Teller an, nur um die Indianer wieder loszuwerden. Viele Essen wurden geopfert, um diese hungrigen Besucher zu besänftigen.
Hattie Wilson erzählte: »Die Osage-Indianer kamen häufig zu unserem Lager. (Einmal) bat ein Indianerhäuptling (ich glaube, er hieß ›Chetopa‹) meine Mutter um etwas von ihrem frischen Brot. Sie reichte ihm ein Brötchen. Er steckte den Finger hindurch und gab es zurück, zu unserem großen Mißvergnügen, (denn wir waren) hungrig und hatten es auch haben wollen, aber nicht bekommen. Meine Schwester Mary und ihre Familie waren zu dieser Zeit auch da, und er zeigte mit dem Finger auf sie und sagte zu meiner Mutter: ›Sie du Papoose‹, dann wies er auf das Baby von meiner Schwester und sagte: ›Sie du Papoose.‹ Das habe ich nie vergessen.«
In den letzten Jahren vor 1870 kamen häufig Angehörige des Kansa-Stammes in das Haus von Caroline Pinney Hays. Obwohl ihre Besucher nie böse Absichten hatten, konnte Mrs. Hays ihre plötzlich aufsteigende Angst, wenn Indianer auf ihrer Türschwelle erschienen, nicht bezwingen. Grace Hays Blackburn bemerkte, daß ihre Mutter eine von Natur aus ängstliche Frau war, und erklärte anschließend:
»Mutter konnte nie völlig ihre Angst vor den Indianern überwinden, gewöhnte sich aber mehr oder weniger an ihr Erscheinen, und sie schickte sie nie mit leeren Händen fort, wenn sie kamen und um ihr Maismehl oder ihr Fleisch baten. Und bald lernten sie, von meiner Mutter als ›Haufen gute Squaw‹ zu sprechen, weil der kleine Topf, mit dem sie das Maismehl aus der Vorratskiste schöpfte, immer gehäuft war. Sie erschrak jedesmal, wenn ein Indianergesicht plötzlich und geräuschlos am Fenster oder in der Tür erschien, und obwohl sie bald begriff, daß die Indianer ihr nichts Böses antun, sondern bloß neugierig ins Zimmer sehen wollten, konnte sie nie die plötzliche Angst, die ihr Herz ergriff, überwinden.
Einmal lagerten fünfhundert Kaw-Indianer, die auf dem Weg von ihrem Reservat in der Nähe von Topeka zum Indian Territory waren, ungefähr eine halbe Meile von unserem Haus entfernt. Natürlich, diese Indianer waren freundlich, fast zu sehr, denn sie kamen

und bettelten um alles mögliche, angefangen bei einem Hühnchen bis zu einem Stückchen Band oder einer bunten Perle.

Eines Tages erschien eine alte Squaw und bettelte um Hühnchen, und unsere gutmütige Mutter schickte die Kinder hinaus, um eins zu fangen, aber sie erwischten nur eine alte Legehenne. Mutter gab die Henne der alten Squaw, die das Tier abtastete und die vorstehenden Knochen fühlte. Empört warf sie es zu Boden und ging davon. Das war die stärkste Beleidigung, die Mutter je den Indianern zugefügt hat.

Eine Nachbarsfrau, die nicht das geringste bißchen Angst vor den Indianern hatte, holte gerade Asche aus ihrem Herd heraus, als sie zufällig aufblickte und das gegen die Fensterscheibe gepreßte Gesicht eines Indianers sah. Sie erschrak für einen kurzen Moment, dann schleuderte sie blitzartig die Schaufel, die sie in der Hand hielt, geradewegs in das Gesicht des Indianers, zerschmetterte die Fensterscheibe und versetzte ihm einen tödlichen Schrecken, so daß er nicht aufhörte zu rennen, solange er noch in Sichtweite des Hauses war.

Die Kaw-Indianerjungen machten immer gern Spring- und Laufwettbewerbe mit meinen Brüdern Charley und Dick und auch anderen Jungen aus der Nachbarschaft, und obwohl sie nie offen prahlten, wenn sie gewonnen hatten, so war das Leuchten in ihren dunklen Augen der Beweis für ihre Befriedigung.

Doch einmal versetzten Indianer unsere Mutter so in Schrecken, daß sie den Vorfall nicht so bald vergaß. Unter den Tieren, die der Familie gehörten, war ein alter Rotfuchs, der ›Snort‹ hieß. Die Kinder hatten das Pferd sehr gern und ritten oft alle zusammen auf ihm. Dieses alte, treue Tier litt manchmal an Koliken, und wenn ein Anfall kam, rollte es vor Schmerzen auf dem Boden herum. Vater und Mutter wußten, was dann zu tun war, und sie hatten immer Medizin im Haus, um dem Pferd bei solchen Gelegenheiten Erleichterung zu verschaffen. Es war keine leichte Sache, die Medizin zu verabreichen, doch das alte Pferd, das so sanft wie ein Lamm war, unterwarf sich der Behandlung immer bereitwillig.

Eines Tages war Vater mit dem Planwagen voll mit Weizen und Mais nach Cottonwood Falls aufgebrochen, um das Getreide zu Mehl mahlen zu lassen. Diese Fahrt dauerte einen ganzen Tag, und Mutter blieb mit den beiden jüngeren Kindern – Madge, fünf Jahre alt, und Dwight, noch ein Baby – zu Hause zurück. Als Mutter zu dem kleinen Wäldchen hinüberschaute, das sich ungefähr eine halbe Meile vom Haus befand, sah sie, wie der alte Snort auf dem Boden herumrollte. Sie nahm die Medizin, ließ die Kinder im Haus zurück und machte sich auf den Weg zum Pferd.

Mit dem unguten Gefühl, die Kinder alleingelassen zu haben, drehte sie sich, nachdem sie zwei Drittel der Strecke hinter sich gelegt hatte, um und sah zu ihrem Entsetzen einige mit Gewehren, Bogen und Pfeilen bewaffnete Indianer zwischen sich und dem Haus. Krank vor Angst, was wohl mit den Kindern geschehen war, ließ sie die Medizin fallen, drehte sich um und rannte zurück. Sie wurde von einem großen Indianer angeredet, der mit seinem langen Messer auf das Wäldchen deutete und fragte: ›Sehen Hirsch? Sehen Hirsch?‹ Sie schüttelte nur den Kopf und lief weiter, und vergaß in ihrer Angst völlig, daß sie auf dem halben Weg zum Haus einen fliehenden Hirsch kurz gesehen hatte.

Sie rannte ins Haus und sank erschöpft zu Boden, als sie erkannte, daß die Kinder heil und unversehrt waren. Little Madge konnte Mutters Entsetzen gar nicht verstehen, als sie nur: ›Indianer! Indianer‹ hervorstieß.«

Nicht alle Pionierfrauen betrachteten die Indianer mit der gleichen Angst wie Mrs. Hays. 1858 heiratete Christina Phillips, eine junge Frau, deren Familie von Schottland emigriert war, als sie selber noch ein Kind war, einen gewissen Mr. A. M. Campbell und ließ sich mit ihrem Ehemann und ihrem Bruder in der neuen Stadt Salina nieder. Delia E. Brown erzählte von der Zeit, als die junge Christina die einzige weiße Frau in der Stadt war:

»Während ihr Mann und ihr Bruder mit vielen Dingen, die beim Ansiedeln in einem neuen Land gemacht werden müssen, beschäftigt waren, kümmerte sie sich um den Laden und handelte mit den Indianern um Felle und Pelze. Sie hatte mit den Indianern viel Geduld, war aber sehr bestimmt und geradeheraus mit ihnen, was der ›Weißen Schwester‹, wie sie sie nannten, große Hochachtung einbrachte. Nie wurde in Salina den Indianern Whisky verkauft oder gegeben. Und ganz früh entschloß sich Mrs. Campbell, daß sonntags kein Handel getrieben werden sollte. Ihr Mann und ihr Bruder versuchten, sie davon abzubringen und sagten: ›Die Indianer werden das nicht verstehen.‹ Aber sie blieb dabei, bis die Indianer schließlich, da sie sich mit den Wochentagen nicht auskannten, aus ihrem Reservat einen Reiter vorausschickten, der fragte: ›Tag des Großen Vaters, kein Tausch?‹ Und wenn wirklich Sonntag war, fanden sie es ganz in Ordnung, daß erst am nächsten Tag getauscht wurde.

Mrs. Campbell hat gesagt, ohne die Freundschaft der Squaws hätte sie nicht gewußt, wie sie jene ersten Jahre der Einsamkeit in der neuen kleinen Stadt am Smoky hätte überleben können. Als man sie nach dem indianischen Sinn für Humor fragte und sich erkundigte, ob die Indianer je gelacht hätten, erzählte sie folgende komische Begebenheit. Es war in der Zeit der riesigen Reifröcke, und eines Tages bemerkte Mrs. Campbell, daß drei Squaws, nachdem sie ihren Handel abgeschlossen hatten, neugierig auf ihre Füße schauten, und sie fragte sich, was wohl nicht stimmte. Schließlich kam die mutigste der Squaws zu ihr und hob Mrs. Campbells Kleid ein wenig, dann ihren weißen Petticoat und bat sie anschließend, die Röcke noch höher zu heben, was sie auch tat. Mrs. Campbell erzählte: ›Als ich dann sah, wie die Squaws über meine Reifröcke lachten, daß ihnen die Tränen die Wangen herunterliefen, konnte nun niemand mehr am indianischen Sinn für Humor zweifeln ...‹

Als Mrs. Campbell eines Tages still bei der Arbeit saß – ihre drei kleinen Kinder waren mit ihr im Raum –, sah sie, wie zwei Kaw-Indianer, die von betrunkenen Soldaten verfolgt wurden, auf ihr Haus zurannten. Die Indianer, die zu dem freundschaftlichen Stamm gehörten, eilten ins Haus, und Mrs. Campbell hatte gerade noch Zeit, die Tür zu verriegeln und ihr Gewehr zu packen, als die Soldaten schon gegen die Tür hämmerten, die Auslieferung der Indianer verlangten und drohten, sie würden schießen. Sie rief hinaus, sie sollten nicht schießen, weil sie dadurch ihre Kinder töten würden. Das machte jedoch auf die Soldaten keinen Eindruck, also zielte sie mit dem Gewehr auf sie und sagte, sie würde den ersten erschießen, der ins Haus eindringen würde. Da die Soldaten merkten, daß sie es ernst meinte, wurden sie unsicher, und als dann auch noch Mr. Campbell, der etwas von dem Tumult gemerkt hatte, nach Hause kam, zogen die Soldaten ab. Die

Indianer konnten nun unbehelligt wieder gehen, sie bedankten sich und sagten: ›Nicht vergessen, weiße Schwester‹ und erzählten den Vorfall den anderen Mitgliedern ihres Stammes …

In jenen beschwerlichen Jahren war Mrs. Campbell Arzt, Rechtsberater, Kaufmann und Ratgeber in einer Person; sie half den Indianern, wenn sie sich in Schwierigkeiten befanden, trieb Handel mit ihnen, verabreichte ihnen einfache Hausmittel, wenn sie krank waren. Eines Tages kam ein indianischer Krieger zu ihr und sagte, seine Squaw sei ›viel krank‹. Da sie nicht wußte, wie schwer krank sie war, und sie auch nicht die Art der Krankheit kannte, dachte sie, eine kleine Dosis Rizinusöl könnte nicht schaden, und gab dem Indianer dieses Mittel für seine Squaw. Als sie am nächsten Tag den Krieger zurückkommen sah, erschrak sie ein wenig, weil sie befürchtete, ihre Arznei hätte nicht geholfen, doch die Worte des Kriegers beruhigten sie: ›Viel gut Medizin, zwei Papoose.‹

Eines späten Nachmittags sah Mrs. Campbell, wie drei Indianerfrauen auf ihren Laden zukamen, und da sie sonst ihre Tauschgeschäfte immer nur morgens machten, war sie ein wenig überrascht und bat ihren Mann, herauszufinden, was sie wollten. Er kam gleich darauf wieder zurück und sagte: ›Nicht ich, Weiße Schwester.‹ Als sie dann zu ihnen ging, sagten sie: ›Kommen sagen auf Wiedersehen‹, legten den Kopf auf die Hände, um auszudrücken, es würde eine Nacht vergehen, bevor sie zu Hause sein würden, und sagten: ›Ein Schlaf, nach Hause gehen.‹ Dann nahm eine Frau aus dem Oberteil ihres Kleides ein kleines Päckchen, öffnete es, holte einen kleinen goldenen Ring heraus und steckte ihn an Mrs. Campbells Finger. Dann drehten sie sich um und verließen den Laden. Und Mrs. Campbell sagte, nachdem sie das erzählt hatte: ›Worte können nicht ausdrükken, was dieser kleine goldene Ring für mich bedeutete; die Liebe und die Freundlichkeit in den Herzen dieser drei indianischen Frauen ist für mich eine sehr teure Erinnerung.‹«

Mit den Jahren verliefen die Begegnungen zwischen Pionieren und den verschiedenen Indianerstämmen nicht immer ruhig. Obwohl die Stämme, die über die östliche und zentrale Prärie zogen, im allgemeinen friedlich waren, blieben die nomadischen Stämme unversöhnlich. Am aggressivsten verhielten sich die Komantschen, die Arapaho, die

Kiowa und die Cheyenne. Stolz und kriegerisch weigerten sie sich, den Raub ihres angestammten Landes und das Abschlachten ihrer Büffelherden durch die Weißen hinzunehmen.
Die Indianer der Großen Ebene waren seit altersher Jäger und für ihren Lebensunterhalt auf den Büffel angewiesen. Denn das Tier lieferte ihnen nicht nur Nahrung, sondern auch Leder für ihre Kleidung und ihre Tipis, Fell für Teppiche und Decken. Jahrhundertelang boten die üppigen Weideländer der Great Plains ausreichend Futter für die riesigen Büffelherden. Am Anfang des 19. Jahrhunderts zogen schätzungsweise 30 Millionen dieser Tiere durch die Prärie, um 1850 waren es immerhin noch 20 Millionen, kaum zwanzig Jahre später existierte der amerikanische Büffel praktisch nicht mehr. Die Ausrottung des Büffels ist eins der traurigsten Kapitel in der Geschichte der Besiedlung des Westens. In der ersten Zeit der Kansas-Frontier schlachteten weiße Jäger ganze Herden auf einmal ab. Während die Siedler die Tiere für ihre Wintervorräte töteten, beschafften die professionellen Jäger, unter ihnen der berühmte Buffalo Bill Cody, das Fleisch für die Bautrupps der Eisenbahn und lieferten Felle für die kommerzialisierten Gerbereien.
Außerdem wurde die Büffeljagd im Laufe der Jahre ein beliebter Sport. Eisenbahngesellschaften warben für besondere Jagdausflüge, und hin und wieder wurden durchreisende Würdenträger ermuntert, auch einmal ihr Glück beim Büffelschießen zu versuchen. Sogar der Großfürst Alexis, der Sohn von Zar Alexander II., reiste 1872 nach Kansas, um diese begehrten Tiere zu erlegen.
Das Abschlachten der Büffel ging weiter, und die westlichen Stämme bemühten sich immer verzweifelter, ihr Land zu behalten. Gegen 1860 entlud sich die Feindseligkeit zwischen Weißen und Indianern in offenen Kämpfen. Zornige Indianer überfielen die Bautrupps der Eisenbahn und Grenzsiedlungen, während sich die Siedler vorsorglich zur Verteidigung rüsteten.
1864 richteten die Regierungstruppen am Sand Creek in Colorado unter den Cheyenne ein Blutbad an. Das war der Funke, der endgültig die kriegerischen Auseinandersetzungen entzündete. In den darauffolgenden Monaten und Jahren führten indianische Krieger einen erbarmungslosen Kampf gegen die Siedler von Westkansas. Reisende

auf dem Santa Fé und Smoky Hill Trail wurden angegriffen und ermordet, und viele Ansiedlungen in den Tälern des Solomon und des Saline River wurden geplündert und zerstört. Auf beiden Seiten gab es viele Tote und Verletzte.

Durch die häufigen Raubzüge aufgeschreckt lebten viele Pionierfamilien in ständiger Angst. Bei dem geringsten Gerücht über indianische Attacken in der näheren Umgebung bereiteten sie sich darauf vor, Leib und Leben und Hab und Gut zu verteidigen. Viele flüchteten in die am nächsten gelegenen Städte oder militärischen Forts, andere versammelten sich im Haus ihrer Nachbarn, um gemeinsam dem feindlichen Ansturm zu trotzen.

Lavinia Gates Chapman kam mit ihrem Mann und drei kleinen Kindern 1863 im Ottawa County an. In jenen frühen, unruhigen Jahren wurde ihr Heim oft eine Zuflucht für angstvolle Nachbarn. Sie erzählte:

»Die Indianer befanden sich wieder einmal auf dem Kriegspfad und kamen den Fluß herunter. Jeder fürchtete sich sehr. Mr. Kirkby und Mr. Falliber, die von uns aus gesehen auf der anderen Seite des Flusses wohnten, sagten: ›Die Indianer kommen, wir gehen am besten zum Erdhaus der Chapmans.‹ Und so nahmen sie das erst drei Tage alte Baby von Mrs. Kirkby, und Mrs. Falliber trug ein Kind auf dem Rükken und eins auf dem Arm, und so machten sie sich auf den Weg zum Fluß. Mrs. Falliber sagte zu den beiden Männern, sie sollten warten, bis sie die beiden Kinder auf das andere Ufer gebracht hätte und wiederkäme, um das Baby zu holen. Entschlossen watete sie in das Wasser und war schon fast hindurch, als sie ein Platschen hörte. Sie drehte sich um und sah, wie Mr. Kirkbys Kopf aus dem Wasser auftauchte. Da Mr. Falliber indianisches Kriegsgeheul vernommen zu haben glaubte, packte ihn dermaßen die Angst, daß er Mrs. Kirkby aufforderte, auf seinen Rücken zu steigen, und er trug das Baby in seinen Armen. Tapfer begann er, den Fluß zu durchqueren, und er hätte es sicher auch ohne allzu große Schwierigkeiten geschafft, doch sein Fuß verhedderte sich in irgend etwas, er stolperte, fiel und begrub das Baby unter sich. Aber sie rappelten sich wieder hoch und kletterten ans Ufer, naß bis auf die Knochen, doch niemand war ernsthaft verletzt. Als sie unser Erdhaus erreicht hatten, versorgte ich sie sofort mit trockenen Kleidern. Mrs. Kirkby steckte ich ins Bett und verabreichte ihr einen Ingwertee, bald ging es ihr wieder gut. Zum Schlafen breitete ich an jenem Abend Quilts auf dem Boden aus, und alle, die darauf Platz fanden, hatten ein Bett, während die Männer wachblieben und auf den Ansturm der Wilden warteten. Am nächsten Morgen machte ich Frühstück für zweiundfünfzig Personen.«

Obwohl die Chapmans und ihre Nachbarn diesmal ungeschoren davonkamen, löste später ein Feldlager von Hunderten von Kriegern in der näheren Umgebung wieder die üblichen Ängste aus.

An anderer Stelle berichtete Lavinia Chapman:

»Im Februar 1865 ging mein Mann mit einigen Nachbarn auf Büffeljagd, um neue Felle zu beschaffen ... Als sie am Morgen loszogen, fanden sie in der Gegend Indianerspuren. Sie wichen ihnen den ganzen Tag aus und schlugen abends ihr Lager am Spring Creek auf. Sie entzündeten ein Feuer, das gerade groß genug war, um Fleisch zu braten und Kaffee zu kochen. Alles schien ruhig und friedlich. Außer einem legten sich alle schlafen. Der beugte sich über die noch verbliebene Glut; das Feuer war inzwischen fast völlig ausgegangen. Da, horch! Im Gebüsch raschelte etwas, und ein Indianer bewegte sich auf sie zu. Er sammelte einige Zweige, legte sie auf die noch glimmenden Holzreste, fachte die Glut so lange an, bis die Flammen wieder aufloderten, und rieb sich die Hände über dem Feuer. Im Nu waren alle Männer wach. Der Indianer rieb sich weiter die Hände, reckte sich und stieß einen Kriegsschrei aus. White erzählte später, seine Haare hätten wie Borsten vom Kopf abgestanden. Die Männer des Lagers sagten dem Indianer, er solle das nicht noch einmal tun. Der beugte sich wieder über das Feuer, holte weitere Zweige und fachte die Flammen erneut an. Er rieb sich weiter die Hände und zitterte noch immer vor Kälte. Völlig unvermutet stieß er wieder einen Kriegsschrei aus. Da kamen die Indianer schnell und in großer Anzahl auf die weißen Männer zu, die sofort ohne Schuhe losliefen und Pferdegespanne und alles andere zurückließen. Die Indianer verfolgten sie nicht weit, da es zu dunkel war, sondern blieben bei den Gespannen.«

Als die Angriffe der Indianer immer häufiger und heftiger wurden, verfügte die Regierung eine intensivere militärische Überwachung des Gebiets. Daraufhin führten die Truppen der Armee einen erbarmungslosen Krieg gegen die kämpfenden Indianer, und zusätzliche

Militärfestungen wurden in Wallace, Hays, Harker und Dodge errichtet, um den belagerten Siedlern und den Männern, die die Eisenbahn bauten, einen größeren Schutz zu bieten.
Fort Wallace wurde 1867 an der westlichen Grenze des Staates am Smoky Hill River errichtet. Dieser abgelegene Vorposten konnte bis zu fünfhundert Soldaten auf einmal beherbergen. Im Sommer 1867 griffen dreihundert Cheyenne unter ihrem mutigen Anführer Roman Nose die Festung an. Die Kompanie G der Siebten Kavallerie stellte sich auf und stürzte sich in die Schlacht, doch die Regierungstruppen waren zahlenmäßig sehr unterlegen und erlitten schwere Verluste.
In jener Zeit arbeitete Lieutenant David B. Long, unterstützt von seiner beherzten Frau Harriet Sage Long, als Sanitäter auf der Krankenstation des Forts. Ihre Tochter, Cora Belle, berichtete später über die Anstrengungen ihrer Eltern an jenem tragischen Tag, als viele schwer verwundete Soldaten zur Behandlung und Versorgung gebracht wurden:
»Der Sommer 1867 war sehr kritisch, viele Überfälle wurden verübt. Die Indianer machten den Männern, die die Kansas Pacific Railroad bis Denver weiterbauen sollten, große Schwierigkeiten. Sie griffen im August die Station der Postkutschenlinie bei Pond Creek an, zweieinhalb Meilen westlich von Fort Wallace, und trieben die Pferde und Maulesel in die Flucht. Die Tiere rannten zum Fort und die Indianer ritten dicht hinter ihnen her.
Eine Kompanie der Siebten Kavallerie und einige Soldaten der Dritten Infanterie verließen die Festung, um sich den Indianern entgegenzustellen. Ein heftiger Kampf entbrannte, denn die Indianer waren vorzügliche Reiter und gut bewaffnet. Zahlenmäßig waren sie den Soldaten dreifach überlegen. Sie trieben die Männer ins Fort zurück und verwundeten und töteten dabei viele der Unsrigen.
Sergeant Williams von der Kompanie G wurde in der Schlacht von seinen Kameraden getrennt. Er bekam einen Schuß in den Kopf, wurde ausgezogen, ihm wurde das Herz herausgeschnitten, die Nase abgeschlagen, er wurde gevierteilt und skalpiert, und schließlich steckten sechzehn Pfeile in seinem Körper. Es war ein entsetzlicher Anblick. Bei drei anderen Männern hatten sich Pfeile in den Leib gebohrt, und die konnten nicht anders entfernt werden, als daß man sie

zuerst ganz durch den Körper schob, dann den Widerhaken löste und den Schaft herauszog. Zwei dieser Männer erholten sich wieder, aber es war unmöglich, den dritten zu retten.
Ein bedauernswerter Mann taumelte mit herunterhängendem Skalp ins Fort zurück – er hatte den Indianer noch töten können, bevor der mit seiner Arbeit zu Ende war. Der Skalp wurde wieder an die richtige Stelle gebracht, festgenäht und verbunden. Und es ist mir eine Freude zu berichten, daß alles gut verheilt ist, nur eine leichte Narbe blieb zurück. Mutter war zur Oberschwester ernannt worden und war bei der Versorgung dieser armen, leidenden Männer eine große Stütze.«
Neben ihren militärischen Maßnahmen setzte die Regierung ihre Verhandlungen mit den Stämmen fort. 1865 wurden am Little Arkansas River gleich nördlich von Wichita Friedensgespräche abgehalten. Nach hitzigen Debatten mit Hunderten von Indianervertretern wurden neue Verträge aufgesetzt, die die Jagdgründe der Indianer begrenzten und Reservate absteckten. Doch die Verhandlungen verringerten die Kämpfe und Überfälle kaum, und in den darauffolgenden Jahren wurden zweihundert Siedler getötet.
Im Oktober 1867 wurden die Friedensverhandlungen bei einem alten heiligen Ort der Kiowa wieder aufgenommen. Während die Regierungsvertreter mit den Häuptlingen der Komantschen, der Kiowa, der Arapaho, der Cheyenne und der Apachen berieten, hatten Tausende von Indianern in der Nähe ihr Lager aufgeschlagen. Die Indianer hatten das Sand Creek-Massaker noch längst nicht vergessen und warfen den Weißen vor, sie hätten sich Land und Wildbestände, die den Indianern gehörten, widerrechtlich angeeignet. Die Regierungsvertreter wiesen auf Verletzungen der geschlossenen Kaufverträge und auf die ständigen Feindseligkeiten der Stämme hin. Obwohl neue Vereinbarungen getroffen und unterschrieben wurden, nützten auch diese nichts. Die Übergriffe der Indianer ließen das Grenzgebiet auch 1868 nicht zur Ruhe kommen, und am Ende des Jahres war der Tod von weiteren zweihundert Siedlern zu beklagen.
In dieser Zeit befand sich Mitchell County im ständigen Aufruhr. Offiziell im Februar 1868 gegründet, wurde dieser Bezirk im Herbst desselben Jahres von Pionieren besiedelt. Bis zum nächsten Frühling

hatte sich die weiße Besiedlung vergrößert, und die ersten Ansammlungen von Hütten wurden entlang des Ufers des Solomon River errichtet.

Die Feindseligkeiten erreichten im Mitchell County während des Sommers von 1868 einen Höhepunkt, als ruhelose Banden von Cheyenne und Sioux die Hütten plünderten und die Siedler terrorisierten. Im August versammelten sich die Krieger in der Nähe der Mündung vom Plum Creek und Asher Creek, um ihren Angriff zu planen. Nach einem langen Palaver stürmten sie durch das Solomon River Valley und brachten die dort ansässigen Siedler dazu, sich zum Schutz zusammenzuscharen.

Am 12. August starteten die Indianer ihre erste Attacke. Es war ein typischer heißer Sommertag, und in dem klaren morgendlichen Sonnenschein konnte man meilenweit sehen. Zu diesem Zeitpunkt hatten sich die Familien Bell und Bogardus – sie gehörten zu den ersten, die sich in Mitchell County niedergelassen hatten – voller Angst in der kleinen Hütte der Bells versammelt. Bracken Bell, seine Frau Elizabeth und ihre einjährige Tochter Ella waren da und auch David Bell mit seiner Frau und seinen beiden Söhnen. Außerdem David Bells Nichten Esther und Margaret, die von Willow Springs zu Besuch gekommen waren. Jahre später berichtete Matthew Bogardus die Ereignisse jenes Tages einer Freundin, Carrie Gates McClintic.

Und sie erzählte dann später, was sie von ihm erfahren hatte: In den frühen Morgenstunden, als sich die einzelnen Familienmitglieder an ihre tägliche Arbeit machten, erschien plötzlich am westlichen Horizont eine riesige Staubwolke, die von Pferdehufen hervorgerufen wurde. Esther und Margaret Bell, die vor dem Haus spielten, beobachteten ängstlich, wie sich die Gestalten näherten. Es waren Indianer im Kriegsschmuck, mit der entsprechenden Bemalung, Kopfputz, Bogen und Speeren. Im schnellen Galopp kamen sie herangeritten. Entsetzt eilten die Mädchen in die Hütte, um ihren Onkel zu alarmieren.

Carrie McClintic schrieb: »Die Ereignisse überstürzten sich, als die Indianer das Blockhaus erreicht hatten! Bracken Bell und David Bell wurden sofort getötet. Bracken Bell hielt seine Tochter in den Armen, als er erschossen wurde, und die kleine Ella erhielt durch ein Messer

oder einen anderen scharfen Gegenstand eine Wunde am Kopf. Mr. Bogardus wurde von den Indianern zu Tode gepeitscht, nachdem er einen Schuß abbekommen hatte.
Die Indianer plünderten das Haus und nahmen alles mit, wonach ihnen der Sinn stand. Esther und Margaret Bell wurden zusammen mit der anderen Beute auf die Pferde geschnallt. Auch Mrs. Bogardus sollte auf ein Pferd gesetzt werden, doch der alte Hund verteidigte sie und verhinderte das. Da wollten die Indianer den Hund töten, was ihnen aber nicht gelang. Schließlich schrie Mrs. Bogardus: ›Soldaten‹, und das schien die Indianer in die Flucht zu schlagen. Mrs. Bell wurde noch auf ein Pferd gesetzt, doch als sich die Indianer mit ihr noch gar nicht weit vom Haus entfernt hatten, sprang Mrs. Bell wieder herunter und begann zurückzulaufen, wurde aber von einem Indianer erschossen.
Die Indianer – Esther und Margaret Bell befanden sich noch immer in ihrer Gewalt – überquerten den Fluß und ritten auf einen Hügel, wo sie beratschlagten. Anschließend zogen sie für den Rest des Tages weiter in Richtung Saline River, an dessen Ufer sie für die Nacht ihr Lager errichteten. Für Esther und Margaret stellten sie ein Tipi auf und legten Kleider auf den Boden, auf denen die beiden Mädchen dann schliefen.
Die Reise ging auch am dreizehnten weiter, aber am Nachmittag glaubten die Indianer, sie hätten Soldaten gesehen. Die Mädchen wurden von den Pferden heruntergeholt und bei einer Squaw zurückgelassen, während die Indianer die Gegend auskundschafteten. Gegen Abend erschienen sie wieder, nahmen die Squaw mit und ließen die beiden Mädchen allein in der Prärie zurück.
Esther und Margaret wanderten zum Fluß und fanden ein altes leeres Erdhaus. Dort blieben sie über Nacht, und am nächsten Tag hielten sie sich dicht am Fluß auf, wo sie von Nachbarn gefunden wurden.
Der Friedhof liegt auf der Westseite des Asher Creek. Acht Leute wurden da begraben: David Bogardus, Bracken Bell und seine Ehefrau Elizabeth – diese Personen wurden von den Indianern getötet; die anderen, die hier bestattet wurden, sind Benjamin Bell, Elizabeth Farrow und zwei Kinder, das eine von den Farrows und das andere von den Nicholas'. Dieser Friedhof ist der erste, der in Mitchell County

angelegt wurde; jetzt ist er mit einem Marmordenkmal ausgestattet, und ein sechs Fuß hoher Maschendrahtzaun umgibt das ganze Gelände.«

Die Cheyenne und die Sioux setzten ihre Angriffe den ganzen Herbst von 1868 hindurch fort. Eine Reihe von Überfällen in den anliegenden Cloud und Ottawa Counties verursachte überall in den Frontier-Gemeinden große Panik. Besonders der Raub von zwei jungen Frauen, Sarah White und Anna Brewster Morgan, löste Entsetzen aus.

Die erste der beiden Entführungen geschah am Granny Creek westlich von Concordia. Es war ein ruhiger Septembernachmittag, und Familie White war mit ihrer täglichen Arbeit beschäftigt. Mr. White befand sich auf dem Feld, während seine Frau und seine sieben Kinder sich um Haus und Garten kümmerten. Plötzlich erschienen wie aus dem Nichts vier stämmige Indianer. Sie betraten das kleine Blockhaus und baten die überraschte Hausfrau um Essen. Da Mrs. White die vier für friedlich hielt, ließ sie sich nicht lange bitten und bereitete ihnen ein herzhaftes Mahl.

Doch die Absichten der Indianer waren überhaupt nicht friedlich. Nachdem sie das Essen, das vor sie hingestellt worden war, verschlungen hatten, stürzten sie sich plötzlich auf ihre Gastgeberin. Zwei Krieger packten die siebzehnjährige Sarah, während die anderen auf ihre schreiende Mutter und Schwestern losgingen. Rasch wurde das Haus geplündert und die Einrichtung zerstört. Als Benjamin White seiner Familie zu Hilfe kam, wurde er kurzerhand umgebracht, und Sarah nahmen die Indianer als Gefangene mit.

Krieger der Sioux raubten Anna Brewster Morgan einen Monat später. 1872 erzählte sie die Einzelheiten ihrer Gefangennahme einer Nachbarin, Lavinia Gates Chapman: »Ich war eine junge Braut, und mein Mädchenname war Brewster. Mein Bruder und ich waren Waisen. Am 24. September 1868 heirateten Mr. Morgan und ich. Ich ging immer mit meinem Mann aufs Feld. Am Morgen des 23. Oktober herrschte dichter Nebel, und deshalb dachte Mr. Morgan, es bestünde keine Gefahr, und er sagte zu mir, ich könne im Haus bleiben und die Arbeit erledigen, die am dringendsten war. Als ich fleißig arbeitete, hörte ich plötzlich Pferdegetrappel und rannte zur Tür, um nachzuse-

hen, was los war. Unsere Pferde standen dicht an der Tür, schnaubten und blickten immer wieder zurück. Ich konnte nichts sehen und dachte, Mr. Morgan wäre womöglich etwas zugestoßen und er hätte noch die Pferde losschicken können. Ich holte das Zaumzeug, das an einer Ecke des Hauses hing, herunter und band mir meinen Revolver um. Dann bestieg ich ein Pferd, ließ die anderen folgen und machte mich auf die Suche nach meinem Mann.
Ich erreichte den Fluß, und die Luft schien rein. Ich lenkte das Pferd in das Flußbett und ritt dann das andere Ufer empor. Die Indianer hatten mich kommen sehen und drückten sich flach auf den Boden, bis ich mitten unter ihnen war. Plötzlich sprangen sie hoch und packten mein Pferd beim Zügel. Nun standen alle auf den Füßen, und es schien ein ganzes Regiment zu sein. Um mich wurde alles dunkel, und als ich wieder zu Bewußtsein kam, befand ich mich in einem seltsamen Land inmitten von Hügeln, und ich war auf meinem Pferd festgebunden. Bis zum Einbruch der Dunkelheit zogen sie weiter und schlugen dann ihr Lager am Ufer eines kleinen Flusses auf. Bald stieß eine weitere Gruppe von Indianern zu uns, die eine Miss White als Gefangene hatten, die sie irgendwo in der Nähe von Concordia geraubt hatten.
Dann brachten sie uns in ihr Dorf und ließen uns von einem Mann bewachen. Wir mußten kleine Arbeiten ausführen, wie zum Beispiel Holz für die angeseheneren Squaws vom Fluß hochholen. Wir gehorchten allen Befehlen und gewannen das Vertrauen der Indianer. Während der ganzen Zeit legten wir uns einen Vorrat an getrocknetem Büffelfleisch an, damit wir bei der ersten Gelegenheit, die sich uns bot, wieder in die Zivilisation zurückfliehen könnten.
Eines Tages kamen die Krieger vom Kriegspfad heim und hielten ein großes Palaver ab. Als im Lager tiefe Ruhe herrschte, krochen wir unbemerkt an den Wachtposten vorbei. Wir stießen auf den Indianerpfad und liefen um unser Leben. Wir liefen bis zum Morgen und versteckten uns dann an einem abgelegenen Ort, von dem wir beobachten konnten, wie die Indianer auf der Suche nach ihren beiden entkommenen Gefangenen den Weg hinauf- und hinunterritten. Als die Nacht hereinbrach, setzten wir unseren Marsch fort und machten immer so weiter, bis wir eines Morgens ein Licht auf einem Hügel erblickten und wußten, das mußte Fort Dodge sein. Wir hielten es für

besser, so lange zu warten, bis die Soldaten herauskämen, doch wir waren so begierig, ein weißes Gesicht zu sehen, daß wir gemeinsam beschlossen, weiterzugehen.
Es dauerte keine halbe Stunde, da hatten uns die Indianer wieder gefangengenommen. Ich wehrte mich mit aller Kraft und sagte, ich würde nicht zurückgehen. Aber dann packten sie mich mit Gewalt, peitschten mich aus und banden mich auf das Pony. Sie brachten uns in das Indianerdorf zurück und waren von nun an strenger mit uns und gewährten uns überhaupt keine Vergünstigungen. Und während wir uns an die harte Arbeit machten, hatten wir das Gefühl, wir würden unsere Freiheit nie wiedergewinnen.
Ein Indianerhäuptling machte mir einen Heiratsantrag, und ich nahm an und wählte so das kleinere von zwei Übeln; ich hatte mich damit abgefunden, nie wieder ein weißes Gesicht zu sehen. Mein indianischer Ehemann brachte mir, wenn er vom Kriegspfad zurückkehrte, viele Dinge mit, von denen er glaubte, sie würden mir gefallen. Nun bedienten die Squaws mich, sammelten Holz und legten es vor meiner Tür nieder. Mein indianischer Ehemann erwartete nur von mir, daß ich mich um sein Pferd kümmerte, wenn er vom Kriegspfad heimkam. Er warf mir immer sein Lasso zu, und ich pflockte sein Pferd an. Langsam lernte ich ihn sehr zu schätzen, weil er sehr gut zu mir war, und als man mir die Nachricht brachte, im Lager befänden sich zwei weiße Männer, wollte ich sie gar nicht sehen. Ich war überrascht, als mein eigener Bruder das Zelt betrat. Ich trug indianische Kleidung.
Die Regierungstruppen hatten fünf Indianerhäuptlinge gefangengenommen und wollten sie hängen. Nur unter einer Bedingung würden sie freigelassen werden, nämlich wenn ich und Miss White freigelassen würden. Die Indianer brachten den jungen Brewster und den jungen White in ihr Dorf, wo die beiden ihre Schwestern wiederfanden. Es gab da eine Menge Dinge, von denen ich nicht gesprochen habe. Wir wurden zum Fort zurückgeführt, wo die Frauen der Offiziere sich unserer annahmen und uns mit Kleidern aus ihrem eigenen Bestand ausstatteten. Dann wurden wir in unser früheres Zuhause zurückgeschickt. Nachdem ich zurückgekehrt war, schien mir das Leben hart, und ich habe mir oft gewünscht, daß sie mich nicht gefunden hätten.«

Anna Morgan schien ihre Zeit in der Gefangenschaft nicht vergessen zu können. Um die Dinge noch schlimmer zu machen, gebar sie nur wenige Monate nach ihrer ›Rettung‹ einen Sohn. Das Kind ihres indianischen Ehemanns starb im Alter von zwei Jahren. Anschließend schien sich Mrs. Morgan nur noch unglücklich zu fühlen.

Eine Bekannte, Emily Harrison, schrieb später: »Mrs. Morgans Geschichte ist traurig ... Miss White betrachtete die ganze Sache nach ihrer Rückkehr als ein gräßliches Ereignis, das glücklich überstanden war, verschaffte sich ein kleines Einkommen, indem sie ihre Geschichte interessierten Reportern erzählte und ihre Photographie verkaufte; sie heiratete einen guten Mann, und mit der Zeit verblaßten ihre Erinnerungen. Als die beiden Frauen zu ihren Familien zurückgekehrt waren, wurden sie von Zeitungsleuten und Schriftstellern bedrängt, einen Bericht über ihre Erlebnisse und ihre Porträts zur Veröffentlichung zu liefern. Mrs. Morgan weigerte sich, das zu tun ... Sie betrachtete es als eine Schande, und darüber zu reden, vergrößerte die Schmach nur. Ihr Bruder, Mr. Brewster, war der gleichen Ansicht. Mrs. Morgan war eine schöne Frau, hellblondes Haar, blaue Augen und ein zarter Teint. Sie lebte noch einige Jahre, aber ihr Geist verwirrte sich langsam, und mir wurde erzählt, sie sei in einer Irrenanstalt gestorben.«*

General George A. Custer schrieb in seinem Buch *My Life on the Plains* über die Entführung von Anna Morgan und Sarah White vom Standpunkt des Politikers: »Es waren Geschichten solcher sich wiederholender Greueltaten und die Geschichte dieser beiden Frauen besonders, die schließlich die Menschen in Kansas dazu zwangen, zu ihrer eigenen Verteidigung zu den Waffen zu greifen ... Die Leute waren in ihrer Entschlossenheit, die beiden Geiseln zu befreien und auch eine wohlverdiente Bestrafung zu vollziehen, so unbeugsam und besessen, daß Menschen aller Klassen gern ihre Arbeit niederlegten, um die Waffen gegen den traditionellen Feind der Frontier zu ergreifen.«

Die geraubten Frauen mögen unter den Siedlern einen richtigen

* Emily Haines Harrison, »Reminiscences of Early Days in Ottawa County«, Kansas Historical Collections, Vol. 10 (1907–8), S. 627–28

Kampfgeist entflammt haben, aber Anna Morgans Bericht und die Beobachtungen von Emily Harrison machen uns deutlich, wie komplex die persönliche Wahrheit der Gefangennahme wirklich war. Obwohl Emily Harrison die Melancholie, die Anna nach ihrer Heimkehr befiel, der »Schande« zuschreibt, gehen uns doch Annas eigene Worte nicht aus dem Sinn: »Ich habe mir oft gewünscht, daß sie mich nicht gefunden hätten.«

Um 1870 waren die Ebenen in Kansas ziemlich ruhig geworden. Die Militäraktionen von 1868 und 1869 hatten die feindlichen Indianer der westlichen Ebenen unterworfen. Ein Stamm nach dem anderen wurde gezwungen, sich den Anordnungen der Regierung zu beugen. In die Reservate des Indian Territory gedrängt, ergaben sie sich voller Trauer einer ihnen fremden Lebensweise. Als die letzten Stämme nach Süden getrieben wurden, schien das Ende der Überfälle sicher.

Doch im Herbst 1878 wurde die Aussicht auf einen ständigen Frieden in Westkansas plötzlich erschüttert. In der Nacht des 9. September erscholl ein letzter Kriegsschrei, als eine Gruppe von mehr als zweihundert Cheyenne aus ihrem Reservat bei Fort Reno ausbrach. Unzufrieden mit den schlechten Lebensbedingungen und den mageren Rationen, die von der Regierung geliefert wurden, waren sie entschlossen, in ihre Heimat in Dakota zurückzukehren. Angeführt von ihrem Häuptling Dull Knife zogen die ruhelosen Krieger mit ihren Squaws und Kindern nach Kansas hinein. Während des ganzen September durchquerten sie den Staat in nördlicher Richtung, plünderten, ermordeten Siedler und verbreiteten Angst und Entsetzen.

Aufgeschreckt schickten die Siedler verzweifelte Botschaften an die Regierung und baten um Waffen und militärische Unterstützung. Doch die Regierungstruppen, unter dem Befehl von General John Pope, erkannten nur allmählich das Ausmaß der Gefahr, und so gelang es ihnen nicht, auch nur einen der marodierenden Indianer während des einmonatigen Zuges durch den Staat gefangenzunehmen. Bevor die Indianer schließlich in der Nähe der Grenze zu Dakota überwältigt wurden, mußten vierzig Pioniere sterben, wurden viele weiße Frauen brutal mißhandelt und Sachschaden von ungefähr hunderttausend Dollar angerichtet.

3. Teil

Gesellige Menschen

Kindheit in der Prärie

Schulräume und Lehrerinnen

Die Frontier-Kirche

Kapitel 6

Gesellige Menschen

»Glauben Sie nur nicht, daß unsere ganze Zeit und alle unsere Gedanken mit den Problemen des Überlebens beschäftigt waren. Wir waren gesellige Menschen. Nie warteten wir aufs Vorstellen oder auf eine Einladung, um die Nachbarn zu besuchen. An jedem Tag oder an jedem Abend konnte ein Wagen mit Nachbarn beladen vor der Tür halten, und die Leute stellten sich dann selber vor. Und sie blieben mindestens den Tag über und meistens sogar die Nacht. Alle unsere Häuser waren klein, aber sie hatten die wunderbare Eigenschaft, größer zu werden, und ich habe nie gehört, daß jemand abgewiesen wurde, weil nicht genug Platz da war.«

Mary Lyon

Für die hart arbeitende Familie der Frontier brachte ein Besuch eine kostbare Zeit der Entspannung und der Geselligkeit. Während die Erwachsenen miteinander plauderten, ihre Notizen über Ernten oder Viehbestände verglichen oder Vertraulichkeiten austauschten, trollten sich die Kinder, um auf dem Hof zu spielen oder das Bett des nächstgelegenen Wasserlaufs zu erkunden. Am späten Nachmittag setzten sich alle zum Abendessen um den Tisch, und anschließend las man sich gegenseitig vor, sang zusammen oder erzählte sich Geschichten am Kamin.

Vorbeikommende Reisende waren ebenso willkommen wie Nachbarn. Eine Familie von neuen Siedlern, die bei Einbruch der Dunkelheit eintraf, wurde mit frischem Kaffee und einem frisch geschürten Feuer begrüßt. »Das Hauptgesetz des Landes war das der Gastfreundschaft«, schrieb Anna Biggs Heaney. »Keinem Fremden wurde je der Schutz verwehrt, den das kleine Blockhaus bot. Eine Büffeltalgkerze brannte die ganze Nacht in dem unverdunkelten Fenster, um einem glücklosen Wanderer den Weg zu Wärme und Schutz zu weisen. Und viele Male erfüllte es diesen menschenfreundlichen Zweck.

Eines Tages verbrachten zwölf Leute die Nacht in unserem Blockhaus. Zwei Präriewagen mit acht Personen wurden vom Blizzard überrascht, und nur die tiefen Radspuren hatten es dem Führer ermöglicht, einigermaßen auf dem Trail zu bleiben. Dieser Mann, er hieß Johnson, sagte, er wollte gerade aufgeben, als er das Licht unserer Blockhütte sah. Sie schafften es bis vor die Tür, und ein lautes Hallo brachte eine kräftige Antwort von innen. Weiterer getrockneter Büffeldung wurde in den alten Herd geschichtet, und bald aßen acht erschöpfte, frierende, hungrige und müde Frauen, Männer und Kin-

Fest zum 4. Juli in South Haven, Kansas, 1889

der Büffelsteak und tranken eine Art Kaffee, der aus geröstetem Mais und Sorghum gemacht worden war.

Mutter nahm ihren eigenen kleinen Sohn und die Frau mit dem Baby mit zu sich ins Bett. Die beiden anderen Männer und zwei der Kinder wurden im Rollbett untergebracht. Die beiden männlichen Besucher nahmen ihre Decken und brachten sie zu den Pappelholzbrettern, die über die Querbalken gelegt worden waren, um Lagerraum unter dem Dach zu schaffen. Vater hüllte sich in seinen Armeemantel und ein Büffelfell ein und legte sich neben den Herd, während die kleine Stella zufrieden auf dem Tisch schlief, wobei ihr ein Mehlsack als Kopfkissen diente. Und keiner der Hotelgäste brauchte nach dem Kellner zu klingeln, um Eiswasser zu bestellen, denn hin und wieder schickte ein Windstoß, der heftiger als gewöhnlich war, kleine Eispartikel durch die nicht verstopften Ritzen und besprenkelte die müden Schläfer.«

Obwohl die meisten Reisenden, die über Nacht blieben, nur die üblichen Familien auf ihrem Zug nach Westen waren, stellten sich ab und an auch unerfreuliche Personen ein. Kate Aplington schrieb: »Ich war den ganzen Tag allein und immer voller Angst, bösartige Vagabunden könnten mich belästigen. Ich besaß kein Gewehr, hielt aber immer eine Tasse Cayennepfeffer und ein Erntemesser in Reichweite. Ich wußte, damit konnte ich für jeden Landstreicher die Sache brennend interessant machen!«

Vertrauensvoller war Theoline Plummer, eine frühere Bewohnerin von Muscotah, die sich an einen verdächtig aussehenden Fremden erinnerte, der um ein Nachtlager bat:

»Eines Abends bei Einbruch der Dunkelheit kam eine große, unbeholfen wirkende Frau, die merkwürdig angezogen war und eine schwere Reisetasche trug, an unsere Tür und bat darum, im Haus übernachten zu dürfen. Sie sagte, sie sei allein und wollte sich nicht gern in einem Hotel einquartieren. Sie sah müde und von der Reise erschöpft aus. Ich lud sie ins Haus ein. Bald darauf bat sie um die Erlaubnis, sich schlafen legen zu dürfen. Als der Doktor (Theolines Ehemann) von seinen Visiten heimkehrte, dachte er, sie sei wohl eine seltsame Person, aber wahrscheinlich ganz in Ordnung. Mißtrauisch behielt sie ihre Reisetasche dicht beim Kopf, daß sie, falls nötig, sofort die Hand darauf legen konnte. Als wir am Morgen aufwachten, war sie verschwunden. Kurze Zeit später erfuhren wir, daß unsere seltsame Besucherin der berüchtigte Bandit Jesse James in Verkleidung gewesen war.«

Alte Freunde und Verwandte, die aus der ehemaligen Heimat im Osten kamen, wurden immer mit offenen Armen und echter Herzlichkeit empfangen. In ihrem Gepäck befanden sich Briefe und Päckchen, und dann berichteten diese Reisenden von den neuesten politischen Entwicklungen in der Heimatstadt, erzählten von Geburten, Heiraten und Todesfällen. Im Austausch unterhielt die Siedlerfamilie die Gäste mit Geschichten über ihr neues Leben und ihre neuen Freunde in Kansas.

Im Haushalt der Olivers war Verwandtenbesuch aus ihrer Heimatstadt im Staat New York häufig. Katherine Elspeth Oliver erinnerte sich: »Was für eine Freude war ihr Kommen. Was für eine Vorfreude, was für eine Aufregung, was für ein eifriges Pläneschmieden! Die Gäste wurden mit jedem Vergnügen und jeder interessanten Sache bekanntgemacht, und alles gefiel ihnen ohne Ausnahme großartig. Am schönsten waren die Abende. Unsere Eltern und Verwandten saßen da und erzählten von Leuten und Dingen ›dort im Osten‹ und Ereignissen der Vergangenheit und Gegenwart in diesem ›Stammeszen-

Ein Sommerpicknick. Mary Lyon schrieb: »Eine Zusammenkunft in Kansas war damals – so wie heute– ohne Essen nicht zu denken.«

trum‹, Fergusonville, wo es jeder aus der Verwandtschaft anscheinend einmal mit der Schule versucht hat. Wir Kinder wuchsen mit der Überzeugung auf, daß das frühere Heim unserer Eltern eine Art geringerer Himmel mit Persönlichkeiten und Segnungen gewesen sei, die alles bei weitem überragten, was unser Präriehaus bot.

Mein Vater war das Modell des geselligen Menschen und als Gastgeber wirklich unschlagbar. Meine Mutter war zwar zurückhaltender, aber die Seele der Gastfreundschaft, und ihre Bewirtung, trotz einiger neumodischer Ideen über richtige Kost, war berühmt. Besonders glücklich war sie mit ihrer Begabung für Musik. Sie hatte am Klavier eine umfassende Ausbildung erhalten und mit ihrem Gefühl und ihrem Talent für Musik war ihr Spiel ein Vergnügen, wie man es nur selten erlebt.

Eine deutsche lutherische Hochzeit

Ihre kleine Melodiumorgel, die in dem nicht gerade eleganten neuen Heim aufgestellt worden war, wurde zu einem Freudenquell für die Familie und auch für die Nachbarn. Sofort und mit unnachahmlicher Grazie erfüllte sie den Wunsch nach Musik, ob er nun von einem Verwandten, einem Kind oder einem ungehobelten Fremden, der unter unserem Dach die Nacht verbrachte und sich nach dem Trost und dem fast vergessenen Vergnügen der Musik sehnte, ausgesprochen wurde. ›Selbstverständlich‹, antwortete sie dann und setzte sich sofort auf den Stuhl vor dem Instrument (später war es ein wundervolles, neues Klavier aus Rosenholz, das den ganzen Weg von New York bis hierher gemacht hatte und herrlich roch).

Mutter spielte immer aus dem Gedächtnis. Sie spielte die schönen alten Melodien – die damals noch nicht so alt waren – wie ›Annie Laurie‹, ›Silver Threads Among the Gold‹ und andere, beliebte Lieder der Neger, in hübschen Arrangements – lustige Lieder, um die Kinder zum Lachen zu bringen, und Opernmelodien aus *Lucia di Lammer-*

Maskerade- und Tanzveranstaltung in Englewood, Kansas

moor, Der Troubadour und anderen. Sie spielte technisch ausgesprochen gut und auf eine ganz unverwechselbare Art.
Doch unsere Sonntagabende waren am schönsten. Mutter spielte dann, während wir in der einbrechenden Dämmerung dasaßen, bis es ganz dunkel war und die Lampen noch nicht angezündet wurden. Nachdenklich glitten ihre Finger über die Tasten und woben ein dichtes Muster. Wenn dann endlich Licht gemacht wurde, fand jemand die Kirchenlieder, und wir drängten uns um das Klavier und sangen.«

Eine bevorzugte Gelegenheit für nachbarliche Geselligkeit waren immer wieder Picknicks. Die Familien eines Ortes versammelten sich häufig zum gemeinsamen Essen am Samstagnachmittag oder nach dem Gottesdienst am Sonntag. Diese gemeinsam verbrachten Nachmittage waren für alle die Gelegenheit, neue Freundschaften zu schließen, Neuigkeiten auszutauschen und sich von der anstrengenden Arbeit während der Woche zu erholen. Mary Lyon schrieb: »Und dann das Essen! Eine Zusammenkunft in Kansas war damals – so wie heute – ohne ein Essen nicht zu denken. Wenn die Körbe ausgepackt waren,

Gemeinschaftlicher Ausflug in Clark County um 1890

gab es für alle mehr als genug; vielleicht war der Kuchen mit Sorghum gesüßt, der Kaffee womöglich mit Gerste oder Bohnen verlängert, aber Brot und Butter schmeckten gut, es gab Sahne für den Kaffee, gebratene Hähnchen, entweder Präriehuhn oder Haushuhn, köstlichen gekochten Schinken, verschiedene Arten von Pickles als Appetithappen, und ich kann mich nicht erinnern, daß irgendwann jemand keinen Hunger oder anschließend Verdauungsbeschwerden gehabt hätte.
Unser Anwesen erfreute sich für gesellige Zusammenkünfte besonderer Beliebtheit. Ganz in unserer Nähe lag am Fluß ein Hain, der zum Picknicken ideal war, und dann besaßen wir für Feste ein sehr praktisches Haus mit einem großen Raum – vierzehn mal sechzehn Fuß – und einem Fußboden, auf dem es sich herrlich tanzen ließ. Unsere Tür war nie verschlossen, und manchmal fand im Haus eine Geselligkeit und im Wäldchen ein Picknick statt, während die Gastgeber gar nicht zugegen waren.«
An Feiertagen wurden besonders gern gemeinsame Feste veranstaltet, und der 4. Juli, der Unabhängigkeitstag, wurde am fröhlichsten begangen. Wie eine Frau bemerkte: »Die Feiern zum 4. Juli wurden in jenen Tagen zum Treffpunkt für den ganzen Bezirk, an dem sich einmal im Jahr alte Freunde wiedersahen und neue gewonnen wurden und wo man neue Siedler im Bezirk willkommen hieß.« Überall in

Ein Besuch in Sheridan County

Kansas wurde von jedem Bezirk der Unabhängigkeitstag mit seiner eigenen Mischung aus patriotischen Zeremonien und unbeschwerten Vergnügungen gefeiert.

In der Regel begann der Tag mit Gottesdiensten oder mit Reden, die auf dem Dorfplatz gehalten wurden. Eine Parade folgte, eine sich windende Schlange aus Kindern und Erwachsenen, die zum Rhythmus einer Trommel marschierten und dabei, von einer Flöte begleitet, sangen. Häufig fanden sich Musiker zu einem Orchester zusammen, um den Festlichkeiten einen besonderen musikalischen Glanz zu verleihen. Unabänderlich war ein großes gemeinsames Essen für den Nachmittag geplant, und daran anschließend veranstalteten die Kinder aller Altersstufen Spiele und Wettrennen. In Harriet Walters Erinnerungen war der ganze Tag ein ununterbrochenes Vergnügen:

»Wir standen immer früh auf, denn wir wollten unbedingt das Salut hören, das in jeder Stadt bei Sonnenaufgang ertönte. Schießpulver wurde auf einem Amboß zum Explodieren gebracht, wenn die Stadt nicht über eine Kanone aus dem Bürgerkrieg verfügte. Dieses Salut konnte noch in einer Entfernung von vielen Meilen gehört werden, und wir lauschten aufmerksam auf das Knallen, das uns jetzt aus dieser Stadt erreichte und dann aus einer anderen.

In der Zwischenzeit wurden die üblichen Arbeiten erledigt, ein frühes Frühstück aufgetischt und ein Essenskorb vollgepackt. Vater spannte die Pferde ein, und sie hatten wirkliche Gespanne vor vierzig und fünfzig Jahren. Kleine Flaggen wurden an die Zügel geheftet und an den Wagen, das Geschirr wurde mit Flaggentuch geschmückt, und alle stiegen ein. Was war das für ein Tag. Jeder ging zum Fest. Man fuhr an einem Nachbarn vorbei oder wurde von einem Nachbarn überholt.

Wie freudig erregt waren unsere Herzen, wenn wir die Militärkapelle patriotische Lieder spielen hörten. Damals hörten wir nur selten Musik. Um elf Uhr begann eine Parade, die von einem Fahnenträger und einer Kapelle angeführt wurde. Darauf folgte ein Festwagen, auf dem sich so viele kleine Mädchen befanden, wie es amerikanische Staaten gibt, kleine Mädchen mit weißen Schärpen und rot-weiß-blauen Mützen, jedes von ihnen repräsentierte einen Staat. Vor ihnen, die Flagge in beiden Händen, stand das schönste Wesen der Erde – die Göttin der Freiheit –, ganz in Weiß, mit einer silbernen Sternenkrone auf ihrem Kopf, und ihr langes Haar wehte im Wind. Sie sangen ›Amerika‹ und ›Star Spangled Banner‹. Ist es da ein Wunder, daß unsere Herzen vor Begeisterung überflossen und wir stolz auf unser Land und voller patriotischer Gefühle waren?

Mittags wurde dann das Essen aus den Körben geholt und aufgetischt. Nachbarn und Bekannte versammelten sich in Gruppen, und um zwei Uhr schlenderten alle zu der aufgebauten Bühne, um das ›Programm‹ mitzuerleben. Wieder spielte die Kapelle, und man sang. Ein kleines Mädchen sagte ein paar Worte, und dann eskortierte die Militärkapelle Richter Brown zur Bühne, und er hielt seine Ansprache. Gegen fünf Uhr gingen wir dann alle nach Hause, müde, aber glücklich.«

Die Feiern zum 4. Juli dauerten oft bis zum Abend. Viele Gemeinden leisteten sich ein Feuerwerk, um die abendlichen Festlichkeiten richtig zu beginnen. Anschließend folgte gewöhnlich eine Tanzveranstaltung in einer offenen Scheune, in einer Schule oder einem Hof. Und da alle jungen Leute mitmachten, tanzte man bis tief in die Nacht hinein.

Anna Evans Carlton erinnert sich: »Das erste Unabhängigkeitsfest am 4. Juli, für das in unserem Teil von Kansas regelrecht geworben wurde, fand in Douglass, South Butler County, statt, und ich sehe alles noch genau vor mir. Die Plakate, die das große Ereignis ankün-

digten, waren handgeschrieben, nicht wie heute gedruckt, und lasen sich so:
Ein großer 4. Juli 1871 in Douglass, alle sind eingeladen, man bringe volle Körbe und Kübel mit. Ein prominenter Redner wird anwesend sein, der über die große Zukunft sprechen wird, auf die das südliche Kansas blickt. Am Abend großes Feuerwerk. Himmelsraketen und andere Feuerwerkskörper werden die Nacht erleuchten! Außerdem wird eine Gruppe von Osage-Indianern und Cowboys dazu beitragen, das Programm interessant zu gestalten. Nach dem Feuerwerk wird ein großer Ball stattfinden, es spielen die ›Hatfield Brothers‹.«

Im Frontiergebiet waren besonders Hochzeiten eine sehr gute Gelegenheit zu nachbarlichen Freudenfesten. Wenn möglich, wurde die Trauung in der örtlichen Kirche von einem Pfarrer abgehalten; war kein Geistlicher verfügbar, fand die Zeremonie im Haus der Braut statt. Der örtliche Friedensrichter oder der Richter vom jeweiligen Kreisgericht schloß die Ehe, während Freunde und Verwandte, auf engstem Raum zusammengedrängt, zuschauten. Anschließend wurden die Frischvermählten und ihre Gäste auf die typische Pionierart mit Musik, Essen und Tanz unterhalten.
Obwohl die Mittel sehr beschränkt und deshalb opulente Hochzeitsfeiern selten waren, schafften es die Pionierbraut und ihre Familie immer, für das Nötigste zu sorgen. Jessie Hill Rowland beschrieb eine solche ›hausgemachte‹ Hochzeit, bei der ihr Vater als örtlicher Friedensrichter die Zeremonie durchführte:
»Mein Vater wurde gebeten, eine Trauung in einem Haus, das zehn Meilen von unserem entfernt lag, abzuhalten, und meine Mutter wurde eingeladen, auch daran teilzunehmen. Als sie an dem Bestimmungsort ankamen, wurden sie sechs Stufen hinunter in ein Erdhaus geführt, wo die Mutter der Braut das Festmahl vorbereitete. Das ganze Haus besaß nur einen Raum, und das Mobiliar bestand aus zwei altersschwachen Stühlen, einem Lattenbett, einem Brettertisch, einer kurzen Bank und einem Herd. Über der Tür hing eine Tafel mit der Aufschrift: ›Gott segne unser Heim‹.
Es gab keinen richtigen festen Fußboden, und eine Ecke des Raumes war durch ein Laken abgeteilt. Braut und Bräutigam hatten sich da-

hinter gestellt, offensichtlich glaubten sie, der Anstand gebiete es, erst kurz vor der Zeremonie zu erscheinen, aber der verfügbare Platz war so gering und das Laken so kurz, daß einen das ganze Bild an einen Strauß denken ließ, der sich unsichtbar zu machen sucht, indem er den Kopf in den Sand steckt.

Mrs. Brown, so wollen wir sie einmal nennen, mahlte gerade etwas in ihrer Kaffeemühle, erhob sich dann aber, um ihre Gäste mit der ganzen Würde einer First Lady zu empfangen. Sie stellte einen Stuhl für meine Mutter hin und den zweiten für meinen Vater und nahm selbst auf der Bank Platz und drehte dann weiter die Kurbel der Kaffeemühle. Bald darauf trafen einige Nachbarn ein, und zum vereinbarten Zeitpunkt kamen Braut und Bräutigam Arm in Arm hinter dem provisorischen Vorhang hervor und traten vor meinen Vater hin. Alles wurde ruhig, und er sprach die Worte, die sie verbanden.

Bald darauf setzten sich alle zum Hochzeitsmahl. Das Laken, das die Ecke von dem übrigen Raum abgeteilt hatte, wurde heruntergenommen und als Decke über den Tisch gebreitet. Mrs. Browns Anstrengungen mit der Kaffeemühle hatten einen köstlichen Kaffee hervorgebracht, der aus getrockneten Möhren gemacht worden war. Es gab sieben verschiedene Arten von Sauce, deren Grundlage aus auf sieben verschiedene Arten zubereiteten wilden Pflaumen bestand. Der Rest des Menus war ziemlich einfach: Brot und Butter und gebratenes Schweinefleisch. Der Tisch wurde dicht ans Bett gerückt, und drei Leute saßen auf dieser Seite, drei weitere Personen auf der Bank. Die beiden Stühle waren besetzt, und zwei oder drei Fässer vervollständigten die Zahl der Sitzgelegenheiten.

Nach dem Essen nahm der Bräutigam meinen Vater zur Seite und bat ihn, als Bezahlung für die Durchführung der Zeremonie einige Kartoffeln anzunehmen. Damit war er sofort einverstanden und kehrte nach Hause zurück.«

Für alle, abgesehen von den puritanischsten Pionieren, war Tanzen ein sehr beliebter Zeitvertreib. Zu jeder Nachbarschaftszusammenkunft, jeder Hochzeitsfeier und jedem Einweihungsfest schienen stundenlanges Walzertanzen und Square Dance zu gehören. Außer-

dem wurden besondere Gemeindetanzveranstaltungen regelmäßig abgehalten – zum großen Vergnügen aller jungen Paare.
Annie Gilkeson schrieb: »Während der fünf Jahre, die wir auf der Farm gelebt haben, hat es nicht einen Gottesdienst in der Stadt gegeben, soweit ich mich erinnere, aber ich erinnere mich an die Tanzveranstaltungen, die häufig abgehalten wurden und zu denen ich manchmal hingehen durfte. Dort lernte ich die einzelnen Figuren und auch die Virginia Reel, die mir am meisten Spaß machte.«
Bei den meisten Tanzveranstaltungen ging ein Spendenteller herum, damit man den örtlichen Fiedler, der für diesen Abend engagiert worden war, bezahlen konnte. Mit seinem Bogen gab der Fiedler den Männern ein Zeichen, sie sollten ihre Partnerinnen wählen, und dann begann der Tanz. Meistens wurde er mit einem Marsch eröffnet, dann folgte eine endlose Reihe von Polkas, Virginia Reels, Walzern und Square Dances. Während der Ansager die Tänzer durch die wirbelnden Schritte führte, schlugen die Zuschauer den Takt mit den Füßen und klatschten im Rhythmus der Musik. Riesige Gefäße mit Punsch und Platten mit Kuchen und Plätzchen standen zur Erfrischung der Gäste bereit, und so konnte man bis tief in die Nacht hinein weitertanzen.
Gertrude Burlingame erinnerte sich an die Zeit in Topeka, das damals gegen 1860 eine kleine, verschlafene Stadt war: »Die einzigen Vergnügungen waren einige kleine Tanzveranstaltungen, die von den Damen der Episkopal-Kirche organisiert wurden, und wir trafen uns in einer alten Steinhalle, deren Wände so feucht waren, daß das Wasser in kleinen Rinnsalen an ihnen herunterlief. Die Sitzgelegenheiten bestanden aus Balken, die am Rand des Raumes aufgestellt waren. Und da ein großer Mangel an Damen herrschte, erlaubte man uns nicht, Mauerblümchen zu spielen, und so hatten wir viel Spaß. Wir tanzten Kotillon und die Virginia Reel, und zu diesem Zeitpunkt hatten wir noch nicht gehört, wie unmoralisch das sein sollte und daß wir alle der sicheren Verdammnis anheimfallen würden.«
Das Jahr 1864 war ein Schaltjahr und bot somit den Frauen von Topeka einen guten Grund für eine Party. Auf diesem Fest geschah etwas Merkwürdiges, als eine Frau namens Ann in einem sehr bedenklichen Zustand erschien. Gertrude Burlingame erzählte: »Es gab da eine

Frau unter uns, die eine Pension führte und mehrere kleine Kinder hatte. Sie war großzügig und gutherzig, wie man es sich nur wünschen kann, beachtete aber die bei uns üblichen Regeln des Anstands nicht so peinlich genau, wie wir es gerne gesehen hätten. So hofften wir, sie würde nicht zu dieser Gesellschaft kommen wollen, und in ihrer Gegenwart erwähnten wir die geplante Veranstaltung nicht und hofften, sie würde nichts davon erfahren, aber als wir unsere letzten Vorbereitungen trafen, kam Ann voller Begeisterung über die Sache hinzu und erklärte, sie würde einen gebratenen Truthahn beisteuern usw. Wir fühlten uns ziemlich unwohl und brachten kein Wort heraus.

Die Party begann, und eine der ersten auf der Tanzfläche war Ann. Sie trug ein schwarzes Seidenkleid mit Rüschen bis zur Taille, und um die Hüfte war ein schwarzes Tuch geknotet, das vorn herunterhing; sie sah sehr hübsch aus, aber wir beobachteten sie voller Sorge. Sie verpaßte keine Tour. Um zwölf Uhr mußte ich nach Hause und es den anderen überlassen, das Mittagessen zu servieren, da ich meine kleine Tochter schlafend in der Obhut von Col. Holliday zurückgelassen hatte.

Als ich wiederkam, war das Mittagessen aufgetragen worden, es wurde getanzt, und Ann war natürlich dabei. Sie absolvierte gerade einen Kotillon und begann den nächsten, als ich bei den Paaren, zu denen sie gehörte, ein erregtes Durcheinander bemerkte; Ann machte sich auf die Suche nach ihrem Ehemann. ›Wo ist Sam?‹ fragte sie überall, und mehrere Männer hielten nach ihm Ausschau und fanden ihn schließlich schlafend in einer Ecke hinter dem Ofen.

Sie kamen heil nach Hause, und nachdem Sam das Feuer angefacht hatte, holte er den Doktor, aber der kleine Kerl wartete nicht auf einen Arzt, um auf die Welt gebracht zu werden, sondern erschien ohne große Umstände. (Der kleine Bursche entwickelte sich zu dem klügsten und intelligentesten Jungen, den man je gesehen hat.) Mrs. Holliday, die mit ihnen gegangen war, kehrte in weniger als einer halben Stunde zurück und berichtete von der Ankunft des neuen Erdenbürgers. Wir dachten, wir könnten es für uns behalten, aber irgendwie gelangte die Kunde doch zu den Männern, und bald ertönte überall in der Halle Gelächter.«

Improvisierte Parties waren immer als Abendunterhaltung beliebt.

Ein Dutzend oder mehr junge Leute kamen zusammen und planten einen Überraschungsbesuch bei einem Nachbarn. Sie packten Körbe mit Essen und Getränken voll, stiegen in ihre Pferdewagen und fuhren übers Land.

»Überraschungsparties waren häufig«, erklärte Mary Lyon. »Eine oder sogar zwei Wagenladungen voller Leute brachen plötzlich für einen Abend in ein Haus ein. Wenn die Kinder schon im Bett lagen, brauchte man ein paar Minuten, um sie wieder hinauszuexpedieren, das Bett zusammenzuklappen, und dann begann die Feier. Die Leute wurden durch die Melodien einer Geige in Schwung gebracht, die ein Könner spielte, der tagsüber ein Schmied war; und vielleicht begleitete ihn auf der zweiten Geige ein junger Farmer. Obwohl niemand Abendkleidung trug, glaube ich doch, daß alle nicht weniger fröhlich als eine heutige Gesellschaft in einer modernen Umgebung waren.«

An schönen Tagen war ein Ritt über die weite Prärie ein beliebter Zeitvertreib. Freunde, die sich am Nachmittag besuchten, bestiegen oft ihre Pferde, um einen flotten Ausritt ins Land zu unternehmen. Die Frauen, die gewöhnlich im Damensitz ritten, waren genauso tüchtig wie die Männer, und ein schneller Galopp war auch nach ihrem Geschmack.

»Unsere ganze Freude war Reiten!« schrieb Catherine Cavender. »Wie die Wilden jagten wir über die Prärie, und der Wind färbte unsere Wangen mit dem Rot der Natur! Die Frauen und Mädchen des Westens waren hervorragende Reiter, und eine der besten und anmutigsten unter ihnen war damals Mrs. A. D. Gilkeson. Ich wage nicht zu sagen, was die heutigen Großmütter damals auf dem Rücken der Pferde alles anstellten, sonst ahnt man womöglich, daß Großmutter nicht ganz so schüchtern und rückständig war, wie sie es einen glauben machen möchte.«

Tanzen, Reiten und Picknick waren keinesfalls die einzigen Arten des Vergnügens. Jäger jagten alles, angefangen bei Enten und Gänsen bis zu Coyoten und Büffeln, und gelegentlich versuchten dabei auch Frauen ihr Glück. Im Winter fuhr man im Schlitten über verschneite Felder, machte Bonbons in warmen Küchen oder veranstaltete Buchstabier-Wettbewerbe im örtlichen Schulhaus. Literarische Gesellschaften bildeten sich und boten wöchentliche Diskussionen, Rezitationsabende, Gesangsvorträge und Aussprachemöglichkeiten für die Bürger einer wachsenden Gemeinde. Laientheatergruppen führten Stücke im Haus der Ortsverwaltung oder in der Schule auf und boten alles von frechen Satiren bis zu Shakespeare-Tragödien.

»Jene Leute, die noch nie in einem neu eroberten Land gelebt haben«, schrieb eine Frau, »neigen zu dem Glauben, daß so ein Leben voller Entbehrungen und ohne Vergnügen ist, aber es liegt eine besondere Faszination darin, und alle können nur ehrlich sagen, daß sie glücklich, gesund und zufrieden sind.«

Kapitel 7

Kindheit in der Prärie

»Als ich noch ein Baby war, kamen wir nach Butler County und gehörten damit zu den frühsten Siedlern. Und darum drehen sich meine Erinnerungen an die Pionierzeit. Meine Erinnerungen müssen kindliche Erinnerungen sein, denn ich bin mit diesem Land großgeworden, und bevor ich erwachsen wurde, trug das Land schon die Früchte der Pioniersaat.«

Myrtle Lobdell Fogelburg

Kinder wurden in der Pionierfamilie besonders geschätzt, weil Verwandte und ehemalige Freunde in der früheren Heimat zurückgeblieben waren und man nun ziemlich isoliert lebte. Da sie leicht lachten, brachten sie so auch in schwierigen Zeiten Fröhlichkeit; mit ihrer Energie sorgten sie für Leben im Haus, und mit ihrer wachsenden Stärke übernahmen sie einen Teil der anfallenden Arbeit. Alles in allem garantierten sie Kontinuität und Sicherheit. Eine Mutter schrieb: »Ich erinnere mich an die Geburten der letzten drei Babys, und jedesmal dachte ich: ›Das ist das schönste von allen‹, und nach der Art und Weise zu urteilen, wie sie in den Kreis der Familie aufgenommen wurden, hätte jeder andere das gleiche gesagt.«

Im allgemeinen war die Familie groß. Ein Haus mit sechs bis zwölf Kindern war nicht ungewöhnlich, und die hohe Sterblichkeitsrate in dem Frontiergebiet brachte viele Eltern dazu, ein verlorenes Kind durch ein weiteres zu ersetzen. Von einem praktischen Standpunkt aus gesehen bedeutete die Arbeitskraft von zwei neuen Händen größere Unabhängigkeit der Familie.

Für alle Kinder, gleich welchen Alters, war die tägliche Arbeitslast körperlich sehr anstrengend und kostete einen großen Teil ihrer Zeit. Die Jüngeren mußten Wassereimer schleppen, Büffeldung einsammeln und wilde Früchte pflücken. Wenn sie älter wurden, halfen sie beim Pflügen und Säen, beim Aufstellen von Zäunen und beim Hausbau und beim Fallenstellen für kleinere Tiere.

Im allgemeinen bestimmten die traditionellen Vorstellungen über die Geschlechter die Arbeitsteilung. Während die Mädchen ihren Müttern bei den üblichen Hausarbeiten halfen, gingen die Jungen ihren Vätern bei der Feldarbeit zur Hand. Doch diese Rollen waren nicht

»Ich half meinem Vater auf der Farm und lernte ziemlich gut, die entsprechenden Arbeiten zu verrichten, denn für ein Mädchen war ich ziemlich stark«, schrieb Mary Alice Zimmerman.

völlig festgelegt. Wenn sich die Notwendigkeit ergab, übernahmen auch die Mädchen, wie ihre Mütter, schwere Feldarbeit. Außerdem suchten in schwierigen Zeiten Söhne wie Töchter Anstellungen auf den benachbarten Farmen oder in den nahegelegenen Städten, um der Familie ein zusätzliches Einkommen zu verschaffen.

Als Kind half Mary Alice Zimmerman ihrem Vater regelmäßig bei den anstrengenden Arbeiten auf der Farm. Sie schrieb: »Ich kann mich noch sehr gut an die Mühsal der ersten Tage erinnern. Der Boden war noch jungfräulich, er mußte urbar gemacht werden. Mit den einfachen Mitteln der damaligen Zeit war das ein langwieriger Prozeß, aber die Frauen trugen ihre Hälfte der Last.

Ich half meinem Vater auf der Farm und lernte ziemlich gut, die entsprechenden Arbeiten zu verrichten, denn für ein Mädchen war ich ziemlich stark. Schon bald wollte ich, wenn möglich, mein eigenes Gespann haben. Ich habe immer die weite, freie Natur geliebt, und ich glaube, es war ebensosehr mein eigener Wunsch wie eine Notwendigkeit, daß ich die meiste Zeit draußen auf dem Feld mit Vater gearbeitet habe, während die jüngeren Schwestern der Mutter im Haus halfen. Aber es machte mir auch viel Spaß, mit Mutter zu arbeiten, und mir gefiel die Art, wie sie ein Heim schuf.

Eines Tages schickte mich Vater los, entlang der Hecke die bohnengroßen Samen der Rizinuspflanze in den Boden zu stecken, um die Maulwürfe fernzuhalten. Er übergab mir ungefähr eine Gallone Samen und einen angespitzten Stock. Wenn ich jetzt daran zurückdenke, sollte es wohl die Arbeit für einen ganzen Tag bedeuten; doch dank meiner Unwissenheit fand ich heraus, daß ich den Stock tief in die feuchte Erde drücken und so eine Menge Samen in einem Loch unterbringen konnte. Und auf diese Weise schaffte ich meine Arbeit in kurzer Zeit. Nie werde ich das seltsame Lächeln auf seinem Gesicht vergessen, als ich mit meinem leeren Sack zurückkam.«

Auf dem Anwesen ihrer Familie in McPherson County wurden die junge Bessie Felten Wilson und ihr Bruder Bernard damit beauftragt, die Schweine zu hüten. Bessie erinnerte sich: »Eines Sommers, als mein Vater eine Herde von fünfundzwanzig oder dreißig Ferkeln hatte und keinen Mais, um sie zu füttern, trieben mein Bruder und ich sie auf dem Farmgelände herum, damit die Tiere alles finden konnten, was sich für ein Schwein zum Fressen eignet. Nach der Weizenernte trieben wir sie auf das Stoppelfeld. Wie müde waren wir manchmal, und wie wund machten die Stoppeln unsere Füße! Wir gaben den Sauen Namen, und ich versuchte meinem Bruder einzureden, sie würden miteinander sprechen, wenn sie grunzten, und da ich ihr Schweinelatein verstand, übersetzte ich ihm ihr Gespräch. Wenn diese Schweine dann verkauft wurden, wurden wir für unsere Mühe belohnt und bekamen jeder einen Sattel, den Vater für uns bei Montgomery Ward & Co. bestellt hatte.«

Bei den Mitchells kümmerten sich die sechs fleißigen und körperlich kräftigen Töchter um den größten Teil der täglichen Farmarbeit. Bei

Zwei Schwestern
in gleichen Kleidern

ihrer Rückschau traten jene arbeitsreichen Jahre auf dem Anwesen der Familie lebendig vor Margaret Mitchell Womers geistiges Auge: »In unserer Familie waren wir neun Kinder, sechs Mädchen und drei Jungen, und da die Mädchen älter waren und mein Vater nicht über viel Kraft verfügte, fiel die harte Arbeit des Pionierlebens auf uns Mädchen. Wir stellten Fallen am Ufer des Republican auf und fingen Wölfe, Dachse, Rotluchse und Stinktiere. Wilde Truthähne waren damals noch sehr zahlreich, und wir fingen sie manchmal mit Fallen.
Wir hatten sehr interessante und aufregende Erlebnisse mit einigen Tieren, die wir gefangen hatten. Eines Tages waren eine meiner älteren Schwestern und ich draußen und sahen nach unseren Fallen, und wir entdeckten, daß ein großer Rotluchs, der sich darin verfangen hatte, mitsamt der Falle auf einen Baum geklettert war. Ich blieb an Ort und Stelle und beobachtete ihn, während meine Schwester nach Hause ging und ein Gewehr holte. Dann erschoß sie ihn. Ein anderes Mal

Ein kleiner Wagen, der von Truthähnen gezogen wird.

töteten wir eine Wölfin und fingen anschließend ihre vier Jungen, die auf der Suche nach ihrer Mutter in ein flaches Wasserloch gefallen waren. Eine meiner Schwestern kam von einer Besorgung auf der anderen Seite des Flusses zurück, als sie sah, wie fünf große Wölfe einen verwundeten Büffel jagten. Sie setzten sich auf die eine Seite des Weges und beobachteten, wie meine Schwester vorbeiging, machten aber keinen Versuch, ihr etwas anzutun. Wir haben viele große Büffelherden gesehen, wenn sie zum Trinken zum Fluß kamen, und hin und wieder gelang es uns, einen Büffel zu schießen.

Unser Haus war aus Baumstämmen gebaut, und alle Mädchen halfen bei der Errichtung. Die Höhle haben wir allein gemacht, und wir waren mit Recht stolz auf unser Werk, denn niemand in unserer Nachbarschaft besaß etwas Besseres.

Wir stellten Essig und Melonensaft her, und wir zapften Eschenahornbäume an, um den Saft zu gewinnen, aus dem wir Sirup machten, und der war wirklich sehr gut. Wir hatten auch immer Stinktierfett vorrätig, falls unter den jüngeren Kindern Krupp (eine gefährliche Art von Kehlkopfdiphtherie) auftrat. Im Fluß schwammen eine Menge

Bruder und Schwester posieren für die Kamera, in Meade, Kansas, 1896

Fische, und meine Schwester und ich wurden ganz geschickt darin, sie zu fangen.

Manchmal waren auch unangenehme Dinge zu erledigen, doch wir dachten nie daran, ihnen auszuweichen. Wir besaßen eine Colliehündin, die die ganze Familie sehr liebte, doch da sie zuviele Junge bekam, wurde beschlossen, sie loszuwerden. Es war für uns Mädchen ein großes Problem, sie zu töten. Wir dachten, wir könnten sie nicht erschießen, und so fiel uns nur diese Methode ein: Wir brachten sie zu einer Klippe am Flußufer, banden ihr einen Strick um den Hals, dessen anderes Ende wir an einem Baum befestigten. Dann gaben wir ihr einen Stoß und rannten nach Hause. Das Entsetzliche der ganzen Sache habe ich immer noch nicht vergessen.«

Eine Kindheit in der Prärie bedeutete lange Arbeitsstunden, aber auch Zeit zum Spielen – obwohl in einer Welt, in der Armut und Entbehrung herrschten, Kinderspielzeug ein ungewohnter Luxus war. Die meisten Pionierkinder besaßen nicht die bekannten Porzellanpuppen, Zinnsoldaten oder hölzerne Kreisel. Statt dessen lernten sie, ihre Phantasie zu benutzen und mit den wenigen, verfügbaren Dingen auszukommen. Büschel von Präriegras wurden zu Spielzeugkronen geflochten, Beeren wurden zu Halsketten aneinandergereiht, alte Zweige wurden zu Puppen oder Pfeifen zurechtgeschnitzt. Hannah Darrah erinnerte sich: »Wir Kinder spielten gern auf dem lehmigen Boden des Flußufers. Wir wurden sehr geschickt darin, aus diesem Lehm Teller, Puppen und ganze Tierherden zu formen, und dabei hatten wir genausoviel Spaß wie die heutigen Kinder mit ihren Puppen, die ›Mama‹ schreien.«

Drinnen im Haus bot eine alte Kleidertruhe oder ein Schrank mit Küchensachen immer großartige Schätze. Nellie Goss erzählte: »Eine der schönsten Erinnerungen aus meiner Kindheit ist die an die alte braune Truhe auf dem Speicher – und wie machte es mir als Kind Spaß, darin herumzuwühlen. Unzählige nutzlose Dinge lagen darin, aber Mutter sammelte wie ein Eichhörnchen alles und hob es auf – wie die meisten Frauen damals. In der Truhe fanden sich Talismankettchen, eine Schmuckkassette mit einigen Schmuckstücken darin, ein braunes Babymützchen aus Seide, eine blauweißkarierte Schachtel, die ein Stück versteinerten Hochzeitskuchen enthielt, eine unerschöpfliche Menge an Spitzen und Spitzenmustern, Poesiealben, Daguerreotypien und so weiter.«

Auf der Präriefarm gab es immer eine Menge Haustiere, die damals den Kindern genausoviel Spaß machten wie heute. Myrtle Lobdell Fogelburg schrieb: »Meine allererste Erinnerung daran ist, wie ich einer Ente auf einem sonnigen Hügelhang nachjage, ist das Quackquack, wenn sie meinen ausgestreckten Händen wieder entkam, und die fröhliche Art, wie sie zu anderen Zeiten heranwatschelte und sich in meinen Schoß setzte oder sich neben mir niederließ. An diese Ente habe ich in späteren Jahren sehr oft gedacht, wenn ich gesehen habe, daß jemand irgend etwas zu heftig begehrte.

Ein anderes Bild, das aus meiner Erinnerung an die Kindheit hervorragt, ist das von jungen Kätzchen, die wie Eichhörnchen über die Äste eines umgestürzten Baumes tollten, der vom nahegelegenen bewaldeten Flußufer als Brennholz zum Haus gebracht worden war.«

Ein üppiges Prärie-Weihnachten

Andere Tiere waren nicht so reizend wie Enten und Kätzchen. Clara M. Barber Hunt erinnerte sich an folgendes: »In den Pioniertagen wurden wir nicht von Ratten belästigt, aber Mäuse gab es eine ganze Menge. Da ich die Jüngste der Familie war, bat ich meinen Vater immer, wenn er zur Stadt aufbrach, mir für einen Nickel Bonbons mitzubringen. Einmal fragte er mich, was ich lieber hätte, die Bonbons oder eine Mausefalle. Ich zögerte, denn ich wußte, daß wir eine Mausefalle brauchten; schließlich rang ich mich dazu durch und sagte ihm, er solle eine besorgen. Als er wieder nach Hause kam und mir die Falle überreichte, wußte ich, daß ich wohl einige Zeit auf Bonbons würde verzichten müssen, denn die Falle hatte fünfzehn Cents gekostet. Die Falle funktionierte gut, und bevor wir an jenem Abend zu Bett gingen, hatten wir vierundzwanzig Mäuse gefangen.«
Doch Mäuse waren harmlos gegen ein anderes Tier: die Klapperschlange. Da ein schneller Biß tödlich sein konnte, wurden Kinder

Kansas-Schulmädchen

jeden Alters eindringlich ermahnt, immer genau darauf zu achten, wo sie ihren Fuß hinsetzten.

Bessie Wilson schrieb: »In den Anfangszeiten waren hier Klapperschlangen sehr zahlreich. Eines Tages, als ich noch sehr klein war, kletterte ich auf das Dach einer Höhle, um mir ein Brett zu angeln, auf das ich meine Sandkuchen stellen konnte. Das Brett war mit Absicht dorthin gelegt worden, um ein Loch im Dach abzudecken, damit es nicht hereinregnete. Als ich bei dem Brett angelangt war, setzte ich mich hin und drehte es um. Um das Loch geringelt lag eine sehr große Klapperschlange. Sie hob ihren Kopf ungefähr fünf oder sechs Zoll und begann, mir ihre lange, rote Zunge entgegenzustrecken. Ich war noch zu klein, um Angst zu haben, und rief nur: ›O Mamma, komm mal her und sieh dir die Schlange an.‹ Sie rannte herbei und packte mich am Arm und riß mich heftig von meinem gefährlichen Platz fort. Als sie dann die Schlange endlich mit der Gartenhacke getötet hatte, war sie kurz vor dem Zusammenbruch.«

Doch in dem neuen Land gab es noch mehr wunderbare Dinge als unbekannte Tiere. Besonders die Indianer beschäftigten die Phantasie vieler Kinder. Einige hatten zwar Angst vor ihnen, doch andere betrachteten die Indianer mit unverhohlener Faszination. Offen zeigten sie ihre Neugier diesen Menschen gegenüber, deren Sprache, Kleidung und Verhalten so geheimnisvoll waren. Es war nicht ungewöhnlich, daß die Wißbegier eines Kindes auf das gleiche Interesse auf der Seite der friedlichen Stammesbrüder traf.

Das Erlebnis eines kleinen Jungen in Jewell County zeigt die Warmherzigkeit und Offenheit, die viele Kinder ihren indianischen Nachbarn entgegenbrachten. Lillian Forrest beschrieb den Vorfall voller Anteilnahme:

»Eines Nachmittags, als der Sommer schon zu Ende ging, machte sich Mrs. Clark den Fluß entlang auf den Weg, um ihre Schwester zu besuchen. Laddie Clark blieb zu Hause bei seinem Vater. Er konnte sich stundenlang allein beschäftigen und muß ein besonders gutaussehender kleiner Junge gewesen sein. Was er hörte, behielt er und konnte darüber alles erzählen.

Am frühen Nachmittag erschien plötzlich eine Gruppe von sogenannten ›edlen roten Männern‹, geschmückt mit allem Drum und Dran des indianischen Lebens, auf dem Hof und betrat das Haus. Warum sollte man auch erst an die Tür irgendeines Blockhauses klopfen, das auf indianischem Gebiet stand? Mr. Clark war verblüfft, doch Laddie war begeistert. Was auch immer Mr. Clarks Gründe gewesen sein mögen, er entschuldigte sich und verließ sein eigenes Haus. Und Laddie spielte die Rolle des Gastgebers diesen wild und buntaussehenden Fremden gegenüber.

Die Indianer waren von dem kleinen Kerl sehr angetan, der begann, ihnen alles im Haus zu zeigen, sogar Dinge, die in Kisten und Kästen weggepackt waren, und erzählte alles darüber. Das ist ein Kreisel, den die Großmutter ihm geschenkt hatte, als sie losgezogen waren, und er zeigte ihnen, wie man ihn zum Drehen brachte, und die roten Männer lachten. Das hier ist ein Strumpf, den die Mutter gerade für ihn strickt und den er tragen soll, wenn es kalt wird. Das hier ist das beste weiße Hemd von Vater, der es seit dem letzten Besuch bei Großpapa nicht mehr angezogen hat. Und so folgte eine Sache nach der anderen, und er erklärte ihnen auch, wie man ein Nudelholz handhabt. Die Indianer lachten und sagten manchmal ›Huh‹. Dann versuchte Laddie, das auszusprechen, und das machte den Indianern Spaß, und einer von ihnen wiederholte ›Huh‹ so lange, bis der kleine Kerl es richtig sagte. Laddie zeigte weitere Dinge vor, redete dabei die ganze Zeit, seine Locken tanzten ständig um seinen Kopf, und er blickte immer alle an, doch die meiste Zeit – völlig unbewußt, aber sehr weise – den Häuptling.

Der Nachmittag verstrich, und Laddie kam nun zu bunten Bildern von religiösen Szenen aus der Bibel, die die meisten Kinder lieben und die er immer anschauen durfte. Zuerst Daniel in der Löwengrube, was ein Lieblingsbild von ihm war. Er war so ein guter Mann, daß sogar die Löwen ihn gern hatten und ihm nichts zuleide taten. Einer der Indianer sagte ›Huh!‹. Dann sagte Laddie es auch, und alle lachten. Ein weiteres Lieblingsbild zeigte Jesus, wie er die kleinen Kinder segnete, und Laddie erzählte alles, was er je darüber gehört hatte. Nun war das Bild an der Reihe, auf dem Jesus ans Kreuz geschlagen ist, und Laddie erzählte, wie Jesus die Menschen liebte und für alle gestorben war. Die Indianer betrachteten eingehend das Bild, aber sie lachten nicht und sagten auch nicht ›Huh!‹, sondern verließen plötzlich in aller Eile das Haus und verschwanden so schnell, wie sie gekommen waren.«

Wie auch anderswo war Weihnachten im Frontiergebiet ein Anlaß zur Fröhlichkeit und zum Feiern für Kinder und Erwachsene gleichermaßen. Die Pionierfamilie, die an den traditionellen Bräuchen festhielt, war entschlossen zu feiern, ganz gleich, wie wenig sie besaß. Der übliche Weihnachtsbaum und der handgearbeitete Schmuck brachte etwas Farbigkeit in eine sonst karge Stube, und für jedes Kind wurde ein einfaches Geschenk aus dem Material angefertigt, das gerade vorhanden war.

Besondere Weihnachtsgebete und gemeinsame Essen mit Freunden und Nachbarn waren oft die Höhepunkte in dieser Zeit. Während draußen die Felder vor Schnee und Eis glitzerten, verliehen drinnen die lodernden Kaminfeuer jeder kleinen Hütte einen warmen, einladenden Glanz. Lange, rote Strümpfe hingen um den Kamin herum, und der Duft von frischgebackenen Kuchen, Plätzchen und Süßigkeiten durchzog das Haus. Nellie Goss erinnerte sich: »Weihnachten war für uns eine glückliche Zeit. Wir freuten uns, wenn es kam, und waren traurig, wenn es wieder vorbei war. Im Spätherbst traf eine Tonne Eingemachtes ein, und in den Konservendosen befanden sich getrocknete Äpfel, Quitten, Pfirsiche und Aprikosenpfirsiche, alle noch mit Stein, und der Inhalt dieser Dosen wurde uns Kindern vorenthalten. Am Heiligen Abend hängten wir unsere Strümpfe auf, in die dann etwas von allen getrockneten Früchten gesteckt wurde.

In die Tonne war auch ein kleiner Eimer mit Sorghummelasse gepackt, aus der Mutter zu Weihnachten die Karamellbonbons und Ingwerplätzchen herstellte. Großmutter machte etwas aus den hübschen Stoffresten, die in der Tonne steckten, nähte kleine Flanellfäustlinge und faßte sie mit Wollitze ein, Ohrenschützer für die kleinen Jungen, Stoffpuppen und kleine Decken usw., das war wirklich Weihnachten. Und Mutter teilte immer mit den Nachbarn, besonders liebten die Kinder Brot und Marmelade (Maisbrot in der Regel).«

Wie Kinder überall erwarteten die Pionierkinder sehnsüchtig die Ankunft des Weihnachtsmanns. Im Gegensatz zu den Entbehrungen und der Kargheit ihres Lebens hüteten sie die wenigen, einfachen Dinge, die sie in ihrem Strumpf vorfanden, wie Schätze und stimmten beim Vortrag von Weihnachtsgedichten, dem Hersagen von Gebeten und dem Singen von Weihnachtsliedern mit ein. Mary Rarick Rouse schrieb: »Wir kannten die Weihnachtsgeschichte und das Jesuskind, dessen Geburtstag ja gefeiert wurde, gut. Und was die Geschenke betrifft, so waren sie selbstgemacht, falls wir welche bekamen. Es wurden keine Spielsachen gekauft, wenn wir welche haben wollten, es war einfach kein Geld da. Unser Strumpf wurde immer aufgehängt, denn wir hatten kindliches Vertrauen zum Weihnachtsmann. Einen Apfel oder Popcorn oder eine Puppe aus Holz oder eine aus Stoff – wir fanden immer etwas darin. Und wie glücklich waren wir!«

Harriet Adams beschrieb die besondere Freude und Aufregung, die sie als Kind empfunden hatte:

»Als der Heilige Abend herankam, quälte mich die Frage, wie der Weihnachtsmann in unser Haus gelangen könnte, um unsere erwartungsvoll aufgehängten Strümpfe zu füllen. Denn wir besaßen keinen Schornstein, durch den er sicher heruntergleiten konnte. Ich kam sogar zu dem Schluß, daß er durch überhaupt keinen der Schornsteine, die das Haus hatte, passen konnte. Meine Beunruhigung über diese Sache wurde so groß, daß ich mit dieser Angelegenheit zu meiner Mutter ging. Ich erzählte ihr von meinen Befürchtungen, und sie sagte, ganz sicher würde er in der Lage sein, die Geschenke zu hinterlassen; denn wenn das Haus keinen Schornstein aufwies, dann ließen die Eltern die Tür einen kleinen Spalt offenstehen, so daß er sie nur ein bißchen aufdrücken mußte, um ohne Schwierigkeiten hineinzugelangen. Das war eine sehr vernünftige Lösung dieses Problems, und ich war völlig zufrieden, und die darauffolgenden Ereignisse bewiesen, daß mein Glaube an ihre Erklärung völlig berechtigt war.

Kein Weihnachtsfest ist je ganz vollständig ohne einen Weihnachtsbaum und Kerzen, und wir Kinder konnten die ganzen Vorbereitungen beobachten. Wir lebten ziemlich in der Nähe des Little Blue River, und auf der Klippe, die unserem Haus am nächsten lag, wuchsen einige Zedern. Vater schulterte die Axt und nahm uns mit. Dann wählte er einen Baum aus und fällte ihn, und der große Bruder half, ihn nach Hause zu schleppen. Dort stellte Vater ihn sicher in der Mitte des Wohnzimmers auf, holte ein Stück Blech, machte daraus die Kerzenhalter und befestigte sie am Baum. Wenn das alles vollendet war, war es Zeit für die Kinder, ins Bett zu gehen, denn es gehörte sich unter gar keinen Umständen, daß eines der Kinder wach war, wenn der Weihnachtsmann erschien.

Am Weihnachtsmorgen waren wir sehr früh wach, aber es war eine eiserne Regel, daß der Baum erst dann angeschaut werden durfte, wenn das Frühstück eingenommen worden war. So beeilten wir uns mit dem Essen, stellten uns dann vor dem Wohnzimmer auf, das jüngste Kind an der Spitze des großen Zugs, während Vater und Mutter hineingingen, um das Laken zu entfernen, mit dem der Baum hatte zugehängt werden müssen, um ihn vor neugierigen Augen zu schützen. Dann zündeten sie die Kerzen an.

Wenn die Tür geöffnet wurde, marschierten wir hinein und um den Baum herum, nahmen die Schönheit der Kerzen und des Baumes, der mit Girlanden, Preiselbeeren, Popcorn und mit bunten Bändern geschmückt war, in uns auf, und dabei spähten wir nach den Geschenken, die hinter den Zweigen versteckt waren oder aus den Strümpfen

hervorlugten. Den Raum durchzog der herrliche Duft von verbranntem Zedernholz, und Vater ging dauernd um den Baum herum, drückte die Glut eines jeden rauchenden Zweiges aus und wachte darüber, daß die Kerzen gefahrlos brannten, und währenddessen verteilten er und Mutter die Gaben, die der Weihnachtsmann gebracht hatte.
Ich war selig vor Glück, und ich bin sicher, mein kleiner Bruder George war es auch. Nichts fehlte an einem vollkommenen Weihnachten. Ich habe längst vergessen, welches Spielzeug der Wunderbaum trug, nur an eines erinnere ich mich noch, und das war Noahs Arche. Bis auf den heutigen Tag, wenn ich bei den Weihnachtseinkäufen eine Arche Noah unter dem Spielzeug sehe, taucht vor meinem geistigen Auge das Bild von zwei Kindern auf, ein kleines Mädchen und ein noch kleinerer, kräftiger Junge, die Seite an Seite Zweige vom Weihnachtsbaum zu Baumreihen oder -gruppen ordneten und zwischen den Tieren aufstellten, die Noah vor dem Untergang gerettet hatte.
Bei den Kindern ist der Sinn für Wertvergleiche ziemlich unterentwikkelt, und ich bezweifle sehr, ob die heutigen Kinder bei dem Überangebot an Spielzeug mehr Spaß an der Fülle ihrer teuren Dinge haben als wir mit unseren weniger kostspieligen und einfacheren, die uns Sankt Nikolaus brachte.«

Obwohl harte Arbeit und Entbehrungen zu jeder Kindheit im Frontiergebiet gehörten, erinnerte man sich später nicht nur an die Schwierigkeiten. Die Widerwärtigkeiten wurden aufgewogen durch die schönen Erinnerungen daran, wie man an den Flußufern gespielt, wilde Blumen gepflückt, besondere Weizenkuchen gebacken oder bei Familienfesten gelacht hatte. Eine Frau faßte das sehr schön zusammen: »Was für ein Segen ist doch die kindliche Phantasie, die eine langweilige Umgebung mit bunten Kleidern ausstattet und drückende Sorgen davonjagt. Der Sandhaufen, mit dem wir spielten, wenn die rote Sonne untergegangen war, verwandelte sich in Gräben und Burgen, und wir hatten soviel Freude daran, als fließe in unserem Land, wie in Kanaan, Milch und Honig.«

Kapitel 8

Schulräume und Lehrerinnen

»Das Wunder ist, daß eine Liebe zur ›Bildung‹ die Härten der damaligen Schulzeit überstand. Aber es geschah.«

Vera Pearson

In vieler Hinsicht zeigt die Geschichte der Frontier ein Muster von ständigen Verwandlungen. Überall in Kansas wurden die öden Ebenen zu fruchtbaren Feldern gepflügt, die harte Sode wurde zu Bausteinen für Wohnhütten gehauen, und die endlose Weite von Präriegras wurde zu saftigen Weiden eingezäunt. Genauso wie die Menschen der Frontier das Land verwandelten, veränderten sie sich selber und entwickelten sich weiter. Sie wurden nicht nur zu Architekten von Sodehäusern und Blockhütten, sondern auch einer neuen Gesellschaft.

Dieser Prozeß der Veränderung wirkte sich auch auf das Leben der ersten Generation von Pionierkindern aus. Am Anfang bot die Präriewildnis nur wenig Möglichkeiten für traditionellen Unterricht. Harte Arbeit und Entbehrung schienen die wichtigsten ›Lehrer‹ des Landes zu sein, und für ein Kind, das Lesen, Schreiben und Rechnen lernen wollte, waren die Aussichten düster. Martha Hutchison erinnert sich an ihre eigene Situation und schreibt: »Ich war zwölf Jahre alt, und es gab nicht viele günstige Gelegenheiten für ein Kind dieses Alters in einem neuen Land, in dem es keine Schulen, kein Papier und keine Bücher gab und dessen Eltern weder lesen noch schreiben konnten.«

Obwohl die meisten Eltern selber nicht sehr gebildet waren, erkannten sie doch, daß Ausbildung für das Weiterkommen der Familie und die Entwicklung ihrer Gemeinden lebensnotwendig war, und bald war eine improvisierte Art von Unterricht geboren. Wenn die Mutter gebildet war, dann fiel unweigerlich auf sie die Aufgabe, die Kinder in der eigenen Wohnstube zu unterrichten. Trotz des Mangels an allem notwendigen Material brachte sie den eigenen Kindern und meistens auch einigen Kindern der Nachbarschaft die elementaren Fähigkeiten

Ein Sodeschulhaus. »Ich glaube, in meiner Zeit als Lehrerin hatten nicht mehr als drei oder vier Schulen richtige Fußböden.«

bei. Oft benutzte sie die Familienbibel als Textbuch, um sie das Alphabet und die Grundkenntnisse des Lesens zu lehren. J. C. Ruppenthal erinnerte sich: »Mutter fand keine Zeit zum Lesen, aber sie leitete die Kinder ein wenig an, als sie lesen lernten. Wie ihr Ehemann hatte sie Englisch lesen und schreiben gelernt – und das ganz gut –, ohne je eine Schule besucht zu haben. In ihrem Kopf steckten die Geschichten der Bibel, die sie als Kind gelernt hatte, die Verse über *Mother Goose*, die Texte und Melodien der Kirchen- und der Volkslieder, die Sprüche des Armen Richard und einige deutsche Verse und Lieder.«

Im »Klassenzimmer« – nämlich der Hütte – diente der festgetretene Erdboden als Tafel, und mit einem langen, spitzen Stock wurden die Buchstaben und Zahlenreihen in ihn eingekratzt. Die Kinder mußten Grammatikregeln auswendig lernen und historische Daten hersagen können, und Buchstabierwettbewerbe zwischen den Geschwistern dienten häufig als Zeitvertreib. Um 1870 richtete Emily Biggs die erste Nachbarschaftsschule in ihrem beengten Erdhaus ein.

Ihre Tochter erklärte das so: »Ihre Kinder wuchsen heran, und es gab keine Schulen. Also suchte sie ihre aufbewahrten Schulbücher zusammen und auch ihre alte Schulglocke und machte das vielseitig verwendbare Mehlfaß zu einem Lehrerpult.Die Lebensmittelkiste, der Eßtisch, der Küchentisch, die Schusterbank, der Arbeitstisch wurden zu Schülerpulten, und der kleine Guy und Stella und häufig ein Nachbarkind beschäftigten sich mit den Kniffligkeiten der alten, blaueingebundenen Fibel und den McGuffey-Lesebüchern mit ihren wundervollen Heldengeschichten – und dabei herrschte größeres Heldentum um sie herum.

Viele der Nachbarkinder bekamen ihre erste und beinahe einzige Ausbildung von Mrs. Biggs. Sie lehrte die einfachen Anfangsgründe von Lesen, Schreiben und Rechnen nicht zuletzt einen Mann, der seitdem seinen Bezirk in der gesetzgebenden Versammlung des Staates vertrat. Ein Sheriff aus Lincoln County lernte beim Licht ihrer Büffeltalgkerzen neben ihrem alten Herd lesen. Einer der bekanntesten Amtsrichter ist stolz darauf, sich zu Mrs. Biggs' Schülern rechnen zu können.«

In den meisten der frisch gegründeten Gemeinden wurden erst nach einigen Jahren offizielle Schulbezirke eingerichtet, und erst dann standen öffentliche Mittel zur Unterstützung der Schulen zur Verfügung. Und so blieb es den Siedlern überlassen, örtliche Schulen zu organisieren. Der Bau eines Schulhauses und die Einstellung eines Lehrers hing völlig davon ab, daß sie ihre eigenen begrenzten Mittel gemeinsam einsetzten.

Am Anfang war das Nachbarschaftsschulhaus nicht mehr als ein verlassenes Erdhaus oder eine Grassodenhütte. Ein dickbauchiger Ofen, mit einem großen Haufen getrockneten Kuhdungs daneben, stand in einer Ecke des Raumes, und eine kleine Schiefertafel schmückte die Stirnwand.

Emma Handy beschrieb ihre Erfahrungen: »Ich wurde engagiert, für drei Monate an einer Schule, die am Oak Creek ungefähr viereinhalb Meilen von Cora entfernt lag, Unterricht zu geben. Das Schulgebäude war ein ungefähr vierzehn Fuß langes Sodeerdhaus, dessen Fußboden nur aus festgetretener Erde bestand, die Wände waren unverputzt, vorn gab es zwei Fenster, und geheizt wurde es durch einen ein Meter

Ein neues, gut ausgestattetes Klassenzimmer mit einer richtigen Wandtafel, in der Nähe von Wilson, Kansas

breiten Kamin. Die Sitze waren kleine halbierte Holzklötze, die auf Pflöcken standen und entlang den Wänden aufgereiht wurden. Ich habe in fünf Bezirken unterrichtet, und in allen fünf gab es kein richtiges Gebäude, aber einige Schulen hatten Lehrerpult und Stühle, auch Tafeln und Beleuchtung. Die Schule in Cora war ein kleines Fachwerkhaus und besaß sogar einen richtigen Fußboden und einen Ofen. Ich glaube, in meiner Zeit als Lehrerin hatten nicht mehr als drei oder vier Schulen richtige Fußböden.«

Auch Vera Pearson beschrieb die Kargheit jener ersten Klassenzimmer: »Sie weisen einige nackte, flache Bänke ohne Rückenstütze auf, und die waren so hoch, daß die kleinen Beine hoch in der Luft baumelten und bald böse wehtaten, bevor ein Wechsel der Position möglich war. Ein besonders mutiger oder verzweifelter Schüler legte sich manchmal ein bißchen hin, damit die Anspannung nachließ, doch die Erleichterung war nur von kurzer Dauer. Keine Tabellen, keine Land-

Ein Schulwesen entwickelte sich nicht gleichmäßig überall in Kansas. Kinder besuchten noch dieses Erdschulhaus in Thomas County zu einem so späten Zeitpunkt wie 1900, während viele andere Schuldistrikte bereits bessere und größere Gebäude besaßen.

karten, keine Bilder, keine Bücher, nur eine Fibel. Zahlen folgten erst später, aber einige der kleinen Kerle kamen nie soweit. Das Wunder war, daß eine Liebe zur ›Bildung‹ die Härten der damaligen Schulzeit überlebte. Aber das Wunder geschah, wenigstens in einigen Fällen.«

Um den Mangel an Schulbüchern auszugleichen, brachten die Schüler alles, was sie zu Hause an Material finden konnten, in den Unterricht mit. In der einen Hand ihr Essenstöpfchen, trabten sie zur Schule und hielten mit der anderen ihre verschiedenen Bücher, Schiefertafeln, Lineale, Schreibtäfelchen und Bleistifte fest umklammert. Manchmal machte die Anzahl der verschiedenen Bücher, die von zu Hause mitgebracht worden waren, gemeinsames Lesen oder Arbeiten schwierig. Während einige Kinder Glück hatten und Exemplare von *McGuffey's Readers, Youth's Companions*, Fibeln oder Wörterbücher besaßen, die noch aus der alten Heimat im Osten stammten, verfügten andere nur über ein zerfetztes Exemplar der Bibel oder einen völlig veralteten Almanach für ihre Leselektionen. Trotz der unterschiedlichen Materialien und des unterschiedlichen Niveaus fanden sich die Schüler für eine gewisse Zeit zum Unterricht zusammen und waren solange ihrer täglichen Pflichten enthoben.

Roxana Rice schrieb: »Ich erinnere mich noch an die erste Schule, die ich besucht habe: ein Raum gedrängt voll mit großen Jungen und Mädchen, Lärm und Durcheinander, und hin und wieder heulte ein Junge, der eins mit der Peitsche übergezogen bekam. Ich, mein Bruder und ein anderer Junge saßen auf einer Bank ohne Rückenlehne in der Nähe des Ofens. Wenn der Ofen zu warm wurde, drehten wir uns um und sahen in die andere Richtung. Der Junge, der bei uns saß, trug eine Art Holzschild um den Hals, auf das mehrere Buchstaben des Alphabets geklebt waren und die jeden Tag ausgewechselt wurden. Wie habe ich den Jungen beneidet, weil seine Leute sich soviel Mühe mit ihm machten. Ich wollte auch soviel Aufmerksamkeit wie er auf mich ziehen, obwohl ich damals schon die Buchstaben, die er vorführte, genausogut kannte wie heute.

Ich weiß nicht, wie ich lesen gelernt habe. Wir hatten das Englischbuch und die Fibel – Websters großartige Fibel, die die Sprache des Landes davor bewahrte, in verschiedene kleine lokale Dialekte zu zerfallen. Mein Bruder, der älter war als ich, beklagte sich eines Tages, daß seine Lektion schwer sei. Jemand nahm das Lesebuch und las es ihm vor. Ich fand das sehr gut. Doch zu meiner Überraschung konnte auch ich es, ohne zu stocken, lesen.«

Im allgemeinen war die Klassenstruktur nur lose, wenn auch eine strenge Disziplin herrschte. Die Periode des Unterrichts war gewöhnlich kurz und dauerte nur einige Monate hintereinander. Obwohl die meisten Schüler viel Interesse für den Lehrstoff aufbrachten, besuchten sie die Schule nur soweit, wie es ihre Arbeit auf der Farm und das Wetter erlaubten. Das Ertönen der kräftigen Eisenglocke, die draußen

Zeit zum Spielen im Montgomery County Schulhaus um 1892

vor der Schultür hing, rief die Kinder jeden Morgen zum Unterricht. Zu Fuß oder zu Pferd kamen die Kinder verschiedenen Alters und verschiedener Ausbildungsstufen an und nahmen zusammen in einem Raum Platz. Der Lehrplan war zum größten Teil dem Ermessen der Lehrerin überlassen. Lesen, Schreiben, Grammatik und Buchstabieren beanspruchten immer die meiste Zeit des Unterrichts. Und auch die elementaren Rechenarten wurden ständig wiederholt. Zusätzlich gab es noch Erdkunde-, Geschichts- und Geometrielektionen, wenn entsprechende Bücher, Landkarten oder Globen zur Verfügung standen.

Zu dieser Zeit stand der Beruf des Lehrers sowohl Männern wie Frauen offen, die die elementaren Qualifikationen einer minimalen Ausbildung vorweisen konnten. In der Praxis jedoch waren es die Frauen, die die breite Masse in dieser Berufssparte ausmachten. Die Gehälter waren ausnahmslos niedrig, da die Gemeinden nur über geringe finanzielle Mittel verfügten, und so wurden Männer von diesen Positionen nicht sonderlich angezogen. Frauen, andererseits, besaßen kaum andere berufliche Möglichkeiten und stürzten sich deshalb auf diese Stellen. Eine der frühen Lehrerinnen behauptete sogar, daß »ungefähr zwei Drittel der Frauen in Kansas Schulunterricht gegeben haben«.

Da die öffentlichen Mittel anfangs nicht ausreichten, um das Gehalt einer Lehrerin zu finanzieren, wurden die ersten Gemeindeschulen durch Spenden aufrechterhalten. Die örtliche Lehrerin unterrichtete für jedes Gehalt, das sie bekommen konnte, und ihr Honorar belief sich auf ein bis zwei Dollar im Monat pro Schüler. Um von diesem winzigen Gehalt wenigstens existieren zu können, speiste die Lehrerin gewöhnlich abwechselnd im Haus ihrer Schüler und blieb am längsten dort, wo es die meisten Kinder in der Familie gab.

Katie McGee erinnerte sich: »Als ich (1883) meine erste Unterrichtserlaubnis erhielt, war ich noch keine sechzehn Jahre alt, aber da meine Noten genügten, bekam ich das offizielle Dokument, mit dem Unterricht beginnen zu dürfen. Ich absolvierte meine erste Unterrichtszeit zwei Meilen von zu Hause entfernt, ich bekam fünfzehn Dollar im Monat und nahm meine Mahlzeiten reihum bei meinen Schülern ein. Meine zweite Stelle befand sich schon sieben Meilen von zu Hause entfernt, und ich erhielt zwanzig Dollar und die Verpflegung bei meinen Schülern.«

Olive Owen erzählte auch von ihren ersten Erfahrungen, wie sie in Shawnee County 1857 in den verschiedenen Familien verpflegt wurde: »Um die Familie finanziell ein wenig zu unterstützen und auch um etwas für das Land zu tun, wurde beschlossen, daß ich Unterricht erteilen könnte. Obwohl ich erst fünfzehn Jahre zählte, war ich ziemlich reif für mein Alter, hatte die Volksschule abgeschlossen und war auch schon auf der höheren Schule gewesen ...

Ich machte meine Runde in der Nachbarschaft und sammelte Schüler für eine Spendenschule. Die Eltern konnten es sich nicht leisten, mir viel Geld zu bezahlen, also sollte ich als Teil der Entlohnung bei ihnen essen. Am meisten beunruhigte mich dabei, daß eine Familie eine Mulattenfamilie war. Der Vater war Franzose und die Mutter eine Negerin. Ich mußte mich auch bei ihnen einquartieren, wenn ich sie nicht beleidigen wollte. Da wir noch nie Neger gesehen hatten, bevor wir nach Kansas kamen, hatte ich natürlich Vorurteile. Aber ich machte dort eine sehr angenehme Erfahrung. Ich bekam ein eigenes Zimmer, wurde behandelt und bedient wie eine Königin und mit den köstlichsten Speisen verwöhnt, denn ›Black Ann‹, wie die Frau genannt wurde, war eine ausgezeichnete Köchin.«

Belle McNair Logan arbeitete für ihr Zimmer und ihre Verpflegung während ihrer Jahre als Schülerin und anschließend als Lehrerin. 1872 begann ihre Schulzeit. Sie berichtete: «In jenem Winter besuchte ich zum ersten Mal eine Schule in Kansas, und zwar in Smith Center, und arbeitete für meinen Unterhalt im Haus der Watsons... Ich will Ihnen erzählen, wie ich Unterkunft und Verpflegung verdient habe. Morgens stand ich früh auf und bereitete das Frühstück; es gab immer Brötchen zum Frühstück und Bohnen und Maisbrot zum Mittagessen. Mrs. Watson war ein Krüppel, unfähig etwas zu tun, sie konnte sich noch nicht einmal selbst anziehen, aber sie war eine gute Organisatorin und konnte gut vorausplanen, was eine große Hilfe bedeutete. Nach dem Frühstück spülte ich, und Hattie trocknete ab. Bevor ich zur Schule ging, setzte ich die Bohnen auf, und in der Pause rannte ich zurück und machte das Maisbrot. Um zwölf Uhr mittags machte ich das Essen fertig, aß und rannte in die Schule zurück; nach dem Unterricht machte ich die Betten, spülte das Geschirr vom Mittagessen, dann fegte ich, bügelte oder flickte, wie es gerade notwendig war, während ich samstags die Wäsche wusch.

Im Alter von sechzehn Jahren erhielt ich mein erstes Zeugnis, das mir zu unterrichten erlaubte. Ich unterrichtete vier Jahre lang. Meine ersten beiden Unterrichtsperioden verbrachte ich im Freaky-Distrikt und verdiente im ersten Jahr zehn Dollar pro Monat und im zweiten Jahr dann zwölf Dollar. Ich wurde von den Familien der Schüler verpflegt, und nie fehlte mir ein Platz. Jede Woche wurde ich gefragt: ›Fräulein Lehrerin, kommen Sie nächste Woche zu uns nach Hause? Wir erwarten Sie‹, und ich glaube, das stimmte auch.«

Nach einer gewissen Zeit wurden diese privat organisierten Nachbarschaftsschulen in das öffentliche Schulsystem einbezogen. In Kansas waren die einzelnen Bezirke (Counties) in Distrikte aufgeteilt. Nach der Staatsverfassung sollten diese Distrikte unabhängig voneinander funktionieren.

Im allgemeinen hatten die Einwohner eines jeden Distrikts die Kon-

trolle über die Finanzierung und die Organisation ihrer örtlichen Schulen. Sie trafen sich jährlich, bestimmten die Länge der Schulperiode, erhoben Steuern oder gaben Pfandbriefe aus, um die Schule zu finanzieren, und nahmen Einfluß auf den Lehrplan. Außerdem wählten sie Mitglieder der Schulkommission und den staatlichen Schulrat, der die örtlichen Schulen beaufsichtigte.
1879 ließen sich Sara Magrane Bissing und ihre Familie auf einem Gebiet fünf Meilen südlich von Hays nieder. Da es in ihrer Gemeinde überhaupt keine Schule gab, nahm Sara selbst die Organisation der ersten offiziellen Schule in die Hand. »Ich fuhr in die Stadt, um Dr. Gochenour aufzusuchen, der in jener Zeit der staatliche Schulrat war, und schilderte ihm den Fall. Er riet mir, ein Gesuch zu verfassen und die benötigte Anzahl von Unterschriften zu sammeln; dann sollte ich zu ihm zurückkommen, und er würde mich drei Monate lang unterrichten lassen, um die öffentlichen Gelder zu bekommen und die Schule einzurichten. Und das tat ich gern.
Mit meinem Gesuch bewaffnet und von einem guten kleinen Mustangpony getragen durchstreifte ich das Land auf Suche nach Unterschriften, die ich bereitwillig bekam. Schließlich war die Schule gegründet, aber es gab kein Schulhaus. Also sagte Mutter, wir könnten einen der oberen Räume benutzen. Da damals Lehrer noch nicht so zahlreich waren und nicht so klug wie heute, hatte ich keine Schwierigkeit, mir diesen Posten zu angeln, obwohl ich gar keine offizielle Unterrichtserlaubnis besaß. Was das Gehalt betrifft, so erhielt ich die üppige Summe von zwanzig Dollar pro Monat und verpflegte mich und die Familie selbst. Lassen Sie mich Ihnen sagen, ich war das stolzeste Mädchen in Ellis County.«
Die Verwaltung der Distriktschule lag in den Händen einer Schulkommission, die aus drei gewählten Mitgliedern bestand. Diese Schulkommission mußte qualifizierte Lehrer einstellen, ausreichende Unterrichtsmittel besorgen und sich um die Instandhaltung der Schule kümmern. Diese Schulen waren nicht völlig selbständig. Alle Schulen eines Bezirks (County) wurden zum großen Teil von einem Schulrat geleitet. Jährlich gewählt, beriet er sowohl die Schulkommissionen wie die Lehrer in allen Fragen, die die Organisation der Schule und den Ablauf des Unterrichts betrafen. Es gehörte zu seinen Pflichten, alle

Schulen des Bezirks in regelmäßigen Abständen aufzusuchen und die Unterrichtsweise und den Lehrplan zu überprüfen. Nach eigenem Ermessen konnte er die möglichen Lehrer einer kritischen Beurteilung unterziehen, konnte die Lehrerexamen abhalten und die erforderlichen Unterrichtserlaubnisscheine ausstellen. Außerdem konnte der Schulrat die Schuldistrikte umbilden oder neue einrichten.

India Harris Simmons kam von Ohio nach Kansas, um mit ihren Eltern zu leben, die sich hier niedergelassen hatten, und wurde bald zur ersten Lehrerin des Prairie Range-Distrikts im nordwestlichen Kearny County ernannt. Die Geschichte ihres ersten Jahres zeigt, daß sich die Situation in der örtlichen Schule nur langsam verbesserte, wenn sich auch ein Schulsystem entwickelte.

»Der Schulunterricht begann im Oktober 1888 mit neunzehn Schülern. Da man die Eröffnung der Schule nicht so lange aufschieben wollte, bis man ein geeignetes Gebäude gefunden hatte, entschied man sich für ein verlassenes Erdhaus, das früher einem Siedler als Unterkunft gedient hatte.

Es sah nicht gerade einladend aus. Boden und Wände bestanden nur aus Erde, nicht einmal aus Lehmziegeln, und das einzige Fenster und der kellertürartige Eingang ließen kaum Licht herein. Einfache Bänke ohne Rückenlehnen standen parallel zu drei Wänden des Raumes. Eine Tafel oder andere Unterrichtsmittel existierten nicht. Das Ganze ein wenig freundlicher zu gestalten oder auf spürbare Weise zu verbessern, hätte zumindest ein wenig Geld gekostet, und das konnte der Distrikt nicht zur Verfügung stellen; erst mußte wieder neues Land zugeteilt und dadurch als Steuereinnahmequelle erschlossen werden.

Und so wurden saubere Jutesäcke auseinandergerissen und an die Wände geheftet, um die Kleidung vor dem Schmutz zu schützen. Durch den vorigen Bewohner war der Fußboden einigermaßen festgetreten, wir kehrten den lockeren Sand fort und legten dann alte Decken und Teppichstücke hin, auf denen die Kinder die Füße ausruhen konnten. Das winzige Viersprossenfenster wurde gesäubert, und an beiden Seiten wurde ein helles Stück billigen Vorhangstoffs aufgehängt, aber so, daß das Licht ungehindert hereindrang.

In einer kleinen Holzkiste, die mit sauberem Papier bedeckt war, standen der Wasserkrug und die Tasse für alle. Eine größere Kiste, mit einem Regalbrett innendrin und einem hübschen Platzdeckchen obendrauf, diente als Lehrerpult, und der Stuhl war wie üblich selbstgefertigt, mit einem schief angenagelten breiten Brett als Rückenlehne, wie es ihn in den Erdhäusern gewöhnlich gab. Ein kleiner Herd, auf dem der Junggeselle seine Frühstückspfannkuchen gebakken hatte, war das restliche Möbelstück.

Als die kleine Gruppe hereingerufen worden war und neunzehn fröhliche und erwartungsvolle Gesichter von den Bänken zu ihr hochschauten, zweifelte die junge Lehrerin daran, ob sie fähig sein würde, diesen primitiven kleinen Raum in eine Stätte des Lernens zu verwandeln. Doch dann betete sie und dachte, daß möglicherweise eine einfache Umgebung, wie ein einfaches Leben, für klares Denken förderlich sei, und sie begann mit den ersten Übungen, die diese schäbige Hütte ihrer neuen Bestimmung weihten.

Die geringe Anzahl Bücher, die jeder Schüler aus dem Staat mitgebracht hatte, aus dem er gekommen war, wurde neben ihm auf die Bank gelegt. Schieferplatten, die sowohl Wandtafel wie Schreibtafeln ersetzen mußten, waren in allen Größen und Formen vorhanden, angefangen von Jimmys winziger Tafel mit dem roten Filz-Rahmen und mit dem Griffel, der mit einer roten Schnur daranhing, bis zu Marys großer doppelten Schiefertafel mit den breiten, handgefertigten Rahmen, die von starken Scharnieren zusammengehalten wurden und mit eingeschnitzten Initialen und Herzen verziert waren. Mary hatte sie unter den fortgepackten Büchern ihres Großvaters gefunden, die er damals in Ohio benutzt hatte. Es gab Geschichtsbücher aus Illinois, Fibeln und Schreibhefte aus Iowa, Lesebücher aus den Schulen von St. Louis und sogar einige der blau eingebundenen Fibeln mit ihren Fünf-Silben-Rätseln.

Aus dieser kunterbunten Mischung wählte die Lehrerin die Aufgaben aus und setzte nach der jeweiligen Bewältigung die Noten fest, wobei der sie sich im übrigen ganz auf ihr eigenes Urteil verließ. Die Schüler waren lange genug ohne jede Ausbildungsmöglichkeiten geblieben, so daß sie froh waren, endlich lernen zu können, und ihre raschen Fortschritte zeigten, daß sie zum größten Teil aus intelligenten Familien kamen. Zugegeben, wir hatten keinen aufgehängten Globus, um sphärische Geometrie zu erklären, aber ein Apfel und ein Ball taten es auch. An ausrollbare Landkarten war überhaupt nicht zu denken, aber die großen Karten in den Büchern erfüllten auch ihren Zweck, wenn man sie so hielt, daß sie jeder sehen konnte.

Was die Bücherei betraf, so boten die Bücher, die die einzelnen Familien gespendet hatten und die sich auf dem Regalbrett der Lehrerpultkiste befanden, einen guten Ersatz. Hier stand ein ganzer Jahrgang von *Youth's Companion*, dessen Geschichten, informative Artikel, Bilder und Rätsel Schülern jeden Alters eine erholsame Abwechslung lieferten. Dann gab es noch Bände der *Chatterbox*, *Harper's Young People* und einige andere Bücher, die wir gerne lasen, z. B. von Louisa May Alcott, so daß für unsere Bedürfnisse eine ausreichende Palette an Literatur vorhanden war. Die Bücher wurden laut vorgelesen, und die Schüler übernahmen die Rollen der verschiedenen Personen darin; in der Pause spielten sie dann die verschiedenen Charaktere. Jetzt nennen wir das ›Dramatisieren‹ und machen es zum Teil unseres täglichen Programms. Aber ganz gleich, wie die Bezeichnung lautet, es half sicher, eine tiefe und bleibende Liebe für gute Literatur einzupflanzen ...

Als der Frühling herannahte, wurde ein unfertiges Fachwerkhaus, das in der nahegelegenen Stadt stand, billig gekauft und in den Distrikt geschafft, wo es dann für immer aufgestellt und so gut wie möglich für die Schulbedürfnisse hergerichtet wurde. Zu diesem Zeitpunkt konnte niemand engagiert werden, der es verputzt hätte, aber die Schule nahm das Haus sofort in Besitz, nachdem es auf seiner Grundmauer stand, und die Leute waren so dankbar für einen Fußboden, viel Licht, bequeme Sitze, Pulte und eine wirklich echte Wandtafel, daß es ihnen nichts ausmachte, daß die Wände nur ganz roh verputzt waren.

Zu dieser Zeit herrschte auf den Straßen nur wenig Betrieb, deswegen brauchte man die Fenster noch nicht einmal teilweise mit Seife oder Scheuerpulver undurchsichtig zu machen, um die Schüler am zuvielen Hinaussehen zu hindern. Es war wirklich sehr einsam, wenn Lektionen oder Spiele die Aufmerksamkeit der Schüler nicht fesselten, und manchmal unterbrachen die Schüler und auch die Lehrerin den Unterricht, um durch die offene Tür zu einem schwarzen Flecken auf einem Hügel in der Ferne zu sehen, in der Hoffnung, es sei ein Mensch, der auf sie zuritt oder zufuhr, und später waren sie dann enttäuscht, daß es nur ein Busch war, der durch einen besonderen Lichteinfall oder Schatten eine menschliche Gestalt vorgespiegelt hatte.

In jenem Frühling hatten sie nur einen Besucher, den Schulrat Mr. Cyrus Russel, der in seinem kleinen, offenen Wagen mit einem hellmähnigen Fuchs zu ihnen herunterkam – über viele Jahre hinaus ein vertrauter Anblick für die Schule in diesem Bezirk. Vor einigen Tagen waren die Schüler, um etwas Abwechslung in die Freizeitaktivitäten zu bringen, bei einem Gipsvorkommen gewesen und hatten eine schöne Menge von dieser tonartigen Ablagerung mitgebracht. Ohne sich über die künstlerische Gestaltung viel Gedanken zu machen und ohne wirkliche Anleitung hatten sie das wunderschöne weiße Material zu flachen oder reliefartigen Darstellungen der Kontinente und zu Vasen und Schmuckplatten, verziert mit Blumen, modelliert, und ein ehrgeiziges Mädchen hatte sich sogar an einer Büste von George Washington versucht. Zu diesem Zeitpunkt ahnten sie noch nicht, daß das der Anfang vom Künstlerischen Gestalten in unseren Landschulen war, und es schien ihnen ein ebenso wichtiger wie unpassender Zeitpunkt zu sein, an dem nun der Schulrat auftauchte. Er muß jedoch in ihren Darstellungen einigen pädagogischen Wert entdeckt haben, denn er verfaßte einen positiven Bericht über die Schule und empfahl die Lehrerin für eine wichtige Position in der Bezirksverwaltung im nächsten Jahr.

Der nächste Vorfall brachte eine aufregende Unterbrechung im täglichen Programm. Eines Nachmittags bekam der Himmel eine ganz besondere, kupferne Färbung, und im Südosten schoben sich kleine Staubwolken über die Hügel und Bergkämme, die den Horizont bildeten, breiteten sich aus und wurden dünner, bis sie sich in der Luft auflösten und ähnliche Wolken aufstiegen, um ihren Platz einzunehmen. In der Pause standen die Schüler da und beobachteten dieses merkwürdige Schauspiel von Formen und Farben, als sie plötzlich eine klar erkennbare trichterförmige Wolke erkannten, die sich aus der staubigen Masse löste und sich schnell in ihre Richtung bewegte. Alle gerieten fast in Panik, als sie so nahe war, daß sie sogar ein altes

Sodehaus verdeckte, das nur zwei Meilen von ihnen entfernt in südöstlicher Richtung stand.

Unter dem Schulhaus gab es einen Zyklonkeller, doch bisher war noch keine Tür eingelassen worden, durch die man in ihn hätte gelangen können. Alle rannten ins Haus, und die Lehrerin packte das Beil, mit dem sonst das Brennholz zerkleinert wurde, und wollte damit ein Loch in den Fußboden schlagen oder einige Planken lösen, als ein vor Angst blasses Kind von der Tür her rief: ›Er hat gedreht, Fräulein Lehrerin, er bewegt sich geradewegs nach Norden.‹ Und tatsächlich, in der unberechenbaren Art und Weise, wie sich Wirbelstürme eben verhalten, hatte er seinen Kurs geändert.

Die Leute in diesem Distrikt wurden nicht müde, die Lehrerin damit zu necken, wie sie einen Tornado mit dem Beil in die Flucht geschlagen hatte, und meinten, danach müßte sie eigentlich mit der Disziplin keine Schwierigkeiten mehr haben.

Der letzte Schultag kam, und ein umfangreiches Programm, gemessen an der kleinen Zahl der Mitwirkenden, wurde vorbereitet. Diesen Tag hätte man sehr gut ›Das Fest der Kakteen‹ nennen können. Die älteren Mädchen entschieden, daß die roh verputzten Wände keinen wirklich künstlerischen Hintergrund für ihre improvisierte Bühne abgaben, also sammelte am Morgen des großen Tages jeder Schüler Mengen von wilden Blumen. Die Risse im Putz wurden mit den langstieligen Bartnelken und den rosafarbenen wilden Geranien verdeckt, die im Überfluß um das Schulhaus herum wuchsen. Die großen, weichen, goldenen Blüten des Birnenkaktus wurden zu Kränzen gewunden, und die lustigsten von allen, die rosafarbenen Blüten des Polsterkaktus, wurden auf eine Schnur aufgereiht und als Schmuck an die Vorderseite der Schule gehängt. Einige wurden zu kleinen, leuchtenden Girlanden geflochten, die die kleinen Mädchen als Kette um den Hals trugen, und manche Schülerinnen hatten sie sogar in ihre langen, weichen Zöpfe hineingewunden.

Dieses reizende Bild begrüßte die Eltern und Freunde, die kurz vor Mittag mit ihren Wagen und den wohlgefüllten Körben für unser erstes Gemeinschaftsessen eintrafen. Wie haben sie dieses Essen genossen! Ein junger, noch unverheirateter Mann sagte, zum erstenmal habe er wieder genug Kuchen bekommen, seit dem letzten Essen der amerikanischen Farmervereinigung damals in Illinois. Eine Orgel, die bei einer Familie, die sechs Meilen entfernt wohnte, ausgeliehen wurde, trug zur Nachmittagsunterhaltung bei. Begabte Besucher aus der Nachbarschaft ergänzten das Schulprogramm mit Gesangsdarbietungen und Vorlesungen aus Büchern. Mitglieder des Schulkomitees hielten die üblichen Ansprachen. Mehrere ausgezeichnete Sänger nahmen an dem Fest teil, die sich schließlich um die Orgel gesellten und zusammen mit dem Publikum ein schönes Chorsingen veranstalteten.

Viele fruchtbare Schulperioden folgten noch in diesem Distrikt, die mehreren unserer besten Lehrer die Grundlagen der Ausbildung vermittelten, aber nie fand eine fröhlichere Unterrichtszeit statt als diejenige, die in einem Erdhaus begonnen hatte.«

Für die Lehrerin im Frontiergebiet war das Leben nicht gerade einfach. Viele junge Frauen waren unglücklich mit ihrer Stelle, und viele unterrichteten nur einige Jahre, weil sie nur die Zeit bis zu ihrer Hochzeit ausfüllen wollten. Aber es gab auch jene, denen ihre große Liebe zum Lehrerberuf half, alle Schwierigkeiten zu überstehen. Wie eine Lehrerin gestand: »Ich bin dankbar dafür, daß Gott mir Freunde gegeben hat und mir den Weg in einen Beruf geöffnet hat, für den ich geschaffen war und der mich begeisterte. Ich betrachte Unterrichten als eine Ewigkeitsarbeit. Denn wer kann sagen, wie weitreichend die Ideale sein mögen, die in das Herz und den Geist eines kleinen Kindes eingepflanzt wurden?«

Kapitel 9

Die Frontier-Kirche

»Wie dankbar sind wir Gott, der unsere Schritte in dieses wundervolle Land der Mutigen und Freien gelenkt hat und der uns geholfen und uns durch die Mühsal und Härte der Pioniertage geführt hat. Mögen seine reichen Segnungen auch auf den folgenden Generationen liegen, wie sie auf den Pionieren gelegen haben.«

Christine Hokanson

Von Anfang an boten die starken religiösen Überzeugungen den Siedlern eine Art geistigen Ruhepunkt bei den täglichen Schwierigkeiten des Lebens in der Wildnis. Mit ihrem einfachen, aber unerschütterlichen Glauben wandten sie sich an ihre Geistlichen und an Gott, um wieder Stärke und Führung zu erhalten, die sie brauchten, um die anstrengenden Zeiten zu überstehen. »Wie haben sich die Siedler ihre Fröhlichkeit erhalten?« fragte Lilla Day Monroe. »Man kann nicht behaupten, daß sie sie voneinander empfingen, denn sie wohnten zu weit voneinander entfernt. Sie können es auch nicht der einfachen Tatsache zuschreiben, daß sie sich ein Heim erwarben, denn verglichen mit dem, was sie zurückgelassen hatten, als sie nach Kansas zogen, mußten die Hütten und Erdhäuser schon sehr durch Idealismus glorifiziert werden, um als wirkliche Häuser zu gelten. Nein, es scheint nur eine Quelle ihrer Fröhlichkeit zu geben, ihres außergewöhnlichen Mutes, ihrer unbezwingbaren Entschlossenheit, alle Schwierigkeiten zu überwinden und zu besiegen – und das war ihr einfacher Glaube an Gott. Verschiedene Glaubensrichtungen und Dogmen kümmerten sie nicht. Sie nahmen die Tröstungen der Religion an, wie sie die reine Luft der Prärie einatmeten. Sie kümmerten sich auch nicht um die chemischen Eigenschaften der Luft, die sie stärkte und kräftigte. Sie waren nicht abergläubisch, nicht fanatisch, aber sie hielten sich unerschütterlich an die Versprechen des Vaters, und ihre ersten Anstrengungen, nachdem sie sich niedergelassen hatten, galten der Errichtung von Gebetsstätten und Schulen für ihre Kinder.«

Die Religion diente auch als Verbindung zu den Traditionen ihres früheren Lebens. Wie wir gesehen haben, brachte der Zug nach Westen für die meisten Leute einen abrupten und vollständigen Wechsel in allen Bereichen ihres Lebens mit sich. Nur ihre religiösen Überzeugungen blieben die gleichen und boten so ein gewisses Maß an gefühlsmäßiger Sicherheit in dem neuen Land. Außerdem wurde der weitergegebene Glaube zu einem wichtigen Band zwischen den Generationen, wie es eine Siedlerin ausdrückte: »Wir haben versucht, unseren Kindern die Liebe zu Gott und seinen Werken zu lehren. Mein Mann und ich haben auf verschiedenen Gebieten gearbeitet, aber wir haben unser Heim immer so gottgefällig wie möglich gehalten.«

Sogar an ihrem ersten Abend in Kansas versammelte sich die Familie von Nutter und Nancy Murphy zu ihrer abendlichen Andacht. Nach der Erinnerung der Tochter Lydia fuhren sie am 21. Oktober 1859 nach Shawnee, eine Stadt von tausend Einwohnern.

»Als allererstes suchte Vater das Pfarrhaus auf. Der Geistliche ging mit ihm, um ein Haus zu suchen, aber es war kein unbewohntes zu finden. Ein großes, baufälliges Gebäude schien leer, doch der hintere Teil wurde von seinem Besitzer, einem Mann aus Arkansas und seiner Familie, bewohnt. Die vorderen Räume waren voll mit Whiskeyfässern. Diese Räume mieteten wir, und der Geistliche half Vater dabei, die Whiskeyfässer in den Keller zu rollen.

An jenem Abend ruhte die Familienbibel in der Mitte des Raumes. Wir versammelten uns um den Tisch herum, setzten uns auf Kisten und improvisierte Stühle, während die gewohnten Abendgebete nach der Lesung eines Kapitels aus der Heiligen Schrift gesprochen wurden. Während der fünfzig Jahre, die mein Vater in Kansas lebte, fielen nicht einmal die morgendlichen und abendlichen Lesungen und Gebete aus.«

Für die Siedler diente die Religion nicht nur als sichere Basis für ihr eigenes Leben, sondern förderte auch, über die großen Entfernungen in der Prärie hinweg, einen starken Gemeinschaftssinn. Der allen gemeinsame Glaube wirkte als nicht zu unterschätzender sozialer Faktor im Frontiergebiet.

Effie Thompson schrieb: »Es gab kein Kirchengebäude, deshalb versammelten sich die verstreuten Familien in einer der Hütten, um die Sonntagsschule abzuhalten oder einem Reiseprediger – hin und wieder kam einer – zuzuhören. Sie kannten die Nöte des Frontierlebens.

Eine Episkopal-Gemeinde in Wichita vor ihrer behelfsmäßigen Blockhauskirche

Sie empfanden die Qualen der Einsamkeit; aber Tapferkeit, Opferbereitschaft, Mut und echte Treue zu Jesus Christus führten zu großer nachbarlicher Hilfsbereitschaft.«

Zu diesem Zeitpunkt war die Bevölkerung von Kansas überwiegend protestantisch. Obwohl sich einige Gruppen aus Katholiken, Juden, Quäkern und Orthodoxen in verschiedenen Teilen des Staates ansiedelten, war die Zahl der Methodisten, Presbyterianer, Lutheraner, Episkopalen und Baptisten viel größer. Als im Laufe der Zeit die Landstriche immer bevölkerter wurden, schlossen sich Nachbarfamilien zu kleinen, zwanglosen Kirchengemeinden zusammen. Verbunden durch ihren Glauben an Jesus Christus teilten sich diese Nachbarschaftsgruppen nicht nach den einzelnen Glaubensrichtungen auf, sondern trafen sich als protestantische Vereinigungen.

Jeden Sonntag versammelten sich die Familien, nachdem sie die tiefgefurchten Straßen, die ihre Anwesen voneinander trennten, überquert hatten, an einem geeigneten Ort, und häufig war das der beengte Raum einer Grassodenhütte oder der ausgedehnte Schatten eines in der Nähe stehenden Baumes. Harriet Woodin Comstock erinnerte

Eine Frontier-Taufe, wahrscheinlich im Washita River

sich: »Es gab keine Schulhäuser oder Kirchen, deswegen wurden die Gottesdienste abwechselnd in den Häusern abgehalten, meistens bei uns, weil es größer als gewöhnlich war. Es war zur Gewohnheit geworden, zum Mittagessen zu bleiben, denn viele hatten mehrere Meilen zurückgelegt.«

Diese Nachbarschaftsgottesdienste waren in der Regel ganz einfach gestaltet. Wenn, wie es häufig vorkam, kein ausgebildeter Geistlicher zur Stelle war, um den Gottesdienst zu leiten, übernahm ein Mitglied der Gruppe seine Funktion. Die Versammlung begann oft mit dem Vorlesen eines Textes aus der Heiligen Schrift. Besondere Gebete wurden gesprochen, wobei sich die Nachbarn an den Händen hielten, und es wurden beliebte Kirchenlieder, begleitet von einer Harmonika, einer Fiedel oder womöglich sogar von einem Klavier, gesungen. Lillian Van Natta Smith erinnerte sich, daß in der kleinen Gemeinde von Wilmington eine verlassene Blockhütte als Nachbarschaftskirche und

Schulhaus diente. »Alle Nachbarn versammelten sich am Sabbath dort zur Sonntagsschule und zum Gottesdienst. Mutter besaß eine gute Stimme und mein Vater auch, und deswegen mußten sie immer alle Lieder anstimmen. Wir hatten überhaupt kein Musikinstrument zur Verfügung, nur eine althergebrachte Stimmgabel, die L. W. Bush, einem Musiklehrer, gehörte. Er schlug den Ton an, und alle fingen an zu singen. Ich erinnere mich, wie fröhlich alle zu sein schienen.«
Allmählich fanden die Kirchengemeinden größere Räumlichkeiten für ihre wöchentlichen Gottesdienste. Wenn es keine richtige Kirche gab, hallten so weltliche Gebäude wie Schulhaus, Gerichtssaal, Stall, Kaufladen oder ein Eisenbahndepot von den Gesängen der Gläubigen wider. In Smith Center, so schrieb Cordelia McDowell, »wurden die Gottesdienste dort abgehalten, wo es gerade möglich war, manchmal

Eine unbekannte – ungewöhnlich gut ausgestattete – Prärie-Kirche

in der Werkstatt eines Zimmermanns, mit der blanken Erde als Fußboden und Hobelspänen und Zimmermannswerkzeugen als Dekoration.«

In dem erst jungen Hays traf sich eine Vereinigung von verschiedenen Glaubensrichtungen in einem alten Gerichtsgebäude zum wöchentlichen Gottesdienst. Dort nahm Catherine Cavender, die Tochter eines in dem naheliegenden Fort stationierten Armeeoffiziers, an ihrem ersten Gottesdienst im Sommer von 1877 teil.

»Es war ein einfacher, schöner Gottesdienst«, erklärte sie, »kein vergoldeter Schmuck, keine leuchtenden Kerzen, kein köstlicher Blumenduft oder Weihrauchgeruch. Nur der staubige, alte Gerichtssaal, aber Gott war gegenwärtig bei den wenigen, die sich in Seinem Namen versammelt hatten. Einige der sonnengebräunten Männer und Frauen und kleinen Kindern waren meilenweit über die Prärie gefahren, um daran teilzunehmen. Da waren Leute aus der Stadt und Soldaten und Rancher und Cowboys.

Wir saßen auf langen, harten Bänken. Eine kleine Melodiumorgel stand da, und ein Chor sang die Morgenhymne. Laut meinem kleinen Tagebuch ging die Predigt über die Verse 42, 43 und 44 des 105. Psalms. Der durchgehende Gedanke lautete, daß man die Prärie so zum Blühen bringen kann wie die Rose. An diese Predigt erinnere ich mich nicht, ich war so sehr mit den Leuten um mich herum beschäftigt. Die kleine Orgel spielte ein kurzes Präludium, und dann erklang die Stimme einer Frau, klar und süß mit tiefen, weichen Tönen und brachte eine heilige Melodie. Es war die Stimme von Miss Mollie Montgomery, die später die Frau von Senator Hill P. Wilson wurde.

Heute besitzt Hays viele schöne Kirchen, und die Leute gehen verschiedene Wege zur Begegnung mit Gott. ›Jeder der Flüsse der Rechtschaffenheit‹, sagt Konfuzius, ›fließt in den himmlischen See.‹ Und jene alten gemeinsamen Gottesdienste verbanden unsere Herzen mit Banden, die keine religiösen Dogmen je durchtrennen können.«

In den frühen Jahren reichten die privaten Blockhütten und die öffentlichen Gebäude für die kleinen Kirchengemeinden im Frontiergebiet aus. Im Laufe der Zeit wurde jedoch ein größeres und nur für diesen Zweck gedachtes Gebäude benötigt. Die örtlichen Gemeindemitglieder, die unbedingt ihre eigene Kirche bauen wollten, sammelten allmählich, was sie an Geld und Material bekommen konnten. Für dieses Ziel erbaten sie Spenden von den eigenen Gemeindemitgliedern wie auch von anderen, die in dieser Gegend wohnten. Besondere Basare, Verlosungen und Picknicks wurden organisiert, um die neue Kirche zu fördern, und die Frauen arbeiteten in ihren Nähzirkeln, um durch den Verkauf der Handarbeiten Geld einzunehmen. Gelegentlich unterstützten sogar nationale kirchliche Organisationen die Bemühungen dieser Kirchengemeinden.

Im Frontiergebiet war Geld notorisch knapp. Wenn die benötigten finanziellen Mittel fehlten, war die Gemeinde auf Sachspenden angewiesen. Die jeweiligen Familien gaben alles her, was sie an Holz, Nägeln und Werkzeugen besaßen. Die Männer arbeiteten zusammen, um das Kirchengebäude zu errichten, und die Frauen holten aus Kisten und Ecken alte Vorhänge und Möbelstücke hervor, die sie entbehren konnten.

In Kansas waren die meisten frühen Kirchen nüchterne Bauten aus Holz, Ziegel, Grassode oder Kalkstein. Sie waren nicht sehr groß und zeichneten sich durch Einfachheit der architektonischen Struktur und der Inneneinrichtung aus. Lange, handgearbeitete Bänke ohne Rükkenlehne bildeten das Kirchengestühl. Einfache Tische wurden zu Altären umfunktioniert, und einfache Kanzeln wurden häufig aus überzähligen Holzbrettern gezimmert. Ganz gleich, wie primitiv sie war, die Gemeinde war mit Recht stolz auf ihre nur einen Raum umfassende Kirche, die sie endlich ihr eigen nennen konnte.

Im Oktober 1867 wurde der Grundstein für die erste Kirche in Smith Center gelegt. Es dauerte jedoch nicht lange, bis die mageren finanziellen Mittel der Gemeinde aufgebraucht waren und die Bauarbeiten zum Stillstand kamen. Das Gemeindemitglied Cordelia McDowell erinnerte sich: »Die Geschichte der Kirche trat in eine kritische Periode. Der Tag kam, als ein Arbeiter sein Pfandrecht auf die vier Wände des Kirchengebäudes geltend machte. Würde es auf einer Versteigerung verkauft? Wer würde genug dafür bezahlen, daß es für die Tilgung der Schulden ausreichte? Niemand wollte so einen unvollendeten Bau haben. Mußte es verkauft werden? Und würden wir wieder ganz von vorne anfangen mit der Kirche? Schließlich erschien ein gu-

ter Samariter, löste den Schuldschein aus und rettete somit das zum Gotteshaus bestimmte Gebäude.
Der Dezember kam, und unsere Kirche war immer noch nicht vollendet – es war wieder nicht vorangegangen, weil das Geld fehlte. Eine Versammlung wurde einberufen, und es wurde beschlossen, daß die Treuhänder den Presbyterianern und Methodisten garantieren, die Kirche fünf Jahre lang, gerechnet vom Datum der Fertigstellung und Einweihung, die Hälfte der Zeit zu überlassen, wenn sie uns soweit wie möglich bei der Vollendung der Kirche helfen würden. Jetzt sah alles vielsprechend und nach einer schnellen Erfüllung unserer Wünsche aus.
Die ganze Siedlergemeinde interessierte sich dafür, und am Heiligen Abend 1877 erlebten wir in der Kirche voll Freude unseren ersten Gottesdienst. Ein gemeinsamer Weihnachtsbaum wurde von dem Ufer des Solomon River herbeigebracht, und als er in der Kirche aufgestellt war, reichte er vom Fußboden bis zum Dach. Sie werden bemerkt haben, daß ich ›bis zum Dach‹ niedergeschrieben habe, und nicht ›bis zur Decke‹, da die Kirche zu diesem Zeitpunkt noch keine Decke besaß. Die Kirche wurde jedoch erst im Frühling 1878 offiziell ihrer Bestimmung übergeben. Die nötige Geldsumme wurde aufgebracht, und die Kirche wurde eingeweiht: ›Schuldenfrei.‹ Da wir über keinen Tresor verfügten, schliefen wir mit unserer kleinen täglichen Kollekte unter dem Kopfkissen, eine Pistole in Reichweite.«
Die frühen Siedler in Ottawa County hatten sogar noch mehr Schwierigkeiten beim Bau ihrer ersten Kirche. Lavinia Gates Chapman, eine stramme Presbyterianerin, glaubte, daß der Herrgott selber bei den Schwierigkeiten seine Hand mit im Spiel hatte! Sie berichtete: »Die erste presbyterianische Kirche wurde in Lindsey errichtet, und die Methodisten hatten genausoviel gespendet wie die Presbyterianer. Schließlich war die Kirche fertig, und die Methodisten sollten jeden zweiten Sabbath ihren Gottesdienst darin abhalten dürfen. Aber man brauchte noch mehr Geld für die Einrichtung, also nagelten sie Bretter vor die Fenster und beschlossen, das nötige Geld mit einer Tanzveranstaltung aufzubringen. Alles war vorbereitet, als ich ihnen erklärte, ich würde zu Gott beten, das Gebäude lieber durch einen Sturm umwehen zu lassen, als es mit einer Tanzveranstaltung einzuweihen. Oh,

welche Last lag an diesem Tag auf mir, und es war einer der schönsten Tage, die ich je erlebt habe, aber kurz vor Einbruch der Nacht kam ein Sturm auf und zerstörte das Gebäude bis auf den Grund.
Also sollten wir wieder Geld spenden. Das Gebäude wurde auch wieder errichtet, und natürlich sollte trotz der Warnung der Elemente wieder eine Tanzveranstaltung stattfinden. Wieder ein schöner Tag, und die Speisen waren gekocht und alle Vorbereitungen getroffen. Natürlich haben ein paar Leute nur wenig Gewicht, aber wir konnten zu Gott sprechen, und Er hatte gesagt: ›Und alles, was ihr voll Glauben im Gebet erbittet, werdet ihr empfangen.‹ Und ich erbat, daß das Gebäude in alle vier Himmelsrichtungen geweht würde.
Oh, es war ein ganz wundervoller Tag. Alles war vorbereitet, und ich sagte: ›Herr, Herr, willst Du zulassen, daß sie die Kirche mit einem Tanz einweihen?‹ Gerade vor Einbruch der Dunkelheit kam ein Sturm auf, und ein Teil des Kirchengebäudes flog nach Osten, ein Teil nach Norden, ein Teil nach Westen und ein Teil nach Süden, und der Platz, wo die Kirche gestanden hatte, war so sauber gefegt, als hätte man ihn mit einem Besen gekehrt, und die einzelnen Teile wurden nie mehr zusammengebracht. Häuser wurden von ihren Grundmauern weggeblasen, und am nächsten Morgen war es eine traurige kleine Stadt. Die Stücke, die man noch gefunden hatte, wurden zusammengetragen und an den Meistbietenden verkauft. Bruder Cooper, der am Pipe Creek wohnt, hat jetzt einige der Planken in seinem Haus. Ein Stück von einer dieser Planken wäre für mich ein Andenken.«

Von Anfang an übernahmen die Frauen bei allen Aspekten der kirchlichen Arbeit die führende Rolle. Zusammen organisierten sie die örtliche Kirchengemeinde, planten die wöchentlichen Zusammenkünfte und hielten die Sonntagsschule ab. Wenn die Gemeinde eine Orgel wollte, oder wenn das Kirchengestühl ausgewechselt werden mußte, oder wenn das Kirchendach eine Reparatur nötig hatte, waren es gewöhnlich die Frauen, die besondere Spendenaktionen ins Leben riefen oder durch den Verkauf von Backwaren oder Handarbeiten, die in den Nähzirkeln angefertigt wurden, Geld aufbrachten.
Minnie Campbell erinnerte sich: »Wir hatten in unserer Kirche weder eine Orgel, noch Geld, um eine zu kaufen. Meine Mutter versprach,

sich um die Beschaffung einer Orgel zu kümmern, und sie machte eine Spendenaktion. Ein paar Tage später stand eine gute Orgel in der Kirche, und sie war bezahlt. Ähnlich geschah es, als die Kirche frisch tapeziert war und dann niemandem der Altar gefiel. Der Mann sagte, er könnte etwas viel Schöneres hinstellen, wenn sie das Geld aufbrächten. Meine Mutter sagte: ›Sie bauen den Altar, und wir werden uns darum kümmern, daß Sie das Geld bekommen.‹ Und wenn ich heute diesen wunderschönen Altar sehe, denke ich immer an Mutter, die ihre Kirche so schön wie ihr Heim haben wollte.«

Außerdem waren Frauen die aktivsten Teilnehmer bei der Wohltätigkeits- und Missionsarbeit, die die Gemeinden unterhielten. Immer aufgeschlossen für die Nöte anderer Menschen, denen es noch schlechter ging als ihnen selber, organisierten sie besondere Frauengruppen, um Geld, Nahrungsmittel oder Kleidungsstücke zu beschaffen.

»Mutter trat der Lutherischen Kirche bei«, fuhr Minnie Campbell fort, »und ihr Leben bewies, daß sie es dem Dienst am Christentum geweiht hatte. Sie hatte fast in allen kirchlichen Bereichen gearbeitet ... In den schweren Zeiten, wenn es keine Ernten gab, stand sie immer an der Spitze einer Organisation, die den Armen half. An eine Sache erinnere ich mich besonders gut: Bei uns in der Nähe lebte eine Familie, die keine Strümpfe oder Schuhe besaß, und die Leute waren gezwungen, mit bloßen Füßen im Schnee herumzulaufen. Meine Mutter ging in die Stadt und bat um alte Socken und Strümpfe und bat um Spenden, um für diese Kinder Schuhe zu kaufen. Sie verbrachte viele, viele Abende damit, diese alten Socken für die Kinder zu stopfen, und heute sitzen diese als Erwachsene in guten Positionen und sind bei jedermann wohl angesehen.

Sie und Mutter Bickerdyke verbrachten viele Stunden damit, für die Armen und Kranken und Notleidenden Pläne zu machen, und es war ein alltäglicher Anblick, wie sie mit einem alten Pferd und Karren unterwegs waren, Dinge an die Bedürftigen zu verteilen, besonders an Soldaten und deren Lieben. Ihre Hände waren nie untätig. Und sie dachte immer an irgend etwas, das sie tun könnte.«

Einen geweihten und erfahrenen Geistlichen zu finden, war ein weiteres drängendes Problem für die Frontiergemeinde. Obwohl die frühen Siedler zuerst auch den Gottesdienst selber in die Hand nahmen, waren sie doch darauf bedacht, einen Prediger zu finden, der die Sonntagsgottesdienste abhielt, Taufen durchführte, die Trauungen vollzog und bei den Beerdigungen am Grab sprach. Da hauptamtliche Geistliche nur schwer aufzutreiben waren, hingen viele Gemeinden völlig von den Diensten der Reiseprediger ab, die von einer Siedlergemeinde zur nächsten zogen.

Das am besten funktionierende System dieser »berittenen Reiseprediger« wurde von der Methodistenkirche organisiert. Von Anfang an hatte die Kirche das Gebiet in offizielle Distrikte aufgeteilt, die jeweils von einem Kirchenältesten geleitet wurden. Unter seiner Aufsicht wurde ein Distrikt in eine Anzahl von »circuits« (Bereichen) unterteilt, denen dann ein eigener Geistlicher oder ein »circuit rider«, ein berittener Reiseprediger, zugewiesen wurde. Diesen Wanderpredigern gab man eine Handvoll »Berufungen«, einzelne Gemeinden, die er in einer regelmäßigen Reihenfolge aufsuchen mußte.

Wenn ihm erst einmal eine bestimmte Route zugeteilt war, dann mußte der Wanderprediger selber für sein Transportmittel sorgen; normalerweise begab er sich zu Pferd von einer Gemeinde zur nächsten. Mit der Satteltasche an seiner Seite reiste er das ganze Jahr hindurch, um sich um die religiösen Bedürfnisse der Siedler zu kümmern. Dafür mußte er sich auf ihre Gastfreundschaft bei seiner Unterkunft und Verpflegung verlassen.

Unglücklicherweise wurden die eifrigen Bemühungen des berittenen Reisepredigers selten gut entlohnt. Jede Kirchengemeinde war dafür verantwortlich, sein Gehalt von den einzelnen Mitgliedern einzusammeln, und nur wenige Siedler verfügten über das zusätzliche Geld, um einen Prediger zu bezahlen. Deswegen blieb ihnen nichts anderes übrig, ihm als Lohn Mehl, Heu, Fleisch oder von anderen Dingen zu geben, die sie gerade geerntet hatten und die sie entbehren konnten.

Nach dem Bericht von Mary Keller hatte die frühe Gemeinde in Marion oft Schwierigkeiten, das Geld zusammenzubringen, um den Prediger zu bezahlen. »In den frühen Jahren war es keine leichte Aufgabe, einen Priester zur Verfügung zu haben. Das Gehalt einzusammeln war damals etwas ganz anderes als jetzt. Ich mußte manchmal dabei helfen, indem ich ein Gespann und einen Wagen nahm und durch das dünn besiedelte Land fuhr, um Fleisch, Maismehl, Weizenmehl, Hühnchen, Eier, Sorghum und alles andere einzusammeln, was die Leute übrig hatten. Denn es gab nur wenig Geld.«

Das Vagabundenleben des berittenen Predigers war auch für seine Familie schwierig. In den Jahren um 1860 bis 1870 war Reverend John Woodburn, ein Methodistengeistlicher, dem Nemaha County zugeteilt. Da er mehrere Tage in der Woche unterwegs war, ließ er seine junge Frau, die sich um das Haus und die wachsende Familie kümmern mußte, zurück. Ihre Tochter, May Woodburn Crane erinnerte sich:

»In jenen frühen Tagen war Vater ein berittener Reiseprediger, der in Blockhausschulen in Nemaha County mehrere Jahre lang predigte und später in den Counties Washington und Jackson. Zuerst begab er sich zu Pferd zu seinen verschiedenen Gemeinden, später reiste er in einem gefederten Wagen, den er gekauft hatte. Gewöhnlich verließ er am Samstag das Haus und war manchmal mehrere Tage fort. Während seiner Abwesenheit von Zuhause besuchte er seine Pfarrkinder in ihren Häusern, und wenn er zurückkam, brachte er die Spenden mit, die er empfangen hatte. Ich kann mich noch sehr gut erinnern, wie sehr wir Kinder darauf warteten, die Dinge zu sehen, die Vater mitbringen würde.

In jenen Tagen war Geld sehr knapp, und der Reiseprediger erhielt wahrlich sehr wenig davon. Vater brachte gewöhnlich solche Dinge wie Kartoffeln, Rüben, Zwiebeln, Fleisch, Hühnchen, Säcke mit Maismehl und manchmal sogar abgelegte Kleidung und altes Spielzeug. Ich erinnere mich an einige Puppen, die wir Kinder geschickt bekamen. Sie waren alt und abgenutzt, aber es waren die einzigen, die wir besaßen, und wir liebten sie sehr. Zu Weihnachten gab es immer zusätzliche Spenden. Die Leute, die in die Kirche kamen, sagten Vater Bescheid, wenn sie etwas zu geben hatten, und wenn er sich auf die Heimreise machte, fuhr er herum und sammelte die Dinge ein.

Mutter war eine bemerkenswert gute Wirtschafterin – die Ehefrau eines berittenen Reisepredigers mußte es einfach sein. Häufig brachte Vater von einigen Dingen mehr nach Hause, als wir gebrauchen konnten, und zu wenig von anderen. Wir Kinder hatten manchmal an den Sachen, die er mitbrachte, etwas auszusetzen, besonders an den Kleidungsstücken. Einige hielten wir für nicht gut genug, um noch einmal umgearbeitet zu werden, und wir wollten sie zum Spielen und Verkleiden haben. Doch das ließ Mutter niemals zu. Sie war immer voller Achtung gegenüber den Spenden. Sie betonte, daß die Dinge, die wir empfingen, Geschenke waren und deswegen dankbar angenommen werden sollten; nie durften wir abschätzig über sie reden.

Selbst im besten Fall reichten die Spenden nicht aus, um die Familie mit dem Lebensnotwendigsten zu versorgen. Vater arbeitete noch zusätzlich als Zimmermann und als Steinmetz. Er hatte das Blockhaus gebaut, in dem wir wohnten. Zuerst bestand es nur aus einem großen Raum mit einer Feuerstelle, und das war das Wohnzimmer, das Eßzimmer und die Küche in einem, und aus dem Dachboden, der als Schlafraum diente. Als sich dann die Familie vergrößerte, wurde noch ein Anbau als Schlafzimmer hinzugefügt.

Wir waren elf Kinder insgesamt, sieben Jungen und vier Mädchen. Aber sogar bei dieser großen Zahl von Familienmitgliedern war für einen Gast immer noch Platz unter unserem Dach. Von Freunden und Fremden, die ins Land kamen, wurde unser Haus als eine Art Hotel oder Rasthaus an der Straße benutzt. Und trotz der ganzen harten Arbeit und der Entbehrungen eines neuen Landes behielt Mutter ihre Freundlichkeit und Gelassenheit und Würde. Sie besaß einen ausgeprägten Sinn für Humor, und der half ihr über viele düstere Augenblicke im Leben hinweg.«

4. Teil

Die Frontier-Stadt

Die Wunden des Krieges

Kapitel 10

Die Frontier-Stadt

»Die Jahre vergingen, Städte wuchsen wie Pilze aus dem Boden, und unser Horizont erweiterte sich immer mehr.«

Myrtle Lobdell Fogelburg

Am Anfang war die Frontier-Stadt kaum mehr als eine einsame Gruppe von baufälligen Hütten, die aus einem Meer von Präriegras hervorragten. Die Hauptstraße war bloß ein etwas breiterer, grasbewachsener Pfad, aufgewühlt von den vielen Pferdehufen und Wagenrädern. Am Rand waren verzogene Holzplanken als Bürgersteig vor Läden zusammengenagelt, und krumme Äste und alte Holzpfähle dienten zum Anbinden der Pferde. Reihen von einfachen Holzhäusern beherbergten die Einwohner und Geschäfte der Stadt. Hier und dort verriet ein handgemaltes Schild, das vorn ans Haus genagelt war, ob es sich um den Gemischtwarenladen, das Grundbuchamt, die Pferde- und Fahrzeugvermietung oder das Postamt handelte. Das Hotel, mit seiner breiten Veranda, und der Saloon, mit seinen Schwingtüren, beherrschten das Zentrum der Stadt. In der Nähe befanden sich der öffentliche Brunnen, die Kirche und die Posthalterei. Mit dem Wachsen der Stadt und dem Entstehen von zusätzlichen Straßen wurden noch andere Gebäude errichtet und neue Läden eröffnet.

In Kansas wuchsen die Städte mit den hereinströmenden Siedlern. Nach dem Gesetz konnte eine neue Stadt erst offiziell gegründet werden, wenn die Stadt mindestens 320 Morgen Land umfaßte.

Spekulanten und Geschäftsleute, die sich profitreiche Kapitalanlagen versprachen, steckten die erforderlichen Morgen Gebiet ab und zwangen die Siedler, sich auf den daran angrenzenden Gebieten niederzulassen. Häufig sicherten sie sich bis zu tausend Morgen auf einmal und teilten das künftige Stadtgebiet in einzelne Parzellen auf, die an die möglichen Bewohner und Geschäftsleute verkauft werden sollten.

Wenn das Stadtgebiet erst einmal abgesteckt war, dann planten diese

Ansicht der Old North Main Street in Hays, Kansas, 1879

Landkäufer Werbekampagnen, um Leute in dieses Gebiet zu ziehen. Einzelne Parzellen wurden verschenkt, um so notwendige Unternehmen wie ein Hotel, eine Pferde- und Fahrzeugvermietung, einen Saloon oder einen Gemischtwarenladen anzulocken. Anzeigen wurden in den Zeitungen des Ostens aufgegeben, und Stadtagenten ließen sich an Anlegeplätzen der Flüsse und in Grenzstädten nieder, um die Wer-

Das Ende einer gewalttätigen Auseinandersetzung vor einem Saloon in Hays.

bekampagnen zu unterstützen. Als weitere Propaganda arrangierte die Stadt besondere Feiern, um Neuankömmlinge willkommen zu heißen und die restlichen Parzellen zu versteigern.

Doch allzuhäufig schwankte die Frontier-Stadt zwischen Aufblühen und Bankrott. Pionierfamilien und Kaufleute ließen sich leicht in eine wachsende Stadt locken, aber bei einem plötzlichen Umschwung packten sie genauso schnell ihre Sachen zusammen und zogen weiter. Wenn ein in der Nähe gelegener Trail die Richtung änderte oder die Postkutschenlinie eine andere Route nahm, schlossen die örtlichen Geschäftsleute ihre Läden und begaben sich wieder zu anderen aussichtsreicheren Örtlichkeiten. Die Ausdehnung der Eisenbahn nach Westen ließ Siedler und Geschäftsunternehmen zu konkurrierenden Gemeinden weiterziehen, was besonders schlimm für eine um ihr Überleben kämpfende Stadt war. Außerdem schreckten Schlechtwetterperioden, magere Ernten und schwankende Landpreise Zuwanderer ab und verhinderten weiteres Wachstum.

Wenn eine Stadt zur Kreisstadt (county seat of government) gewählt wurde, dann waren ihre Zukunftsaussichten rosig. Nach dem Gesetz wurde der Regierungssitz durch Kreiswahlen bestimmt. Dadurch kam es zu erbitterten Wettbewerben zwischen den einzelnen Städten. Denn man war überzeugt, daß mit dem Sitz der Verwaltung neue Stellen, Handel, Leben und Wachstum in die Stadt kommen würden.

Wenn die Wahl vorbei war, brachte der Verlust des Regierungssitzes eine rivalisierende Stadt der vorherigen Regierungsstadt oft den Untergang. In Woodson County wanderte der Regierungssitz mehrmals, bis schließlich Yates Center endgültig zur Kreisstadt gewählt wurde. Elizabeth Currie erinnerte sich an das Hin und Her:

»Ich weiß nicht, welche Leute dafür verantwortlich waren, aber der Regierungssitz begann zu wandern. Zuerst nach Kalida, in der Nähe des Zentrums des Bezirks, ein kleines Städtchen mit ein paar Häusern, einem Schulhaus, einer Schmiede, einem Hotel, einem Laden. Dort blieb er nicht lange ..., sondern wanderte nach Defiance, ein noch kleinerer Ort aus zwei oder drei Farmhäusern. Wie die Männer aus Defiance das geschafft haben, habe ich nie erfahren. Dauernd gab es Drohungen und Streitereien.

Schließlich bot Abner Yates aus Illinois, dem ein riesiges Stück Land

im Zentrum des Bezirks gehörte, den Einwohnern von Woodson County eine Quadratmeile seines Landes für einen Regierungssitz, wenn sie die Stadt nach ihm benennen würden. Darüber wurde abgestimmt und das Angebot angenommen. Am 12. August 1875 wurde Yates Center zum Regierungssitz. Bald darauf zog Mr. Yates hierher, und er lebte bis zu seinem Tod in dieser Stadt.
Nicht nur die Gebäude von Defiance, sondern ganz Kalida außer dem Schulhaus und dem Haus von James Davidson und Mr. Ray wurden hergeschafft. Mein Mann besaß ein Gespann texanischer Ochsen und wurde engagiert, den Umzug zu überwachen, und er half, bis das letzte Haus nach Yates Center gebracht worden war. Kalida und Defiance sind Träume der Vergangenheit.«

Die Stadt Hays wurde 1867 offiziell auf einem Gebiet in der Nähe von Fort Hays gegründet. Die Kansas Pacific Railroad erreichte im Oktober desselben Jahres die neue Stadt, und das brachte bald einen Strom von Farmern, Geschäftsleuten, Cowboys und Soldaten in den Ort. Innerhalb eines Jahres hatte sich die Einwohnerzahl auf eintausend erhöht und in dem gleichen Zeitraum hatten mehrere Läden, Hotels, Saloons und Pferdevermietungen eröffnet.
Im Jahr der Stadtgründung kam Josephine Middlekauf nach Hays. Sie war noch ein Kind, und sie erinnerte sich an die Stadt mit den Augen eines Kindes für Einzelheiten. Sie schrieb: »Schon damals war Hays etwas Besonderes, da es die kleine Stadt Rome, die sich auf einem Gelände ungefähr eine Meile westlich von Hays befand, geschluckt hatte. Als Endstation der Eisenbahn befanden sich alle Gebäude, die zu einer Eisenbahnstadt gehören, wie der Lokschuppen, die Drehscheibe und dergleichen, gleich an der östlichen Seite vom Schwaller Lumber Yard.
Vor meinem geistigen Auge kann ich die Old North Main Street in all ihrem früheren Glanz sehen: von Osten nach Westen von der Chestnut Street befanden sich der Capless and Ryan Outfitting Store, das Leavenworth Restaurant, Dalton's Saloon and Faro House, Hound Kelley's Saloon, das Büro von M. E. Joyce, unserem ersten Friedensrichter, ein Juwelierladen, Mrs. Godwy's kleine Sodenhütte, Ed Godard's Saloon und Tanzpalast, Tommy Drumm's Saloon, Kate

Coffee's Saloon und Mose Walter's Saloon, R. W. Evan's Lebensmittelgeschäft und Postamt, Sol Cohen's Bekleidungsgeschäft, Paddy Welch's Saloon und Spielhalle, das Perry Hotel, M. J. R. Treat's Bonbon- und Erdnußstand, Cy Godard's Saloon und Tanzpalast und an der Ecke ›Nigger White's Frisiersalon‹; dabei befanden sich auf der North Main Street noch sehr viel mehr Saloons. Es gab mindestens fünfundsiebzig Etablissements, wo man seinen Durst mit Alkohol löschen konnte, und man hatte die Auswahl von Whiskey pur zu fünfundzwanzig Cent pro Glas bis zu ›Madam Cliquot‹ zu fünf Dollar pro halben Liter.

Ein Hotel in Kansas um 1870

Fort Street war ähnlich bebaut, sie begann nördlich der Normal Avenue und verlief bis zum Gerichtsvorplatz; zugegeben, die meisten Gebäude waren von ziemlich wackliger Konstruktion und wurden abgerissen und dann dort wieder errichtet, wo die Eisenbahn ihre nächste Haltestelle hatte. Zelte und Erdhäuser waren auch zahlreich, und obwohl es immer viel Getriebe und Gedränge gab und Tausende von Füßen über die Straßen trampelten, waren sie doch immer noch mit Büffelgrassode gepflastert.«

Ein Gemischtwarenladen in Oakley

Zehn Jahre später kam Catherine Cavender mit ihrer Familie in Hays an, dessen Einwohnerzahl ständig größer wurde. Als wir an einem Junimorgen mit unserem Truppenzug in Hays City eingetroffen waren, warteten wir auf dem Bahnsteig auf die Militärambulanz, die uns nach Fort Hays begleiten sollte.

Wir standen auf der westlichen Seite des Bahnsteigs, als auf der Nordseite plötzlich ein Schuß fiel – dann lief eine Frau in einem kurzen, ausgeschnittenen Kleid schreiend durch die Schwingtüren eines Saloons, verfolgt von einem Mann, der mit seinem Gewehr in Richtung ihrer Füße feuerte. Sie rannte den holprigen alten Bürgersteig hinunter und verschwand dann in der offenstehenden Tür von Mrs. Bay, der ersten Anzugschneiderin am Platz. Als der Mann sah, daß sie bei der angesehenen Frau Schutz gefunden hatte, ging er zu einem langen Gatter, band sein Pony los und ritt davon, nicht ohne noch sechs Schüsse abzugeben und eine Art Freudengeheul anzustimmen, während er an Fitzpatricks Old Corner vorbeiraste.

Wir waren von alledem ganz gelähmt, bis uns ein Eisenbahner erklärte, daß es sich nur um einen betrunkenen Cowboy handelte, der sich einen Spaß daraus gemacht hatte, auf den Bürgersteig zu schießen, um die Frau rennen zu sehen.«

Das Hotel oder die Pension war ein wichtiger Faktor für eine Stadt, die neue Einwohner und Geschäftsleute anzuziehen hoffte. Obwohl die Unterbringung in keiner Weise luxuriös war, galt das Hotel doch als beliebter Treffpunkt für Neuankömmlinge und auch für die Einheimischen. Jeden Tag kamen neue und unterschiedliche Gäste. Manchmal blieben Emigrantinnen mit ihren Kindern für eine Nacht, um sich vor der Weiterreise nach Westen kurz zu erholen. Bodenspekulanten und reisende Kaufleute nahmen hier oft ihr Quartier, während sie sich in dem Gebiet umschauten.
In Cottonwood Falls bediente die Familie von James Nichols in ihrem

Das Gebäude des *Hays City Sentinel*. Das Zeitungsgeschäft war keine rein männliche Domäne. Ellen West Downing arbeitete oft bis tief in die Nacht an der Washington Handdruckmaschine, um den *Ellis County Star* rechtzeitig auszuliefern.

Eine Fahrt über die Main Street in Nortonville, Kansas

Hotel The Doolittle House die unterschiedlichsten Gäste. G. S. Nichols schrieb: »Mutter war plötzlich eine Gastwirtsfrau, die Mahlzeiten und Speisefolgen plante und am Kopfende von Tischen saß, an denen Männer der verschiedensten Art und unterschiedlichsten Alters zusammenkamen. Häufig war hier der Cowboy in Stiefeln mit Sporen und Haaren, die ihm bis zu den Schultern reichten. Hier saßen der Viehzüchter, der Farmer, der potentielle Landkäufer, der Makler, einige Männer, die man des Viehdiebstahls verdächtigte und die schließlich verhaftet, verurteilt und ins Gefängnis gesteckt wurden. Doch da saßen auch der Phrenologe, der Kaufmann, der Arzt, der Rechtsanwalt, der Richter und der Geistliche. Eine Mannschaft von Männern, die in einem in der Nähe gelegenen Steinbruch arbeiteten, brachten einen weiteren Farbtupfer in das Bild der Gäste dieses Hotels.«
Die Zimmer waren meistens klein und ungemütlich und nur mit dem Allernotwendigsten versehen. Ein wackeliges Bettgestell mit einer strohgefüllten Matratze und einem harten Kopfkissen nahm gewöhnlich den meisten Platz ein. Ein Waschständer mit einer Wasserschüssel und einem Wasserkrug füllte eine Ecke des Zimmers aus. Manchmal fand man auch noch einen Sessel oder eine kleine Kommode vor. Da die Zimmer nur durch schwache Kerosinlampen erleuchtet wurden, waren sie stets dunkel und muffig. Außerdem bereiteten die ständig vor-

handenen Wanzen weitere Ungelegenheiten. Trotz allem genügte den meisten, von der Reise ermüdeten Gästen diese Art von Unterkunft.
Die Hotels boten gewöhnlich nicht nur Unterbringung, sondern auch Verpflegung. Um zwölf rief der Gong die Gäste zum Mittagessen in den Speiseraum. Meistens war das Mahl einfach, Maisbrot, gebratenes Fleisch, Kartoffeln. Anschließend gingen die Gäste in den Salon, um Kaffee zu trinken oder versammelten sich auf der Veranda, um über Politik zu diskutieren und Erinnerungen auszutauschen.

Ganz ohne Zweifel war der Gemischtwarenladen das am meisten besuchte Haus in der Frontier-Stadt. Zuerst erfüllte ein einziger Laden die Bedürfnisse der Gemeinde, und sein Angebot reichte von Chinin und Kattun bis zu Handwerkzeug und Pflügen. Immer auf der Main Street gelegen, bildete er stets den Mittelpunkt des Geschäftslebens in der Stadt. Hierher kamen die Siedler, um die notwendigen Dinge einzukaufen und ihre Ernteerträge zu verkaufen. Für die Pionierfrau war

Tanzhalle in Dogde City, um 1878

eine Einkaufsreise zum Gemischtwarenladen in der Stadt eine erholsame Abwechslung von ihrer Abgeschiedenheit und täglichen Arbeit.

Gertrude Burlingame machte einen Vorschlag: »Gehen wir doch einmal einkaufen. Versetzen wir uns genau fünfzig Jahre zurück. Hier sind wir in Craigue's and Morn's Lebensmittelgeschäft, das beste in Topeka. Gerade ist die Lieferung für den Winter eingetroffen. Auf dem Ladentisch Körbe mit Eiern – drei Dutzend für einen Vierteldollar. Große Gefäße mit Butter, die die Farmer gebracht haben, ganz weich – in jenen Tagen gab es noch kein Eis – zu 12 1/2 bis 15 Cent das Pfund und zwei verschiedene Sorten. Körbe mit Brocken Ahornzukker aus dem Osten. Wir machten unseren Ahornsyrup immer selber und auch unsere getrockneten Äpfel und Pfirsiche. Während des Winters verbrauchten wir eine große Menge getrockneter Äpfel. Käse aus New York, ein Eimer Maisbrei, über dem ein Moskitonetz lag als Schutz vor den Fliegen – und davon gab's viele.

Auf dem Boden standen Fässer mit Mehl, zwei Sorten, weiß und mittlere Qualität, und grobes Schrotmehl, Buchweizenmehl – die Art, bei der ein Mann am liebsten von jemand den Rücken gekratzt haben möchte. Eine Tonne Äpfel aus Missouri, Säcke mit Kartoffeln, Rüben, Kohl, Kürbissen und Flaschenhalskürbissen. Und dahinter standen Fässer mit Melasse aus New Orleans, Essig, gepökeltes Schweinefleisch – ein dicker Stein obendrauf hinderte das Fleisch daran, aus der Salzlake emporzutauchen –, Salz, drei Sorten Zucker – feiner weißer, für einen Dollar zwanzig Pfund, hellbrauner und sehr dunkler, genau wie wir ihn jetzt auch haben.

Zuber mit zwei Sorten Makrelen, die großen fetten und dann die kleineren. Ich kann mich nicht mehr an den Preis erinnern, aber sie waren billig und wurden viel verwendet. In diesem Teil des Ladens hing auch der Kabeljau, ganz, gesalzen und getrocknet und am Schwanz aufgehängt. Außerdem hingen da Schinken herum, Schulterstücke und Speckseiten, auf Schnüren aufgereihte Chilies, und dann auch noch Frischfleisch. Das muß sehr billig gewesen sein, denn man gab uns Schweinefüße und Rinderleber und hin und wieder einen Schweinekopf für Preßkopf und einen Korb mit guten ›Spareribs‹ für zehn Cents. Fässer mit Schmalz.

Im Regal hinter dem Ladentisch standen große Schachteln mit den großen viereckigen Keksen, Krüge mit Honig, Kaffee – noch grün aus Rio und Mocha (wir mußten ihn rösten und mahlen) –, Tee, schwarzer und japanischer in großen Dosen, Stärke in Stücken, Flaschen mit Ketchup, Cayennepfeffer und Soda und Weinstein statt Backpulver. Große Glasgefäße mit gestreiften Bonbons. Einige Gewürze und Reis.

Und noch weiter hinten fanden sich ein paar Dinge für den Landhandel. Die Farmersfrau tauschte gern Eier und Butter für andere Sachen, die sie in der Küche brauchte. Und dann gab es noch einfache, weiße Teller, Stahlmesser und Gabeln und Zinnlöffel, Gläser für Pickles und Milchkrüge, Pfannen, Holzwannen und Eimer und Besen (die auffälligsten Dinge unter den Porzellansachen waren die, die wir unters Bett stellten). Und für die Farmer gab es Hacken, Rechen, Spaten, Seile, einige Kisten mit Nägeln, und ich hätte schon erwähnen sollen, daß überall Tabak sowohl zum Rauchen wie auch zum Kauen stand.

Butter! Ich nahm meine mit nach Hause und hängte sie in den Brunnen, der mein Eisschrank war – und ein guter. Cracker, ganze Stapel, große und kleine, weiße und lehmfarbene und billig. Makrelen, mein Vater kaufte jeden Herbst ein kleines Faß. Wir entsalzten immer zwei oder drei auf einmal, trockneten sie dann und brieten sie zum Frühstück über den Kohlen und das zwei- oder dreimal in der Woche. Wenn es sehr kalt war, hatten wir manchmal Austern, und in jener Zeit hatten wir eine Menge Wild, manchmal Wildbret- oder Büffelsteak. Viele Wachteln und Präriehühner und Enten zur richtigen Jahreszeit. Kabeljau, wir (unsere Familie, meine ich) aßen noch keinen Kabeljau. Mein Vater, der aus dem Süden stammte, sagte, das wäre das Essen von den blaßbäuchigen Yankees.

In jenen frühen Tagen besaßen alle wohlhabenden Familien ihre eigenen Fässer mit Schweinefleisch.

Ich glaube, ich habe nur die üblichen Lebensmittel aufgeführt. Wissen Sie, das waren alles notwendige Lebensmittel, aber alles war damals billiger als heute, und jeder in Kansas war ärmer als heute. Aber dem Lebensmittelhändler schien es gutzugehen. Sowohl Craigue wie auch Morn waren in der Lage, ein schönes Haus zu kaufen und gut zu leben.«

Frauen versehen ihr eigenes Vieh mit einem Brandmal auf einer Ranch in Scott County

In den größeren Städten wurden die Gemischtwarenläden schließlich durch mehr spezialisierte Geschäfte ergänzt. Apotheker eröffneten Drogerien, Schneider Bekleidungsgeschäfte, Schmiede boten ihre Handwerkskunst an, und unternehmungslustige Metzger lieferten frischgeschlachtetes Fleisch. Aber ein Laden war nicht einfach ein Ort, wo Geschäfte getätigt wurden. An verkaufsoffenen Tagen trafen sich hier die Siedler, die sich mit neuen Vorräten versorgten, und die Städter für ein Schwätzchen. Kunden, die von weit her gereist waren, drängten sich um den Ofen, wärmten sich die Hände und redeten miteinander. Frauen tauschten Ratschläge aus und verglichen ihre Einkäufe, während Kinder sich hereinschlängelten und Pfefferminzstangen, Ahornzucker, Bleistifte oder Bänder kauften.

Posttage brachten besonders viele Kunden, die hofften, die langerwarteten Briefe seien endlich eingetroffen. In den meisten Ortschaften dienten die Gemischtwarenläden und andere Geschäfte als behelfsmäßige Postämter, bis ein eigenständiges Gebäude dafür errichtet war. Wenn die wöchentlichen Postsäcke eintrafen, standen die Ortseinwohner schon an der hinteren Theke Schlange. »Briefe waren für die frühen Siedler kostbar«, erklärte Jessie Stratford, »Nachrichten von den ›Leuten zu Hause‹ wurden sehnsüchtig erwartet. Man kam zu Fuß oder zu Pferd von den entferntesten Gegenden des Bezirks – häufig bis zu vierzig Meilen –, um in jenen Tagen die Post abzuholen.«

In der Regel arbeiteten Frauen als Postmeisterinnen und Postangestellte in jenen frühen Behelfspoststellen. Zum größten Teil war ihre Arbeit anstrengend, die Dienstzeiten unvorhersehbar und das Gehalt mager. Jessie Stratford fuhr fort: »Großmutter wurde 1871 in El Dorado Postmeisterin. Sie nahm den Posten an, als J. W. Kellog erklärte, wenn nicht jemand das Postbüro übernähme, würde er alles ›auf die Straße schleudern‹. Damals betrug das Gehalt eines Postmeisters vierundzwanzig Dollar im Jahr. Das Büro befand sich in einem Drugstore ... Post kam jede Woche donnerstags und samstags, und Mutter erinnert sich, daß sie und ihre Mutter in mancher bitterkalten Winternacht, wenn die Postkutsche um zwei Uhr morgens anhielt, aufgestanden sind, um die Post bei dem Licht der Petroleumlampe zu verteilen.«

Sara Bissing, eine Angestellte im Postamt von Hays, fand ihre Pflich-

Kansas war die neue Heimat für viele ausländische Siedler. Hier eine Gruppe Schweden in Greely, um 1900.

Der ursprüngliche Bahnhof in Victoria, Kansas.

ten manchmal genauso unbequem. Sie erinnerte sich: »Das Postamt befand sich damals im hinteren Teil von Courtney's Buchhandlung. Ich konnte nie herausfinden, ob das Postamt Kunden für die Buchhandlung brachte oder umgekehrt, aber in der Regel war bei Courtney's viel Betrieb.

Meine Schwester Ella wurde bei Onkel Joe Wilson Assistentin im Postamt. Ich bin auch zur Post gekommen. Ich bin ungefähr anderthalb Jahre bei Onkel Joe geblieben, und wir hatten die ganze Zeit viel zu tun und arbeiteten immer hart. Damals gab es noch keinen Acht-Stunden-Tag. Wenn die Züge Verspätung hatten, blieben wir im Dienst. Wenn wir dadurch nicht gerade eine Verabredung zum Tanzen oder zu einer Überraschungsparty verpaßten, hielten wir das für ganz in Ordnung.«

Von Anfang an war die Lokalzeitung ein wichtiger Faktor im Leben und in der Politik jeder Frontier-Stadt. Zeitungen wurden gestartet, sobald Städte gegründet und bevölkert waren. Es bedurfte wenig mehr als eines unternehmungslustigen Redakteurs und einer einfachen Handdruckmaschine, um die wöchentlichen Blätter zu produzieren, die Nachrichten aus der Gemeinde brachten, ihre Geschichte aufschrieben und ihre Interessen hochhielten. Die erste Zeitung erschien kaum vier Monate nach der Freigabe des Kansas Territory. In Leavenworth veröffentlichte der *Kansas Weekly Herald* seine erste Ausgabe am 15. September 1854; zwei Monate später folgte der *Kansas Pioneer*, der in Kickapoo erschien. Als Kansas 1861 offiziell zum Staat erklärt wurde, erschienen schon mehr als einhundert Zeitungen, und 1889 existierten 733 Wochenzeitungen.

Zuerst war die Gemeindezeitung oft nur ein Sprachrohr der Stadtpromoter und der örtlichen Spekulanten. Die ersten Ausgaben waren mit Grundstücks- oder Geschäftsanzeigen gefüllt, daneben gab es Artikel, die die Vorteile der wachsenden Gemeinde priesen. Aber wenn die Entwicklung der Stadt erst richtig in Schwung gekommen war, konzentrierte sich die Zeitung auf die politischen Kreuzzüge des Tages. Nur wenige Zeitungen waren unabhängig von politischen Parteien oder örtlichen Interessengruppen. Gewöhnlich waren die Redakteure sehr parteilich und benutzten ihre Zeitungen als Mittel, ihre eigenen Ansichten und Interessen darzulegen. Bombastisch im Stil scheuten sie auch vor Schmähungen nicht zurück, und von Objektivität konnte im allgemeinen keine Rede sein.

Wenn die Städte weiterwuchsen und Kontroversen leidenschaftlicher wurden, erschienen häufig rivalisierende Zeitungen. Da in den mei-

Ein Tennisclub in einer englischen Gemeinde.

sten Frontier-Städten aus wirtschaftlichen Gründen nur eine Zeitung existieren konnte, kämpfte man um Anzeigenkunden und Abonnenten, und die Redakteure heizten den Wettbewerb mit beißenden Leitartikeln an. Catherine Cavender rief sich die lebhaften Auseinandersetzungen der Redakteure der beiden Zeitungen in Hays in Erinnerung:

»Das Hays City jener Tage, dessen Hauptstraße gerade einen Block lang war, hatte zwei gute Zeitungen. Die eine war der *Hays City Sentinel*, mit Father Montgomery als Redakteur und seinem begabten Sohn, der in späteren Jahren wegen seiner klugen Artikel für *die Kansas City Times* berühmt wurde, als Hilfsredakteur, Reporter, Setzer und Botenjunge. Die andere Zeitung war *The Ellis County Star*. Der Redakteur war J. H. Downing, einer der witzigsten Männer, die je eine ätzende Feder schwangen.

Die Gefechte zwischen diesen Zeitungen, wenn es in der Politik heiß herging, waren darauf aus, Stunk zu machen. Was Uncle Jack Downing auf seine witzige, scharfe Art zu sagen hatte und wie Frank Montgomery mit seinem beißenden, prägnanten Stil darauf antworten würde, das waren Ereignisse von höchstem Interesse.«

In vielen Städten arbeiteten Frauen bei der Produktion der Zeitungen mit. Im Hinterzimmer halfen sie beim Redigieren der Artikel, setzten die Texte und betätigten die Handdruckpressen, um die Zeitung rechtzeitig ausliefern zu können. In Hays war Ella West Downing, die Frau des Redakteurs, eine Hauptstütze bei der Produktion des *Ellis County Star*.

Ihr Biograph schrieb: »Mrs. Downing war eine der ›Pionierfrauen‹ von Western Kansas geworden, und all die Aufregungen und Schwierigkeiten dieser Gruppe wurden zu einem Teil ihres Lebens ... Mrs. Downing erinnert sich, daß oft, wenn die Dinge im Büro schief liefen, sie und Mr. Downing – das Baby in einem Körbchen auf dem Regal – bis spät in die Nacht an der Washington Handdruckpresse arbeiteten, um die Zeitung noch rechtzeitig für die Post fertigzustellen. Sie setzte die Artikel, faltete die fertigen Zeitungen und tat die tausend Dinge, die bei der Publikation von einer wöchentlich erscheinenden Zeitung damals erforderlich waren, und das waren Tage voller Mühe und Aufregung.«

In den frühen Jahren hatte jede Frontiergemeinde ganz erheblich unter Räubern, Spielern und Viehdieben zu leiden. Von Zeit zu Zeit brachen umherstreifende Banditen in die örtlichen Banken ein, hielten vorbeifahrende Züge an oder raubten Postkutschen aus. Manchmal störten betrunkene Cowboys den Frieden, Viehdiebe fielen über grasende Herden her oder Makler betrogen die ahnungslosen Siedler beim Landkauf.

Wie viele andere Städte um 1880 hatte auch Medicine Lodge häufig Schwierigkeiten, Recht und Ordnung aufrechtzuhalten. Mary Saunders Rouse schrieb: »Medicine Lodge war eine typische Frontierstadt. An einem verregneten Morgen um neun Uhr ritten vier Männer in die Stadt und hielten vor der Bank. Drei gingen hinein, der vierte hielt die Pferde fest. Sie töteten den Direktor und den Kassierer; als die Schießerei begann, rannten die Bürger in den Eisenwarenladen, um sich Waffen zu beschaffen, und zu den Mietstallungen, um sich Pferde zu holen. Die Räuber konnten den Verfolgern nicht entkommen, sie wurden in den Hügeln gestellt und in die Stadt zurückgebracht. Am gleichen Abend führten die Bürger die vier aus dem Gefängnis, hängten drei im Hof des Gerichts, und der vierte wurde erschossen, als er zu fliehen versuchte.«

Gerechtigkeit wurde im Frontiergebiet nicht in einer systematischen und geregelten Art und Weise ausgeübt. Obwohl viele Städte Sheriffs einstellten, um für Ordnung zu sorgen, wurden Gefängnisse und Gerichtsgebäude erst später gebaut. In der Zwischenzeit wurden behelfsmäßige Gefängnisse in leeren Lagerräumen, Hinterzimmern und Pferdeställen eingerichtet, wo mutmaßliche Verbrecher angekettet und bewacht werden konnten. Aber die Sicherheitsmaßnahmen waren nicht besonders streng, und die Wächter waren leicht zu bestechen, so daß Ausbrüche nicht selten waren.

In Burlingame diente die Hütte von J. H. und Mary Polley als das frühe Gemeindegefängnis. Wie sich eine der Polley-Töchter erinnerte, war das keine sehr erfolgreiche Lösung:

»In den sechziger Jahren wurde Vater unter William Cozine zum Deputy Sheriff gewählt. Da es zu dieser Zeit noch kein Gefängnis gab, verwahrte Vater die Gefangenen bei uns zu Hause. Ein Mann namens Bates wurde wegen Einbruchs verhaftet und wartete auf seinen Pro-

zeß. Er wurde in unserem Haus verwahrt. Vater hatte ihm Handschellen angelegt, die Füsse gefesselt und ihn an die Wand gekettet, jedesmal, wenn Mutter ihn bewachte.
Eines Tages wollte Mutter mit Vater zu einem zehn Meilen entfernten Ort, wo Vater einige Dokumente abliefern mußte. Abe Polley, mein Großvater, erbot sich, zu Hause zu bleiben und den Gefangenen zu bewachen, wenn Vater ihm keine Handschellen anlegen und ihn auch nicht an die Wand anketten würde. Großvater war sehr mitfühlend. Vater ließ ihm ein Gewehr da, das er benutzen sollte, wenn es notwendig würde. Großvater vertiefte sich in ein Buch, und auf irgendeine Art bekam Bates die Waffe in die Hand. Ein Handgemenge folgte. Bates biß Großvater den Daumen ab. Das Gewehr zerbrach in zwei Teile, Großvater erwischte den Schaft mit dem Teil, auf dem die Hähne sitzen, und Bates den Teil mit den Zündhütchen. Großvater dachte, daß er mit diesem Teil nicht schießen könnte. Aber Bates nahm einen Stein, schlug auf die Zündhütchen und traf Großvater. Großvater lebte noch drei Wochen.
Bates ging zum Holzstoß, schlug seine Fußfesseln entzwei und floh. Vater machte sich noch am gleichen Abend auf die Suche nach ihm …
Bates wurde verhaftet und in Olathe ins Gefängnis gesteckt. Dann wurde er nach Burlingame gebracht, wo ihm der Prozeß gemacht wurde. Man befand ihn des Mordes für schuldig, und er wurde verurteilt, von Richter Watson gehängt zu werden. Das Gerichtsgebäude wurde gerade gebaut. Ein Galgen wurde errichtet, und dann wurde Bates das Brett, auf dem er stand, unter den Füßen weggeschlagen. Das war das erste gesetzmäßige Hängen, das in Kansas geschah. Man schrieb das Jahr 1866.«
Zu gewissen Zeiten schienen die *vigilante committees,* eine Art Bürgerwehr, die beste Maßnahme gegen die allgemeine Gesetzlosigkeit jener Tage zu sein. Besorgt über die unzureichenden Anstrengungen der Polizei und über die unzulänglichen Gefängnisse, nahmen die Bürger der Stadt die Sache selber in die Hand, indem sie einen Trupp organisierten, der die mutmaßlichen Pferdediebe, Bankräuber oder andere Gesetzesbrecher aufspüren sollte. Ausgerüstet mit Stricken und Gewehren durchstreiften sie das Land, um ihre eigene Art von

Gerechtigkeit auszuüben. Wenn ein Verdächtiger schließlich gefaßt wurde, dann wartete die wütende Menge kaum so lange, um ihm eine Gelegenheit zur Anhörung zu gewähren oder ihn ins Gefängnis zu führen. Statt dessen wurde der Gefangene am Ast des nächsten Baumes aufgehängt, und das war für ihn ein unwiderrufliches Urteil.

Aus verschiedenen Gründen wurde Pferdediebstahl als das ernsteste und verabscheuungswürdigste Verbrechen betrachtet. Da Pferde für den Lebensunterhalt und den Transport unerläßlich waren, bildeten sie sehr häufig den einzig wirklich wertvollen Besitz einer Familie. Deswegen erregten Pferdediebe in der Gemeinde gewöhnlich starke Rachegefühle. Mary Lamb Shelden, die in El Dorados Hotel arbeitete, beschrieb anschaulich die erschreckenden Ereignisse von 1870:

»Wie in allen jungen Ländern gingen auch in Kansas, und besonders in diesem Teil, bald die idyllischen Anfangsjahre zu Ende und es begann sozusagen die ›Zivilisation‹. Die Organisation der Pferdediebe plagte das Land und mußte durch eine andere Organisation bekämpft werden, der Anti-Pferdedieb-Organisation oder der *vigilantes association*. Die Verbindungen der Pferdedieb-Organisation reichten bis tief in die Politik, jedenfalls so weit, daß der Sheriff und seine Leute daran beteiligt waren und niemanden, dem dieses Verbrechen zur Last gelegt wurde, verhafteten oder gerichtlich verfolgten. Verurteilungen auf dem gesetzlichen Wege wurden unmöglich. Diese Lage diente offensichtlich als Rechtfertigung für die drastischen Maßnahmen, die später zur Ausrottung der Gesetzlosen angewendet wurden. Ob der Zweck damals die Mittel heiligte, darüber hegte bis heute mancher Beobachter ernste Zweifel, aber nach dem Prinzip, daß äußerst gefährliche Krankheiten auch äußerste Heilmittel erfordern, hängte die Bürgerwehr nach dem Verlust von vielen Pferden – das einzig Wertvolle, das der frühe Siedler besaß – vier Männer. Drei weitere der berüchtigten Banditen wurden erschossen.

Das erste dieser tragischen Ereignisse geschah im November 1870. Ein Mann namens Crawford kam mit seiner Familie und drei Pferdegespannen aus Illinois. Sie steckten ein Stück Land zwischen Douglass und Wichita ab. Eines Nachts wurden alle drei Gespanne gestohlen. Einen Tag vorher hatte Jack Corbin, der sich als Polizeibeamter der

Regierung ausgab, den Neuankömmling angesprochen, der auf einem Maultier in die Stadt ritt, und behauptete, das Tier gehöre der Regierung. Er stieß Mr. Crawford vom Maultier und brachte es nach Wichita, wo es die Söhne später fanden.
Ein paar Tage später befand sich Mr. Crawford im Rathaus von Douglass, wo gerade Wahlen abgehalten wurden, und erkannte unter den Wählern den Mann, der sein Maultier gestohlen hatte. Er fand auch dessen Namen heraus. In der gleichen Nacht wurde Jack Corbin gehängt, und zwei Brüder, George und Louis Booth, wurden erschossen. Später in der gleichen Nacht wurde auch Big Jim Smith, den man für den Anführer von allen hielt, erschossen, als er sich auf dem Weg zum Haus der Booth befand. Es hieß, Corbin hätte gestanden und die anderen belastet.
Ich erinnere mich sehr gut, daß Jim Smith am Wahlabend, gestiefelt und gespornt und mit seinen beiden Sechs-Schüssern bewaffnet, im Hotel sein Abendessen einnahm. Wegen der Wahl herrschte im Eßsaal sehr viel Betrieb, und ich half beim Bedienen. Ich mußte Smith bedienen. Er hatte schon getrunken, doch sein Benehmen war höflich. Ich hörte, wie er vor sich hinmurmelte: ›Sie sind hinter mir her – sie sind hinter mir her.‹ Ich wußte natürlich zu diesem Zeitpunkt nicht, was in ihm vorging, das erfuhr ich erst später. Er war ein kräftig gebauter Mann. Er ritt immer im Galopp auf seinem Maultier in die Stadt hinein oder aus der Stadt heraus – das war die übliche Gangart beim Reiten. Man fand ihn am Ufer des Little Walnut nördlich von Douglass, man hatte das Maultier unter ihm erschossen und seinen Körper mit Kugeln durchlöchert.
Um Mitternacht traf die Postkutsche ein und brachte Post und Reisende. Der Kutscher erzählte uns unter Zähneklappern, er hätte beim Überqueren des Flusses einen toten Mann am Ufer gesehen. Auch mir jagte diese schauerliche Nachricht zu später Stunde einen Schrecken ein. Es gehörte zu meiner Arbeit, nachts aufzustehen, meinem Bruder bei der Post zu helfen und mich um die Reisenden zu kümmern, die womöglich angekommen waren. Als die alte Kutsche mit dem Kutscher davongerattert war, ging ich ins Bett zurück, konnte aber nicht einschlafen. Schließlich schlüpfte ich zu meinem Bruder und seiner Frau ins Bett.

Diese Lynchakte hätten womöglich diesem Treiben ein Ende gemacht, hätten nicht andere Männer, die daran interessiert waren, gestohlenes Vieh zu erhalten und heimlich zu veräußern, versucht, einen Rachefeldzug gegen die vermutlichen Mitglieder der Bürgerwehr in Gang zu bringen. Die Erhebung der Anklage gegen vier prominente Bürger brachte im Dezember die Angelegenheit auf einen Höhepunkt, als vier Verhaftungen wegen Beteiligung am Pferdediebstahl erfolgten. Diese vier Männer waren James Quimby und sein Angestellter Michael Dray, Mr. Morris, ein Apotheker, und sein Sohn. Es herrschte eine große Aufregung. Die Berichte verdichteten sich, daß die Banden der Viehdiebe kommen und die Gefangenen befreien, die Stadt in Brand stecken und die Bewohner ermorden würden. Die Stadt füllte sich mit Männern aus dem umliegenden Land, alle schwer bewaffnet, um über die Gefangenen und die Stadt zu wachen. Jeder Mann trug zwei Pistolen, ein Messer und ein Gewehr mit sich. Ich glaube, alles in allem waren es ungefähr zweihundert Männer.
Für die Hotelleute war das eine geschäftige Zeit, da sie diese Männer mit Essen versorgen mußten, und mit der begrenzten Ausrüstung und dem Mangel an Hilfskräften war das eine ganz beachtliche Aufgabe. Es war sehr aufregend oder es jagte einem auch Angst ein, wenn man sah, wie die Männer in den Speisesaal marschierten und ihre Gewehre aufstapelten. Dieser Zustand dauerte vier Tage, dann wurden die Gefangenen zum Big Walnut, ungefähr eine Meile südlich von Douglass, gebracht und an den Bäumen aufgehängt.
Ich persönlich weiß überhaupt nichts, was an belastendem Beweismaterial gegen diese Männer vorlag. Die Hinrichtungen waren in jedem Fall eine Tragödie, ob die Männer nun unschuldig oder schuldig waren. Später lernte ich Mrs. Quimby und die Kinder gut kennen; die Kinder waren Schüler von mir, und ich mochte sie besonders gern. Mrs. Quimby war eine feine, stille Frau, die ihre Familie sehr liebte. Aber nie konnte sie dem Schatten dieses furchtbaren Ereignisses entkommen.«
Die Prärie-Stadt war die Hauptstütze der Frontier-Gesellschaft – ein Marktplatz, ein Treffpunkt, ein Knotenpunkt für zwischenstaatlichen Handel und Kommunikation. Obwohl Frauen sie manchmal als einen rauhen und gesetzlosen Ort empfanden, liebten sie die Stadt wegen

ihrer Geschäftigkeit und Lebendigkeit. Jene, die auf der Farm weit draußen wohnten und arbeiteten, kamen nicht nur zum Einkaufen in die Stadt, sondern auch, um an den kirchlichen Aktivitäten, den Nähzirkeln und den literarischen Gesellschaften teilzunehmen, wo man vertraulich zusammensaß und Neuigkeiten austauschte. Jene, die in der Stadt lebten, führten oft Gemischtwarenläden oder Hotels, arbeiteten als Schneiderinnen oder als Postmeisterinnen. Frauen organisierten sich, um die städtische Bibliothek einzurichten und ihre Erweiterung zu fördern. Im Laufe der Zeit traten eine Reihe von Frauen auch bei politischen Versammlungen auf und äußerten ihre Ansichten, und eine tapfere Minderheit unternahm einen Kreuzzug gegen den Alkohol und begann eine Kampagne für das weibliche Wahlrecht. Jene Frauen, die sich nicht in das Licht der Öffentlichkeit wagten, sahen zumindest mit Freude, wie eine primitive Stadt mit unbefestigten Straßen und schäbigen Hütten sich zu einer richtigen Metropole mauserte. Josephine Middlekauf beschrieb das so: »Nach sechzig Jahren Pionierleben in Hays könnte ich über das Wachstum und den Fortschritt der Stadt, häufiger unter ungünstigen als unter günstigen Bedingungen, Bände schreiben. Ich will mich damit begnügen, zu sagen, daß ich alles interessant und lohnenswert gefunden habe, und ich glaube, mir wurde ein großes Glück zuteil, weil ich beobachten konnte, wie sich die Stadt vom Rohmaterial bis zum fertigen Produkt mit behaglichen Häusern, Kirchen, Schulen, gepflasterten Straßen, Bäumen, Obstbäumen und Blumen entwickelt hat.«

Kapitel 11

Die Wunden des Krieges

»Eine Karawane von ochsengezogenen Wagen nahm im frühen Winter von 1854 ihren Weg über bewaldete Straßen und Präriepfade von Hannibal, Missouri, nach Springs, Kansas.
In den Herzen der Pioniere, die in jenen Planwagen reisten, herrschte der gleiche Geist, der die Pilger der Mayflower beflügelte, ein Land der Freiheit zu suchen. Der Staat, den sie verließen, war eingestandenermaßen ein Sklavenstaat, und diese Menschen hofften, daß sie in dem Gebiet, zu dem sie hinstrebten, ein Heim der Freiheit finden würden. Freiheit der Gedanken, der Rede, der Tat und Freiheit von Sklaverei.
Sie hatten keine Vorstellung von dem schrecklichen Kampf, den Tragödien, den Entbehrungen und Leiden, die zu ertragen waren, um diese Freiheit zu schaffen. Sie ertrugen sie mit Mut und Loyalität, aufrechtgehalten von einer tiefen, ausdauernden Liebe für Heim und Staat. Sie konnten sich nicht vorstellen, daß häufig etwas ganz anderes geschah, bevor dieser Traum Wahrheit wurde:
Zur Schlafenszeit, eine fröhliche Familie, Vater, Mutter und Kinder um den Kamin versammelt – am Morgen, ein trauriges, vaterloses Heim.
Am Abend, die Pferde untergebracht und Kraft sammelnd für die Arbeit des nächsten Tages. Am Morgen nur noch leere Ställe.
Am Abend, ein gemütliches Blockhaus mit dem freundlichen Kerzenlicht in den Fenstern und einer friedvollen Familie. Am Morgen ein hoffnungsloser Haufen schwarzer Trümmer.«

Ida Koch Lane

In den ersten Jahren seiner Besiedlung war Kansas ein politisches Pulverfaß. Die Kontroverse über die Sklaverei, die schon die restliche Nation in zwei Lager gespalten hatte, zog wie ein loderndes Präriefeuer durch dieses Territorium. Gefühle flammten auf und Spannungen steigerten sich, als die frühen Pioniere in den grimmigen Kampf zwischen den Gegnern und Befürwortern der Sklaverei hineingezogen wurden. In jenen Tagen wurden Feindseligkeit und Gewalttätigkeit zu einem vertrauten Teil des Lebens, als die Banden von Abolitionisten und die der Anhänger der Sklaverei Angst und Schrecken im ganzen Land verbreiteten. Nur die Aufnahme von Kansas als eigener Staat in die Union im Jahre 1861 konnte die schwelenden Feindseligkeiten beenden und diesem Land den Frieden der Freiheit bringen.

Kansas war von Anfang durch politische Gegensätze zerrissen. Bei der Freigabe der Ebenen für die weiße Besiedlung hatte der Kansas-Nebraska Act von 1854 verfügt, daß die Einwohner von Kansas und Nebraska selbst entscheiden sollten, ob Sklaverei oder Freiheit ihr Land regieren würde. Von vornherein war klar, daß das Nebraska Territory, nördlich von Kansas gelegen, ein freier Staat werden würde. Das Schicksal von Kansas jedoch blieb ungewiß. Insgesamt gesehen, hatten die Sklaven-Staaten des Südens für Kansas den Gedanken der Volkssouveränität unterstützt, in dem Glauben, daß das Kansas Territory, das an den Sklavereistaat Missouri angrenzte, leicht für die Sache des Südens gewonnen werden könnte. Aber die leidenschaftlichen Abolitionisten des Nordens war entschlossen, um jeden Preis die Ausbreitung der Sklaverei zu stoppen, und sie waren gut gerüstet, den Kampf auch nach Kansas zu tragen.

Mit dem Inkrafttreten des Kansas-Nebraska Act begann die Schlacht um Kansas. Wild entschlossen, das Kansasgebiet für ihre jeweilige Sache zu gewinnen, forderten Gruppen von Anhängern der beiden konträren Seiten ihre Parteigänger auf, diesen Landstrich zu besiedeln. Leute aus Missouri, aufgestachelt von der Rhetorik des Senators David Atchison, machten sich als erste auf den Weg über die Grenze und errichteten die Städte Leavenworth und Atchison. Die Abolitionisten der Nordstaaten folgten schnell diesem Beispiel. Unterstützt durch die finanzielle und ideologische Hilfe der New England Emigrant Aid Company, sammelten sie sich in der Nähe von Lawrence und Topeka. So standen sich die beiden Parteien feindlich gegenüber und bestärkten sich jeweils durch die Stärke ihrer moralischen Überzeugungen und ihren politischen Ambitionen.

Zuerst verlief der Kampf um Kansas hauptsächlich in der politischen Arena. Da beide Parteien hinter sich immer größere Wählermassen hatten, entschieden sich sowohl die Befürworter wie die Gegner der Sklaverei für die Wahlurne, um ihre Sache weiterzubringen. Unter der Leitung des Gouverneurs Andrew H. Reeder wurde die erste gesetzgebende Versammlung des Territoriums am 30. März 1855 gewählt. Um die Wahlen für sich zu entscheiden, gingen Missouri-Aktivisten in so großer Zahl über die Grenze nach Kansas, daß die Kandidaten der Pro-Sklaverei-Partei beide Teile der Versammlung ohne große Schwierigkeiten dominierten. Bei ihrer Zusammenkunft in Shawnee Mission im Sommer übernahm die gesetzgebende Versammlung das in Missouri geltende Gesetz über die Erhaltung der Sklaverei auch für Kansas.

Doch die Siedler, die zur Anti-Sklaverei-Partei gehörten, gaben damit nicht auf, für sie fing der politische Kampf erst an. Überzeugt davon, daß der Sieg der Befürworter der Sklaverei das Ergebnis eines offensichtlichen Wahlbetrugs war, weigerten sie sich standhaft, die Shawnee Mission Legislative und ihr »Schwindel«-Gesetz anzuerkennen. Bei einer Versammlung im September 1855 in Big Springs organisierten die Abolitionisten die Free State Party und machten sich daran, eine eigene provisorische Regierung aufzustellen. Nachdem sie eine eigene Verfassung formuliert und besondere Wahlen durchgeführt hatten, wählten sie anschließend ihre eigene gesetzgebende Versammlung, den Gouverneur und die Delegation für den Kongreß. Obwohl

Quantrills Überfall, gemalt von Lauretta Louise Fox Fisk

diese Regierung keine offizielle Anerkennung oder Unterstützung von der Bundesregierung erhielt, heizte das die Bewegung für einen freien Staat weiter an.

Mit zwei amtierenden Regierungen geriet das Gebiet in eine immer größer werdende Unordnung und Konfusion. Da Geld und Munition von Sympathisanten im Norden und im Süden nach Kansas flossen, führten die bestehenden Feindseligkeiten unter den Siedlern zu offener Gewalt und Blutvergießen. Organisierte Banden von Pro-Sklaverei- und Abolitionisten-Marodeuren terrorisierten die Gegend; Städte wurden überfallen, Postkutschen ausgeraubt und Farmen zerstört. Siedler, die offen Partei ergriffen hatten, erlebten, wie ihre Familien eingeschüchtert, ihre Häuser in Brand gesteckt und ihre Freunde umgebracht oder eingesperrt wurden.

Siedler aus beiden Lagern mußten ihren Teil der Plünderungen und Tragödien erdulden. Während Pro-Sklaverei-»Ruffians« (Schurken)

Lawrence überfielen, ausraubten und Sympathisanten der Anti-Sklaverei-Bewegung entlang des Marais des Cygnes River abschlachteten, verwüsteten Free State-Desperados die Städte Franklin und Pottawatomie.

Mary Darrah erinnerte sich: »Der Border Ruffian War (Grenzkrieg der Schurken) begann 1856, und die Gemeinde, in der wir lebten, setzte sich überwiegend aus Leuten zusammen, die für die Sklaverei waren. Wegen des ständigen Kampfes verließen viele ihre neue Heimat und gingen nach Missouri zurück. Das waren sehr schwere Tage für meine junge Mutter. Viele Male öffnete meine Mutter die Tür, wenn mein Vater, wäre er hingegangen, sofort niedergeschossen worden wäre. Immer wieder wurde ihm befohlen, den Ort innerhalb von vierundzwanzig Stunden zu verlassen.

Er wurde gefangengenommen, aber ein guter Freund verwendete sich für ihn, obwohl er die politischen Auffassungen unserer Familie nicht teilte. Tagelang versteckte er sich in dem Gebüsch zwischen den Hügeln und gelangte allmählich nach Fort Leavenworth. Während dieser zwei Wochen wußte meine Mutter nicht, ob er tot war oder noch lebte. Die einzige Art, auf die sie von der Welt draußen etwas erfahren konnte, war, ihre beiden kleinen Söhne zu dem Ruffian-Lager, das sich in der Nähe befand, zu schicken. Sie wurden verhöhnt und kamen weinend nach Hause, nachdem man ihnen gesagt hatte, einige von ihnen würden kommen und ihren Vater skalpieren. Aber die ganze Zeit hindurch geriet der Mut meiner Mutter nie ins Wanken.«

Als entschiedene Abolitionisten wurden Franklin und Harriet Adams sowie ihre Familie häufig zur Zielscheibe von Feindseligkeiten und Racheakten der Pro-Sklaverei-Parteigänger. Sie ließen sich in einer kleinen Hütte am Rand von Leavenworth nieder und lebten in ständiger Furcht vor Entdeckung und Vergeltungsmaßnahmen. Eins der acht Kinder der Adams berichtete später die schrecklichen Ereignisse, die sich in einer Sommernacht 1856 abspielten:

»Mein Großvater, Joseph Adams, der sich in dem oberen Teil des Hauses befand und wachlag, hörte, wie sich Reiter näherten. Er schlug Alarm, sofort wurden alle Lichter gelöscht, und alle verhielten sich ganz still. Ein paar Minuten später waren die Reiter ganz dicht bei uns. Wegen der Dunkelheit und der vielen Bäume hatten sie den Pfad, der zum Haus führte, verloren. Einige Zeit ritten sie ein paar hundert Yards vom Haus entfernt hin und her. Dort im Haus waren die Erwachsenen alle auf den Beinen und lauschten auf das Pferdegetrappel, das Gemurmel und das Fluchen der betrunkenen Bande.

Endlich waren sie überzeugt, daß sie die Spur verloren hatten und ritten davon.

Mein Onkel, Henry J. Williams, war zu dieser Zeit sehr krank und kaum fähig, geradezusitzen. Doch sowohl mein Vater wie Onkel Henry verließen noch in der gleichen Nacht zu Fuß unser Haus und machten sich auf den Weg nach Fort Leavenworth, da man dort sicher war. Sie trafen einen Fuhrmann, der Säcke mit Kalk zum Fort karrte. Vater sprach ihn an, und beide halfen Onkel Henry auf die geladenen Säcke, wo er im Schutz der Plane, die den Regen von dem Kalk abhalten sollte, liegen konnte. Er wurde heil zum Fort gebracht, und Vater ging wieder in den Wald zurück und fand den Weg nach Lawrence, wo sich die Free State-Männer versammelten.

So gegen sieben Uhr morgens kamen die Ruffians zurück, und diesmal fanden sie leicht das Haus, ritten heran und verlangten, mit meinem Vater und meinem Onkel zu sprechen. Mein Großvater und meine Mutter, die ihre kleine Tochter im Arm hielt, kamen ihnen entgegen, während sich die Kinder, voller Angst vor der betrunkenen Bande von zehn oder zwölf Reitern, ins Haus zurückzogen. Als die Ruffians herausgefunden hatten, daß die beiden Männer entkommen waren, drangen sie ins Haus ein und durchsuchten es nach Wertgegenständen und Feuerwaffen.

Meine Kusine Louise hat oft erzählt, welche entsetzliche Angst sie und ihre Schwestern empfunden und wie sehr sie Mutter bewundert hatten, als sie den Männern Vorhaltungen machte, weil diese ihren Kleiderschrank und ihren Schreibtisch durchwühlten und im ganzen Haus ein wildes Durcheinander anrichteten. Sie fürchteten, daß die Männer ihr etwas antun könnten.

Drei Tage vergingen, bis wir hörten, daß mein Vater und mein Onkel ihren Jägern entkommen waren. Dann brachte ein Bote meiner Mutter von meinem Vater eine bleistiftgeschriebene Nachricht auf einem kleinen Zettelchen, die von seinem Aufenthaltsort berichtete und von dem sicheren Versteck seines Bruders. Dieses Stückchen Papier liegt

zusammengefaltet in einer kleinen purpurnen Samtbörse, zusammen mit einigen anderen Schätzen, die zwei verheerende Feuer überstanden haben. Ein Feuer zerstörte unser Haus zu Mutters Lebzeiten, ein weiteres Feuer dann das neue Haus einige Jahre später.«
Einige Zeit nach dieser schrecklichen Woche, zogen die Adams nach Atchison, wo »die Pro-Sklaverei-Propaganda heftig weitergeführt wurde. Da Vater den Mut aufbrachte, zu seinen Überzeugungen zu stehen, erhielt er viel unerwünschte Aufmerksamkeit ... Ein Vorfall, der aus dieser politischen Situation erwuchs, ergab eine Geschichte, die wir Kinder nur durch Außenstehende erfahren haben und der Mutter immer geschickt auswich, wenn wir danach fragten. Sie war zu Hause und Vater befand sich in der Stadt, als ein Freund ihr erzählte, daß ein Mann mit einem Gewehr auf Vater Jagd machte und geschworen hätte, ihn sofort zu töten, wenn er ihn zu Gesicht bekäme. Mutter ergriff eine Pistole und machte sich auf ihre eigene Jagd. Sie traf nicht auf diesen Mann, obwohl einige ihrer Freunde von ihrer Suche wußten, und ich denke mir, Vater reagierte etwas empfindlich auf die Vorstellung, er sei womöglich nicht in der Lage, sich selbst zu beschützen.«

Während dieser wirren Zeit brachten nur wenige Einwanderer aus dem Süden Sklaven nach Kansas. Sowohl die hohen Transportkosten wie auch die wechselhafte politische Situation verhinderten eine »Einfuhr« größeren Stils. Trotzdem waren Fanatiker aus den Südstaaten entschlossen, den Beweis dafür anzutreten, daß die Sklaverei auch außerhalb des Südens möglich war. Diese Sklavenhalter waren nicht einfach nur durch den Profit motiviert, sondern brachten ihre Sklaven aus Propagandagründen mit. Das führte im übrigen dazu, daß die meisten Sklaven in Kansas relativ freundlich behandelt wurden und nur wenig wirklich harte Arbeit verrichteten. Nach den Schätzungen befanden sich 1857 zwei- bis dreihundert Sklaven in Kansas.
Als die Spannungen in der Sklavereifrage größer wurden, verkleinerte sich allmählich die Zahl der Sklaven in Kansas. Der andauernde Bürgerkrieg in diesem Gebiet zwang die Sklavenhalter dazu, ihre Sklaven in die sicheren Südstaaten zurückzubringen. Außerdem führten gut geplante Befreiungsaktionen von Kansas-Abolitionisten dazu, daß

keine weiteren Sklaven »importiert« wurden. Tatsächlich sollen sich 1860 nur noch zwei Sklaven in ganz Kansas befunden haben.

Obwohl Kansas weiterhin von sporadischen Kämpfen heimgesucht wurde, ließ die öffentliche Unterstützung der Pro-Sklaverei-Partei und deren Einfluß ständig nach. Die Siedler, die der Free State-Bewegung angehörten, konnten ihre Verteidigungsmaßnahmen weiter ausbauen, den größten Teil des nördlichen Kansas sicher in ihrer Hand behalten und bis Herbst 1856 noch weiter sichern. 1857 kamen nur noch in kleinen Gebieten im südöstlichen Kansas Gewalttätigkeiten vor.

Als die offen ausgetragenen Feindseligkeiten aufhörten, verlagerte sich die »Schlacht um Kansas« wieder auf die politische Ebene. Nach mehreren Jahren getrennter Wahlen konnten die Siedler beider Parteien schließlich davon überzeugt werden, an einer gemeinsamen Wahl für nur eine einzige Landesregierung teilzunehmen. Diesmal überwachten jedoch Bundestruppen die Abstimmung, damit es nicht wieder zu Wahlbetrug kommen konnte. Die Wahl fand am 6. Oktober 1857 statt, und die Bevölkerung von Kansas unterstützte die Kandidaten der Free State-Partei.

Nachdem Kansas wieder unter einer Regierung vereinigt war, wandten die Kansaner ihre Aufmerksamkeit erneut dem Ziel zu, ein unabhängiger Staat zu werden. Nach mehreren Entwürfen wurde schließlich eine allgemein akzeptierte Verfassung, die die Sklaverei verbot, formuliert. Sie wurde 1859 von der Wählerschaft ratifiziert und anschließend dem Kongreß zur endgültigen Annahme vorgelegt.

Da die Verleihung der staatlichen Unabhängigkeit die Zustimmung von beiden Häusern des Kongresses erforderte, verschob sich der Kampf um Kansas nun auf die nationale Ebene. Während das Repräsentantenhaus, in dem die Nordstaaten eine Mehrheit besaßen, die Zulassung von Kansas als einen freien Staat befürwortete, war der Senat, der von den Südstaaten beherrscht wurde, sehr gegen die Aufnahme von Kansas auf dieser Basis. Im folgenden Jahr blieb die staatliche Unabhängigkeit immer noch außer Reichweite. Erst mit der Sezession des Südens im Jahr 1861 kam dann die Zustimmung des Senats.

Für Kansas war der 29. Januar 1861 ein Tag, der rot im Kalender angestrichen wurde. Als Präsident James Buchanan seine Unterschrift unter das Dokument setzte, das Kansas die staatliche Unabhängigkeit zuerkannte, begannen die Feiern. Die Nachricht verbreitete sich wie ein Lauffeuer. Menschen versammelten sich an jeder Straßenecke, jubelten, sangen und tanzten. In Topeka, der Hauptstadt des neuen Staates, dauerten die Feiern bis tief in die Nacht.

Als der Bürgerkrieg schließlich einige Monate später ausbrach, verschrieb sich Kansas mit ganzem Herzen der Sache der Nordstaaten. Militärkompanien wurden eilig in kleinen Städten überall im Land aufgestellt, wobei fast zwei Drittel der gesamten erwachsenen männlichen Bevölkerung rekrutiert wurden. Alles in allem brachte der Staat über zwanzigtausend Mann in die Armee der Union ein. Aufgeteilt in dreiundzwanzig Regimenter und vier Artilleriebataillone umfaßten die Truppen aus Kansas sogar fünf schwarze Einheiten und drei Regimenter aus indianischen Soldaten.

Lillian Smith erinnerte sich: »1861 brach der Bürgerkrieg aus, und das ganze Entsetzen starrte meiner Mutter ins Gesicht: sie allein mit den kleinen Kindern auf der einsamen Farm, Vater dazu bestimmt, in den Krieg zu ziehen und uns alle zu verlassen, um womöglich nie wiederzukehren.

Der Tag kam, an dem Vater fortmußte. Als er auf dem Braunen saß, auf dem er fort in den Krieg reiten sollte, standen wir alle auf dem Hof von unserem kleinen Haus. Vater nahm mich, sein kleines Mädchen, auf den Sattelknopf und küßte mich liebevoll zum Abschied. Ich konnte kaum begreifen, worum es eigentlich ging, doch Mutter stand da, die Tränen strömten aus ihren großen Augen, und sie lächelte Vater an, um ihm Mut zu machen, denn er weinte auch, aber schließlich ritt er davon, und wir alle drängten uns zusammen wie verirrte Schafe und machten weiter, so gut wir konnten.

Ich kann jetzt nicht verstehen, wie Mutter das alles ausgehalten hat, aber sie war jung und eine Frau mit Gottvertrauen, eine Ehefrau und Mutter, und in dieser Stunde war sie nicht allein in ihrem Schicksal. Alle anderen gesunden Männer aus der Nachbarschaft waren auch losgezogen, sie war also nicht die einzige, und wir alle arbeiteten mit- und füreinander.«

Obwohl die meisten Truppen nach Osten geschickt wurden, um dort zu kämpfen, blieben einige Brigaden in Kansas zurück, um die wachsenden Guerillaaktivitäten der konföderierten Rebellen und ihres berüchtigten Anführers William C. Quantrill abzuwehren. Zu diesem Zeitpunkt war Quantrill einer der furchtlosesten und kaltblütigsten Outlaws im Westen. Ganz anders als die meisten der früheren Kämpfer für die Sklaverei war er nicht von politischen Prinzipien angetrieben. In Wirklichkeit war er kaum mehr als ein skrupelloser, waffenschwingender Desperado, und sein notorischer Ruf machte ihn zu einem gefürchteten und gehaßten Mann in ganz Kansas.

Unter einem falschen Namen hatte Quantrill 1860 in Lawrence sein Hauptquartier errichtet und führte von dort aus seine Operationen durch. Zusammen mit mehreren anderen Outlaws war er an einer Anzahl Pferdediebstählen und Einbrüchen in dieser Gegend beteiligt. Sein Verhalten erregte bald Verdacht, und ein Schwurgericht verurteilte ihn wegen schweren Diebstahls und Raubüberfalls. Da ihm Gefängnis bevorstand, floh Quantrill aus Kansas.

Da er nicht mehr unbehelligt dorthin zurückkehren konnte, suchte Quantrill Schutz und Immunität in den Grenzstädten von Missouri. Innerhalb eines Jahres hatten sich seine Sympathien immer mehr auf die Sache der Südstaaten verlagert, und nachdem er der Armee der Konföderierten beigetreten war, übernahm er die Führung von fast sechshundert örtlichen Guerillakämpfern. In den folgenden Jahren unternahmen Quantrill und seine Genossen gnadenlose Angriffe auf die Grenzgemeinden von Kansas, versetzten die Bevölkerung in Angst und Schrecken, zerstörten überall Häuser und Besitz und setzten den Truppen der Union zu. Eine seiner brutalsten und verheerendsten Aktionen war sein berüchtigter Überfall auf Lawrence im Jahr 1863. Der unglückliche Einsturz eines Bundesgefängnisses, bei dem einige Sympathisanten der Konföderierten umgekommen waren, war das Schlüsselereignis, das den Zorn Quantrills und seiner Truppe auslöste. Als Hochburg des Abolitionismus in Kansas und als Heimatstadt von Jim Lane, dem unerschrockenen Führer dieser Bewegung, wurde die Stadt Lawrence ganz absichtlich zum Ziel dieser Vergeltungsaktion ausgewählt. Hinzukam, daß zu diesem Zeitpunkt dort außer einigen unbewaffneten Rekruten keine Bundestruppen stationiert waren. Die meisten der wehrfähigen Männer waren nach Osten geschickt worden, um für die Sache der Union zu kämpfen. Ungeschützt und ahnungslos war Lawrence besonders leicht zu überwältigen.

Im frühen Morgendunst des 21. August 1863 näherten sich Quantrill und 450 Guerillakämpfer aus Missouri leise der noch schlummernden Stadt und ritten zusammen auf die Anhöhe gegenüber der Main Street. Plötzlich ertönte der Befehl: »Stürmt die Stadt!« Mit wildem, grauenhaftem Gebrüll stieß die Bande auf den Ort nieder. Sie entsicherten ihre Pistolen, stoben durch die Straßen, schossen auf jeden, der ihnen begegnete, und feuerten in die offenen Fenster.

Auf Quantrills Befehl, »jedes Haus niederzubrennen und jeden Mann zu töten«, begannen die Guerillas einen wohlüberlegten Zerstörungsfeldzug, mordeten, plünderten und zerstörten.

Als sich die Guerillas schließlich zurückzogen, blieben von mehr als zweihundert Gebäuden nur noch rauchende Ruinen übrig und man zählte 143 Tote. Jeder Stall war ausgeraubt, jedes Haus ausgeplündert und angesteckt worden. Die Überlebenden machten sich ans Werk, die Verwundeten zu versorgen und die Toten zu begraben.

In ihren Memoiren erzählte auch Lavinia Gates Chapman die furchtbaren Ereignisse des Quantrill Überfalls. Sie selbst wohnte in Baldwin, besuchte zu dieser Zeit aber Verwandte in Lawrence.

»Wir fuhren zu einer meiner Tanten nach Lawrence, die Bissell hieß. Sie lebten am Rand von Lawrence in einem zweistöckigen Backsteinhaus. Wir hörten Schüsse, und Cousin Henry sagte: ›Quantrill ist in der Stadt. Wir vergraben besser unser Geld und alle unsere Wertsachen.‹ Sie gingen bald mit einigen Dingen fort und warteten dann.

Schließlich kam ein Trupp. Cousin Henry ging zur Tür. Sie sagten: ›Dürfen wir Sie um Ihr Geld bitten.‹ Cousin sagte: ›Sie werden doch nicht einem Mann sein ganzes Geld wegnehmen?‹ Er ließ sich aber leicht überreden, als man ihm einen Revolver an den Kopf und einen zweiten auf die Brust hielt. ›Wir werden Sie um Ihre Uhr erleichtern‹, sagten sie. Natürlich übergab er sie ihnen, und dann wendeten sie ihre Pferde und ritten davon. Er dankte Gott, daß er so glimpflich davongekommen war, aber die Stadt brannte lichterloh.

Und schon tauchte ein anderer Trupp auf. Die Veranda verlief über die ganze Länge des Hauses, und von ihr aus blickte man zur Stadt. Die Männer ritten bis auf die Veranda hinauf, jedenfalls soviele, wie darauf Platz fanden, und dann um das Haus herum, ganz schön betrunken – ganz teuflisch, und zu betrunken, um ihre Waffen zu laden. Sie zielten auf meinen Cousin und ließen den Abzug klicken, dann schlugen sie ihm mit dem Griff des Revolvers auf den Kopf. Wenn er nicht einen festen Strohhut getragen hätte, dann hätte das ihn sicher getötet. Schließlich konnte er entkommen und sich in einem Stück Maisfeld hinter dem Haus verstecken.

Dann verlangten sie Streichhölzer. Meine Tante und die anderen sagten, daß sie ihnen keine geben würden. Sie sagten, sie würden das Haus in Brand stecken. Sophia folgte ihnen nach oben. Sie nahmen die Kleider aus den Schränken und legten sie auf die Betten, zündeten sie an und öffneten die Fenster, um Luftzug zu machen, gingen von Raum zu Raum und legten überall Feuer. Sophia ging sofort hinter ihnen her, nahm die Federbetten und versuchte, das Feuer zu ersticken. Die Männer packten sie, stießen sie herum und schleppten sie dann auf die Veranda und zwangen sie, sich hinzusetzten. Dann gingen sie wieder hinein und setzten die Schlafzimmer unten in Brand. Dann legten sie Feuer in der Scheune.

Sophia betrachtete die Pferde auf der Veranda; ihre Steppdecken, Seidenkleider und alle ihre Wertsachen waren auf diesen Pferden festgebunden. Sie stand auf und versuchte, alles herunterzuziehen, doch es war zu fest geschnürt. Plötzlich ertönte über dem ganzen Lärm der Ruf: ›Vorwärts! Marsch!‹, und sie ritten so schnell davon, wie die Pferde nur laufen konnten. Wir blickten auf und sahen, daß die Scheune in Flammen stand. Sophia rannte hin, um die Pferde herauszuholen, doch die Männer hatten sie alle mitgenommen. Männer, die sich in den Maisfeldern versteckt hatten, kamen heraus und halfen dabei, den Wagen und das Zaumzeug zu retten. An jenem Tag gab es in Lawrence auf einen Schlag dreihundert Witwen. Eins von Mr. Bissells Pferden kam an jenem Abend zurück – es lief für sie nicht schnell genug.

Ich will noch von einer Familie berichten – ihren Namen habe ich vergessen. Sie sahen, daß Lawrence brannte. Die Frau sagte zu ihrem Mann, er solle durch die Falltür in den Keller steigen. Die Guerillas

kamen und wollten das Haus niederbrennen. Sie flehte sie an, ihr Haus zu verschonen. Sie sagten: ›Nein.‹ ›Oh, mein Teppich, das ist das einzige, was ich von meinem Vater habe! Laßt ihn mich herausholen. Mehr habe ich von ihm nicht.‹ Sie sagten, sie würden ihr Zeit lassen, ihn zusammenzulegen und hinauszubringen. Sie machte sich an die Arbeit, gab ihrem Mann ein Signal, sich bereitzuhalten, dann zerrte sie den Teppich über die Falltür, und er kroch darunter zu seinem sicheren Platz auf einem Holzstoß. Sie trug ein Ende des Teppichs über ihrer Schulter, und er kroch dicht hinter ihr. Sie setzte sich hin, um dafür zu sorgen, daß keine Funken den Teppich entzündeten, und dankte Gott für die Gnade, ihren Mann gerettet zu haben.
Noch ein weiterer herzzerreißender Fall hat sich unauslöschlich in mein Gedächtnis eingeprägt. Griswood war, glaube ich, der Name. Er war Apotheker in Lawrence. Im Osten wartete Geld auf ihn, also wollte er hinfahren und es abholen. Er und seine Frau machten sich auf den Weg und wollten über Iowa zurückkommen, um dort noch einige Freunde zu besuchen. Er bekam sein Geld, machte seinen Besuch und wollte sogar noch ein paar Tage länger bleiben, aber seine Frau litt unter Heimweh, also kehrten sie nach Hause zurück. Abends kamen sie an.
Quantrills Männer tauchten am nächsten Morgen auf. Natürlich gab es Leute, die mit den Rebellen sympathisierten und wußten, daß Griswood mit mehreren tausend Dollar zurückgekehrt war, und wenn er es ohne langes Zögern herausgeben würde – so die Rebellen –, würden sie Mr. Griswoods Leben verschonen. Sie sagten, sie wüßten alles über das Geld. Sie schleppten ihn in den Hof und erklärten: ›Ihr Geld oder Ihr Leben.‹ Er sagte: ›Das Leben ist schön, hol das Geld, ich kann wieder welches verdienen.‹ Mrs. Griswood holte es und gab es ihrem Mann. Er überreichte es ihnen und sagte dabei: ›Hier ist alles, was wir haben.‹ Es war in einem Beutel zusammengeschnürt. Sie nahmen es und jagten ihm viele Kugeln in den Leib.«

Zur Zeit des Massakers in Lawrence war die Neunte Kavallerie der Unionsarmee in der Nähe von Douglass County stationiert. Obwohl die Soldaten alarmiert wurden, daß Quantrill plane, die Grenzgebiete von Kansas anzugreifen, vermuteten die Kommandeure zuerst, daß

Lawrence – ohne Truppen und Waffenvorräte – nicht das Ziel eines feindlichen Angriffs sein würde. Als sie schließlich ihren Irrtum begriffen, lag die Stadt bereits in Schutt und Asche. Die Regierungstruppen verfolgten dann, zusammen mit vielen örtlichen Siedlern, Quantrills Bande eine lange Strecke. Doch ihre Reaktion kam zu spät, und Quantrills Bande erreichte ohne Zwischenfall das sichere Missouri.

Für die entsetzten Bewohner der umliegenden Gemeinden änderte Quantrills sofortige Rückkehr nach Missouri nichts an ihrer Panik und Angst. Die Siedler bereiteten sich auf ihre Verteidigung vor, weil sie fürchteten, die Guerillas könnten jederzeit zurückkehren. Auf einer Farm im benachbarten Franklin County blieben Aura Viola St. John und ihre junge Familie ganz allein auf dem Posten.

»Wir werden nie vergessen, was am Tag nach dem Lawrence-Massaker geschah. Wir hatten keinen Telegraphen und auch kein Telefon, und die Post kam einmal in der Woche von Centropolis, das sechs Meilen von uns entfernt lag.

Doch um zehn Uhr an dem Morgen ritt ein Mann auf das Feld, wo die Männer Heu machten, und rief: ›Lawrence wurde heute morgen niedergebrannt, alle Einwohner ermordet und eine große Armee verteilt sich in alle Richtungen, um zu töten und zu brandschatzen und diesen freien Staat von Kansas zu vernichten. Alle wehrfähigen Männer müssen sich versammeln und versuchen, sich zu verteidigen, ein Trupp ist auf dem Weg nach hier.‹

So schnell wie möglich wurden die Pferde ausgeschirrt, schnell noch etwas gegessen, und meine Schwägerin und ich gossen Kugeln. Die Männer ritten fort, um den Trupp bei Prairie City abzufangen.

Wir Frauen überlegten und planten, was wir tun konnten und wo wir am sichersten wären, wenn sie kämen. Schließlich meinten wir, daß das Maisfeld, das im August ein undurchdringlicher Wald war, unsere beste Zuflucht sei. Sie konnten nicht hindurch reiten, und es war fast unmöglich, jemanden darin zu finden. Also rollten wir ein Faß, das wir mit Bettzeug, Kleidung und einigen Lebensmitteln gefüllt hatten, dorthin, damit wir, falls sie das Haus niederbrannten, nicht ohne alles dastünden.

Wir waren den ganzen Tag damit beschäftigt, auf ungewöhnliche Geräusche zu lauschen. Als die Nacht hereinbrach, wagten wir nicht, zu

Bett zu gehen, sondern verbrachten die Nacht auf der Veranda, unsere kleinen Mädchen blieben angezogen, damit wir sie sofort packen konnten, falls wir etwas Alarmierendes hörten. Doch nichts störte unsere Ruhe; mittlerweile hatten so viele Männer die Verfolgung aufgenommen, daß sie nach Missouri in die Sicherheit flohen.«

Auch in Topeka wurden die Männer zu den Waffen gerufen. Um sich vor Raubüberfällen zu schützen, verstärkten die Bürger ihre Verteidigungsmaßnahmen.

Matilda McFarland erklärte: »Nachdem Lawrence von Quantrills Guerillas überfallen worden war, lebten wir in ständiger Furcht vor einem Angriff auf Topeka, denn sie hatten gedroht, sich Topeka als nächstes vorzunehmen. Mehrmals glaubte man, sie wären so nahe, daß wir alle in den Kleidern schliefen, und jedes Kind hatte einen kleinen Beutel, in dem sich mehr oder weniger wertvolle Dinge befanden, die wir hinaustragen und, wenn möglich, retten wollten, falls das Haus in Brand gesteckt würde.

Mein zwölfjähriger Bruder trug in einem Gürtel das ganze Geld, das wir besaßen, und er sollte beim ersten Alarm über das Dach zu fliehen versuchen und sich in einer Schlucht in der Nähe verstecken. Diese Vorsichtsmaßnahme war getroffen worden, weil mein Vater nicht damit rechnete, sie würden sein Leben schonen, denn er war ein starker Anhänger der Prinzipien der Nordstaaten, und gerade solche Männer waren bei dem Quantrill-Überfall als erste zu Tode gekommen. Es ist wahrscheinlich schwer für die jungen Leute dieser Generation, sich klarzumachen, welche entsetzlichen und angstvollen Zeiten die Pioniere durchstehen mußten.«

Alles in allem brachte der Kampf um die Sache der Sklaverei für Kansas große Not und viel Leid. Mehr als ein Jahrzehnt waren die Grenzgemeinden von politischen Querelen und offenen Feindseligkeiten heimgesucht worden. Nach den vielen Gewaltakten vorher fand Kansas auch mit der Erringung der staatlichen Unabhängigkeit im Jahre 1861 noch keinen Frieden. Statt dessen verlängerte der Bürgerkrieg das Leid um vier weitere Jahre. Am Ende hatte Kansas die größte Zahl an Opfern aller Unionsstaaten zu beklagen. Erst 1865, mit dem Ende des Bürgerkrieges, begann für die hartgeprüften Siedler eine Zeit der Harmonie und der Stabilität.

Lillian Smith schrieb: »Der Krieg war zu Ende, und Vater kehrte mit einigen der anderen heim. Ich erinnere mich gut daran, wie Mutter jubelte, als ihr die Nachricht überbracht wurde, und wir Kinder rannten herum und versuchten, um unsere übergroße Freude irgendwie herauszulassen, einfach irgend etwas zu arbeiten, denn Vater sollte am selben Abend zu Hause sein. Er kam zu Mutter und seinen Kindern zurück.«